掌尚文化

Culture is Future

尚文化·掌天下

RESEARCH OF ANTITRUST BASED ON THE NEW EMPIRICAL INDUSTRIAL ORGANIZATION

本专著受到国家自然科学基金青年项目“企业市场势力向劳动力市场扩展：关联机理识别及竞争政策优化（72103181）”资助。

基于新实证产业组织方法的反垄断问题研究

赵伟光 著

图书在版编目（CIP）数据

基于新实证产业组织方法的反垄断问题研究 / 赵伟光著 . —北京：经济管理出版社，2023. 5
ISBN 978-7-5096-9016-1

Ⅰ. ①基… Ⅱ. ①赵… Ⅲ. ①中国经济—经济发展—研究 Ⅳ. ①F124

中国国家版本馆 CIP 数据核字（2023）第 085670 号

策划编辑：张鹤溶
责任编辑：吴 倩
责任印制：许 艳
责任校对：王淑卿

出版发行：经济管理出版社
（北京市海淀区北蜂窝 8 号中雅大厦 A 座 11 层 100038）
网 址：www. E-mp. com. cn
电 话：（010）51915602
印 刷：唐山昊达印刷有限公司
经 销：新华书店
开 本：710mm×1000mm /16
印 张：15. 25
字 数：233 千字
版 次：2023 年 6 月第 1 版 2023 年 6 月第 1 次印刷
书 号：ISBN 978-7-5096-9016-1
定 价：88. 00 元

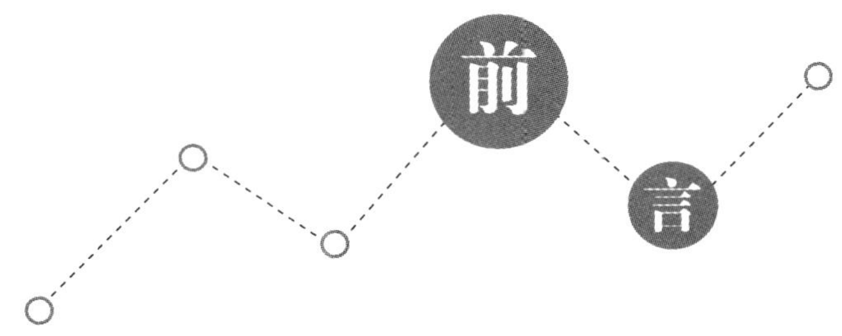

前言

习近平总书记在中国共产党第二十次全国代表大会中指出，“未来五年是全面建设社会主义现代化国家开局起步的关键时期”。建立更加完善的社会主义市场经济体制，是这一时期的主要目标任务之一。构建高水平的社会主义市场经济体制，必须保障市场竞争机制不被损害或扭曲。在现代化建设过程中，围绕现代化进程和技术进步形成的资本增密，使得市场结构更加趋近于垄断竞争甚至寡头竞争结构。在这样的市场结构下，企业垄断行为是影响市场竞争绩效的关键因素。这也在政策上促使政府部门对经济的指导与控制不再局限于宏观层面的总体调控。政府经济管制的视域逐渐深入微观经济领域，政策工具也开始针对微观行业、企业和价格。这就迫切需要发展出一套建立在微观企业和消费者行为基础上的实证研究工具，可以通过现实企业数据对决策部门的微观经济管制政策及反垄断政策给出明确的审查目标，并通过数据结果得到科学有效的证据以支持经济管制政策和反垄断行为的合理性。

新实证产业组织研究方法（New Empirical Industrial Organization，NEIO）就是在这样的现实背景下产生的。简而言之，新实证产业组织方法是一种识别企业策略行为并对企业策略行为进行福利分析，进而量化评估反垄断政策效果的结构性实证研究方法。从实证研究方法的演进维度来看，尽管实验主义方法和稳健的统计推断已经成为实证经济学家的有力工具，但是它们与经济学理论的联系仍是间接的。如何精确地匹配经济学理论与观察到的数据是近30年来实证经济学的另一个发展方向。特别是对于反垄断分析而言，构建在博弈论基础上的企业策略行为分析以及福利考察一直居于反垄断文献研究的核心地位。然而，受限于研究方法的局限，有关企业策略行为的竞争效应分析一直是实证研究领域的难点问题。传统研究方法往往将企业策略行为视作“黑箱”，从而无法对企业策略行为进行实证识别，更不能量化分析这种行为所产生的竞争效果。这也就使得基于传统实证研究方法的反垄断研究无法为现实反垄断工作提供针对性的经验指导。这不仅限制了理论研究的进一步深化和发展，也在一定程度上不利于反垄断工作的开展。

正是出于这样的目的，本书旨在对新实证产业组织研究方法在反垄断研究中的应用进行系统和全面的介绍。从本质上看，新实证产业组织研究方法是一种结构式实证方法。与简约实证研究认为的“让数据自己说话”观点不同，结构式实证研究注重经济学理论模型对经济数据的解释。具体来讲，基于经济学理论的结构式实证研究认为，经验研究的第一步在于对数据所包含信息的深入挖掘，只有在研究者的模型的协助下才能了解数据产生的结构。在结构式实证框架下，研究者强调利用理论模型并结合回归的思想估计模型中的原始参数（Primitive Parameters），并基于原始参数对企业策略行为的竞争效应进行量化分析。从研究过程来看，新实证产业组织研究方法大致包含如下三个步骤：首先，构建反映消费者效用最大化的需求模型，利用产品层面的加总销量数据、价格数据和产品特征数据，对需求函数进行估计，计算市场中所有产品的价格弹性和交叉价格弹性。其次，构建反映企业策略行为的利润最大化函数，基于需求模型测算的价格弹性原始参数测算企业在特定策略行为下的边际成本，进而测算企业边际成本加成。最后，运用反事实分析的思想，模拟在反垄断政策干预下的企业竞争模型，运用价格弹性数据和边际成本数据，测算反垄断干预的竞争福利效果。

与之相对应，本书对于新实证产业组织研究方法在反垄断分析中的应用介绍主要包括如下三部分：首先，为了使读者能够系统全面地了解新实证产业组织研究方法的文献发展脉络，本书将在第一章和第二章详细介绍新实证产业组织理论的产生、发展及其在国内外反垄断研究中的应用情况。其次，在读者系统了解新实证产业组织研究方法文献进展的基础上，本书将在第三章详细介绍该方法的建模过程以及参数估计策略。通过这一部分的学习，读者将对新实证产业组织研究方法的建模过程和参数估计思想有一个系统全面的了解，从而为分析实际问题做好方法论上的铺垫。最后，在系统介绍新实证产业组织研究方法的基础上，本书转向如何运用这一研究方法分析中国经济发展过程中出现的垄断问题。这一部分的内容主要体现在本书的第四章到第七章。其中，第四章和第五章主要介绍新实证产业组织方法在产品市场反垄断问题中的应用，第六章和第七章主要介绍新实证产业组织方法在劳动力市场反垄断问题中的应用。通过这一部分的阅读与学习，读者能够更好地掌握实证产业组织研究方法在具体反垄断问题中的应用，培养运用实证产业组织研究方法开展反垄断问题研究的经济学直觉。

本书的创新与特色主要体现在如下两个方面：第一，本书应该是国内第一本系统介绍新实证产业组织研究方法的学术专著。就国内研究而言，关于新实证产业组织方法在反垄断问题中的应用研究主要散见于部分学者的论文。虽然这些文献研究也在一定程度上推动了国内学术界有关实证产业组织研究方法的发展。但是，初学者依然很难通过文献阅读的方式系统学习和掌握新实证产业组织研究方法的建模逻辑以及参数估计方法。本书在整理和汲取国外学术界最新成果的基础上，系统介绍新实证产业组织研究方法的建模过程以及参数估计方法。这无疑为初学者提供了一本可供参考的工具性书籍。第二，本书将新实证产业组织理论建模与反垄断问题分析应用相融合。目前，就国内学术界而言，尚未有一本将新实证产业组织研究方法说明与反垄断实际应用有机融合的入门级专著。这就使得刚刚入门学习新实证产业组织研究方法的学生或者从事反垄断实证分析的学者不熟悉该方法的分析框架，从而缺少一个快速有效的学习导引。本书尽最大努力来尝试弥补这一缺陷。行文中除了介绍新实证产业组织研究方法，还通过结合中国反垄断实际案例，详细讲解如何运用这一研究方法进行反垄断实证研究，尽量做到建模理论与分析应用有机结合，使读者知其然，更知其所以然。

笔者从2016年博士入学便开始跟随李凯教授从事产业组织问题研究。有关新实证产业组织研究方法在反垄断问题中的应用是笔者攻读博士学位的主要研究方向。这一时期有关实证产业组织的研究更多地聚焦在产品市场中的反垄断问题上。在工作之后，随着理论视野的逐渐开阔，有关新实证产业组织的应用研究领域也逐渐向劳动力市场扩展。应用实证产业组织方法分析劳动力市场中的垄断问题是笔者博士期间研究方向的扩展和深化。因此，本书是笔者博士四年和工作两年共计六年围绕新实证产业组织研究方法开展学术研究的总结和结晶。虽然笔者对新实证产业组织方法的应用进行了一些探索，但限于个人学术能力，远不能将新实证产业组织方法进行较为全面的介绍，也请学界同仁包容和指正。在学术研究道路上，笔者得到了很多老师、同事以及朋友的指导和帮助，在此表示感谢。同时也感谢国家自然科学基金委青年基金“企业市场势力向劳动力市场扩展：关联机理识别及竞争政策优化”（项目编号：72103181）的资助。感谢经济管理出版社编辑、校对老师在本书出版过程中付出的辛勤工作。

赵伟光

2022年9月

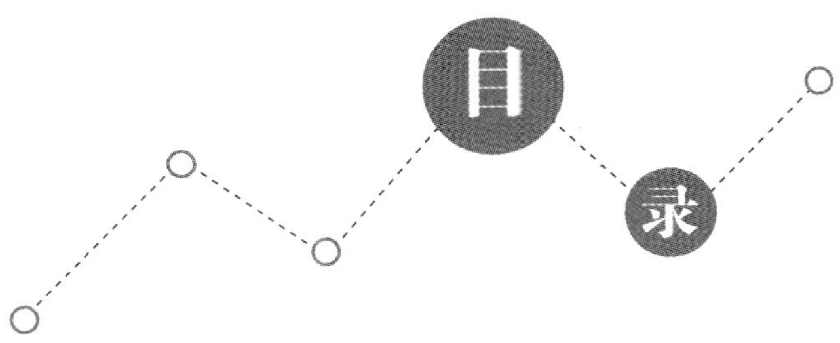
目
录

第一章 绪论

第一节 研究背景

一、现实背景

不断发展与完善社会主义市场经济体系，是中国经济实现高质量发展的重要保障。反垄断法作为市场经济的基础性法律，对维护自由竞争机制和促进社会福利具有重大作用。随着中国经济进入新常态，以习近平同志为核心的党中央围绕反垄断、反不正当竞争，做出了一系列重要决策部署，将反垄断工作提高到前所未有的高度。2016 年中央全面深化改革领导小组第二十三次会议强调，“建立公平竞争审查制度”，“从源头上防止排除和限制市场竞争”。党的十九届四中全会指出，“完善公平竞争制度”，“强化竞争政策基础地位”。2020 年中央经济工作会议将“强化反垄断和防止资本无序扩张”作为 2021 年经济工作中的八项重点任务之一。2021 年 8 月 30 日，习近平总书记在主持召开中央全面深化改革委员会第二十一次会议时强调，“强化反垄断、深入推进公平竞争政策实施，是完善社会主义市场经济体制的内在要求”，“要从构建新发展格局、推动高质量发展、促进共同富裕的战略高度出发，促进形成公平竞争的市场环境，为各类市场主体特别是中小企业创造广阔的发展空间，更好保护消费者权益”。

自2008年《中华人民共和国反垄断法》颁布实施以来，执法部门对白酒、奶粉、汽车、原料药和互联网行业中出现的企业竞争损害行为展开反垄断调查，并对涉事企业的违法行为进行处罚，有效规范了市场竞争秩序。[①] 经过几十年的反垄断实践，中国的反垄断立法和执法都取得了重要的成就，并积累了相对丰富的执法经验，逐渐形成具有中国特色的反垄断法律体系和反垄断实施体系。[②] 总体来看，现有反垄断政策主要针对市场进入壁垒、企业妨碍竞争的行为，其目标侧重于维护市场自由竞争秩序，保护消费者利益。随着中国经济发展进入新常态，市场结构、竞争形态发生了重大变化，这就必然要求反垄断政策作出适应性调整。

就产品市场而言，有效测度并识别企业市场势力，一直是反垄断执法实践过程中面临的一个重要现实问题。[③] 准确测量企业市场势力直接关系到执法部门对涉事企业采取竞争损害行为造成的排除、限制竞争效果的判定。在理论研究方面，学术界通常用勒纳指数表示市场势力。但是，现实中厂商的边际成本往往不容易被直接观察到，这就给判断企业是否具有市场势力以及市场势力大小带来了困难。与此同时，随着我国市场化进程的推进，上下游企业间的合约形式日益复杂，这既催生出许多具有活力的企业组织

---

① 2013年2月，相关部门对茅台、五粮液转售价格维持行为共处罚金约4.49亿元；2013年8月，国家发展和改革委员会对合生元、美赞臣等奶粉企业实施的转售价格维持行为处罚约6.69亿元；2016年重庆市工商行政管理局对苯酚原料药生产企业实施的独家排他交易行为进行了责令整改和罚款处罚；2014~2019年，执法部门对宝马、奔驰、爱信等乘用车企业进行反垄断处罚，共处罚金约24.34亿元；2020年12月14日，国家市场监督管理总局针对阿里巴巴、阅文集团、丰巢网络三家企业未依法申报违法实施经营者集中案，分别做出50万元罚款的顶格处罚；2021年4月10日，国家市场监督管理总局对阿里巴巴控股集团实施的“二选一”等涉嫌垄断行为做出反垄断处罚，共计182.28亿元；2022年7月21日，国家互联网信息办公室公布对滴滴全球股份有限公司依法作出网络安全审查行政处罚的决定，共计处罚80.26亿元。

② 根据《国务院关于机构设置的通知》（国发〔2018〕6号），设立国家市场监管总局，将国家发展和改革委员会、商务部和国家工商行政管理总局等反垄断职能部门进行统一。国务院反垄断委员会先后制定并发布《国务院反垄断委员会关于汽车业的反垄断指南》《国务院反垄断委员会关于原料药领域的反垄断指南》《国务院反垄断委员会关于平台经济领域的反垄断指南》。

③ 市场势力是指卖方或买方不适当地影响商品价格的能力。学术界通常用勒纳指数衡量市场势力［市场势力=(价格-边际成本)/边际成本］。

形式，也产生了许多纵向合约关系。[①] 企业合理使用纵向控制策略可以纠正纵向结构中的私人低效率问题，但策略性地对上下游实施纵向控制也可引发限制竞争等竞争损害效应，造成消费者福利和市场效率的损失。在反垄断审查过程中，执法部门面临的最为基础和关键的问题就是纵向控制策略识别问题。企业往往为了躲避调查而销毁证据，纵向控制策略的隐蔽性也直接影响反垄断部门的取证工作。即使在反垄断部门掌握相关事实作出相应裁决后，裁决结果也备受争议。因此，发展有效的识别企业市场势力以及纵向控制策略的实证研究方法，并对企业实施的纵向控制策略竞争效应进行福利评估，就成为反垄断执法部门面临的重要现实问题。

就劳动力市场而言，近年来出现的员工无薪加班、过度劳动、工作强度过大等企业侵蚀员工利益现象，日益引起社会和学术界的关注。[②] 实际上，企业市场势力不仅体现在产品市场，还体现在劳动力市场。这就决定了在双重竞争不完全的市场环境中，反垄断政策的执行效果具有天然的复杂性。具体来说，如果产品与劳动力市场存在关联，那么意味着企业可以将其在产品市场中的市场势力向劳动力市场扩展。一方面，这就使得建立在劳动力市场完全竞争假设基础上的市场势力评估出现偏误，进而影响对企业行为引发竞争损害程度的判断。另一方面，在产品与劳动力市场势力关联的假定下，在产品市场实施的竞争政策会使得企业向劳动力市场扩展势力来抵消产品市场规制对其自身垄断势力的影响。这不仅使得反垄断执法效果大打折扣，也会进一步引发企业侵蚀员工利益、劳资冲突等一系列社会问题。因此，如何发展出有效测度企业劳动力市场势力的识别方法，并对市场势力关联效应进行实证评估，也是中国反垄断执法过程中面临的重要现实问题。

---

① 纵向控制是指一方企业通过契约对产业链上游或者下游企业行为进行限制，包括转售价格维持、两部收费制、部分纵向一体化、纵向所有权安排和排他性区域等契约形式。

② 互联网企业出现的“996”工作制，工程技术行业、科研高校等其他行业出现的劳动者过劳现象。在劳资关系中，企业处于绝对的优势地位，独占制定规则的权力，将经营压力转变为工作强度。

二、理论背景

20 世纪 80 年代以来，随着计量经济学和计算机技术的发展，产业组织理论的实证研究重新兴起，被称为新实证产业组织理论（New Empirical Industrial Organization，NEIO），产业组织研究人员通过拓展一系列计量模型来定量测度企业市场势力（Bresnahan，1987）、进行兼并审查政策模拟（Nevo，2000）以及识别纵向控制策略并分析其福利效应（Villas－Boas，2007）。新实证产业组织理论研究方法本质上是一种基于经济学理论的结构性实证研究（逯苗苗和孙涛，2021）。尽管实验主义方法和稳健的统计推断已经成为实证经济学家的有力工具，但是它们与经济学理论的联系仍是间接的。如何精确地匹配经济学理论与观察到的数据是近 30 年来实证经济学的另一个发展方向。建立在博弈论基础上的反垄断理论研究，不仅很好地揭示了企业间策略行为对市场竞争环境的影响，也为现实政策制定提供了丰富的理论依据。然而，由于研究方法的局限，早期反垄断实证研究通过加总行业层面的截面数据来估计市场结构（用 Herfindahl-Hirschman Index 刻画）和市场力量（用 Lerner Index 刻画）之间的线性关系（Kadiyali et al.，2001）。这种方式存在两方面的问题：一是由于忽略了市场结构与市场力量间的联立关系而产生了内生性；二是忽略了行业间的异质性。而新发展的实证产业组织研究方法则为此提供了良好的解决方案。该方法单独研究某一行业，利用更加微观的数据来估计由消费者需求和厂商供给组成的结构模型，同时还引入了博弈论的框架以考虑寡头竞争行为。

相比较而言，国外学术界运用新实证产业组织方法分析企业策略行为的反垄断实证研究开展得更早，积累的学术成果也更为丰富。新实证产业组织方法以具体行业中的企业行为作为分析对象，借助刻画企业策略行为的博弈模型，即构建需求与供给层面的消费者效用最大化与企业利润最大化结构模型，估计产品层面累加数据背后的深层次结构参数①，从而实现对

① 结构参数是指消费者效用最大化与企业利润最大化结构模型估计出的参数。区别于企业行为和竞争绩效等经济系统中的内生变量，新实证产业组织估计的是不随内生变量影响的、反映数据更深层次的消费者偏好（价格弹性与交叉弹性）和企业边际成本（由技术水平决定）。

企业策略行为引发的竞争效应的识别与量化分析（Bresnahan，1987；Kadiyali et al.，2001；Einav and Levin，2010）。就产品市场研究而言，Bresnahan（1987）最早运用新实证产业组织研究方法，考察了美国 1955 年汽车行业的价格竞争与共谋行为，开创了“结构式”在产业组织领域应用的先河。Nevo（2000）在 Berry 等（1995）构建的需求模型基础上，扩展了对企业利润最大化的供给模型分析，考察了美国速食麦片市场企业兼并引发的竞争效应问题。Villas-Boas（2007）发展出在缺失批发价格数据的情况下，识别零售商与制造商之间纵向契约关系的方法，研究发现，美国酸奶市场存在制造商与零售商间转售价格维持（Resale Price Maintenance，RPM）加两部收费制的纵向契约。类似的文献还包括 Bonnet 等（2013）对德国咖啡市场转售价格维持策略的识别与评价研究。就劳动力市场研究而言，Manning（2003）最早注意到，忽视劳动力市场的不完全竞争性会导致建立在劳动力市场完全竞争假设基础上的企业产品市场势力被低估。一些基于劳动力市场竞争损害现象的实证研究也促使欧美国家反垄断执法视域逐渐向劳动力市场扩展（Azar et al.，2020）。例如，美国司法部、联邦贸易委员会于 2016 年联合颁布《人力资源专业人士反垄断指南》（*Antitrust Guidance for Human Resources Professionals*），引导雇主在雇用劳动力过程中恪守反垄断界限，切实维系劳动力市场良性竞争秩序。日本公平贸易委员会也公布了人力资源和竞争政策研究小组的相关报告，阐明了研究组关于日本《反垄断法》在人力资源竞争中的理论应用的意见。总体来看，基于新实证产业组织研究方法的文献研究，不仅为反垄断工作提供了更为精准的政策分析工具，也在一定程度上刺激了反垄断工作向劳动力市场等非产品市场领域扩展，极大地丰富了反垄断理论研究。

目前，国际上基于新实证产业组织研究方法的著作有康奈尔大学 Kaiser 和 Suzuki（2006）的《新实证产业组织：在食品经济学中的应用》（*New Empirical Industrial Organization and the Food System*）、加州理工学院 Shum（2016）的《产业组织的计量经济学模型》（*Econometric Models for Industrial Origanization*）、多伦多大学 Aguirregabiria（2021）的《实证产业组织：模型、方法与应用》（*Empirical Industrial Organization：Models，Methods，and Applications*）。国内关于新实证产业组织方法在反垄断问题中的应用研究主要散见于部分学者的

论文。例如，王皓和周黎安（2007）最早运用新实证产业组织方法研究了中国乘用车市场上内资企业和外资企业间的合谋与价格战。肖俊极和谭诗羽（2016）对中国乘用车行业的纵向一体化与横向共谋进行了实证分析。李凯和赵伟光（2018a）对中国乘用车市场整车企业实施转售价格维持引发的竞争损害进行研究。这些研究文献虽然在一定程度上丰富了中国新实证产业组织方法的理论，但是，由于未能对新实证产业组织方法发展脉络、模型构建和估计策略进行系统全面的介绍，极大地阻碍了采用新实证产业组织方法进行中国反垄断问题研究的进展。

正是出于这样的目的，本书旨在对新实证产业组织理论发展脉络进行系统详细的介绍，从而使读者可以全面地了解新实证产业组织研究方法的产生、发展以及在反垄断研究中的应用。由于新实证产业组织研究方法以博弈论理论建模作为基础，参数估计涉及贝尔曼方程、蒙特卡洛模拟等前沿数理知识。因此，本书将详细介绍如何建立新实证产业组织理论模型系统以及参数估计步骤和方法，并利用新实证产业组织研究方法解释现实经济发展过程中出现的反垄断问题。本书最大的特点就是将新实证产业组织理论研究方法与中国现实经济发展过程中出现的反垄断问题相结合，使得读者知其然，更知其所以然。笔者基于博士以及工作期间运用新实证产业组织理论完成的学术论文，在讲述新实证产业组织研究方法的同时，结合实际案例，进一步说明在具体反垄断问题中如何运用实证产业组织研究方法进行理论与实证分析，帮助读者建立经济学直觉。

第二节　研究内容与创新点

一、研究内容

依据上述现实背景与理论背景，本书的主要内容是在介绍新实证产业组织研究方法产生、发展以及具体运用的基础上，详细讲解新实证产业组织研究方法的建模过程以及参数估计方法，并给出采用新实证产业组织研究方法分析中国经济发展过程中出现的反垄断问题的具体研究案例。通过上述研究内容安排，帮助读者更好地掌握新实证产业组织研究方法的建模思想。具体来看，本书包括以下三部分内容：

首先，为了使读者能够系统全面地了解新实证产业组织研究方法的文献发展脉络，本书在文献综述部分详细介绍了新实证产业组织理论的产生、发展以及在国内外反垄断研究中的应用情况。本书将从新实证产业组织理论发展脉络、新实证产业组织在产品市场的应用、新实证产业组织在劳动力市场的应用三个方面，对已有研究文献进行综述。在新实证产业组织理论发展脉络部分，本书详细介绍了基于经济学理论的结构性实证研究方法在实证研究领域的兴起，还介绍了在新实证产业组织研究方法中处于核心地位的 Logit 需求模型估计系统。在新实证产业组织研究方法有关产品市场反垄断问题的应用部分，本书将介绍新实证产业组织研究方法在产品市场势力识别、企业兼并审查以及纵向策略识别方面的文献研究进展。在新实证产业组织在劳动力市场反垄断问题中的应用部分，本书介绍了新实证产业组织研究方法在劳动力市场势力识别、企业策略行为分析方面的文献研究进展。

其次，在读者系统了解新实证产业组织研究方法文献进展的基础上，本书将详细介绍该方法的建模过程以及参数估计策略。就模型构建而言，本书将介绍基于消费者效用最大化的 Logit 需求模型构建，以及基于企业利润最大化的供给模型构建。其中，对需求模型的构建将介绍如何在传统 Logit 模型中引入随机系数，以及如何在企业供给模型中引入反映企业策略互动的博弈论分析。就模型参数估计而言，本书将介绍如何克服需求估计中的“参数诅咒”问题和价格内生问题，以及如何运用迭代的思想从企业利润最大化函数中求解企业边际成本。通过这一部分的学习，读者将对新实证产业组织研究方法的建模过程和参数估计思想有一个系统全面的了解，从而为分析实际问题做好方法论上的铺垫。

最后，在系统介绍新实证产业组织研究方法的基础上，本书转向如何运用这一研究方法分析中国经济发展过程中出现的垄断问题。这一部分主要包括两方面内容：一是新实证产业组织方法在产品市场反垄断问题中的应用，主要介绍如何运用新实证产业组织研究方法估算中国乘用车市场合资企业内部中资方与外资方的议价能力，以及如何运用新实证产业组织研究方法识别整车企业对下游经销商实施的纵向控制策略并进行社会福利分析；二是新实证产业组织方法在劳动力市场反垄断问题中的应用，主要介绍如何运用新实证产业组织研究方法估算企业在产品与劳动力市场中的市场势力，以及分析双边市场势力关联对反垄断政策执行效果的影响。通过这一部分的阅读与学习，读者能够更好地掌握实证产业组织研究方法在具体反垄断问题中的应用，培养运用实证产业组织研究方法开展反垄断问题研究的经济学直觉。

二、创新点

由于本书在对新实证产业组织研究方法进行系统介绍的同时，注重通过分析反垄断案例的方式讲解新实证产业组织研究方法在实际工作中的应用。因此，本书的创新点主要体现在以下三个方面：

第一，本书是系统介绍新实证产业组织研究方法的学术专著。目前，国际上出版的多部有关新实证产业组织研究方法与应用的学术专著一方面极大地促进了新实证产业组织研究方法的普及；另一方面围绕这些学术专著所形成的学术研究成果也在一定程度上推动了欧美国家反垄断执法工作进展与执法体系的完善。就国内研究而言，关于新实证产业组织方法在反垄断问题中的应用研究主要散见于部分学者的论文。虽然这些文献研究也在一定程度上推动了国内学术界有关实证产业组织研究方法的发展。但是，初学者依然很难通过文献阅读的方式系统学习和掌握新实证产业组织研究方法的建模逻辑及参数估计方法。本书在整理和汲取国外学术界最新成果的基础上，系统介绍新实证产业组织研究方法的建模过程以及参数估计方法，为初学者提供了一本可供参考的工具性书籍。

第二，本书将新实证产业组织理论建模与反垄断问题分析应用相融合。从现有专著来看，学者们大多着重介绍新实证产业组织研究方法的建模过程与参数估计思路，而介绍新实证产业组织研究方法在经济分析中应用的文献则相对缺乏。例如，多伦多大学 Aguirregabiria（2021）的《实证产业组织：模型、方法与应用》不仅涵盖了实证产业组织理论的大部分主题，而可读性也非常强。然而，该书并未讲解如何运用新实证产业组织研究方法开展反垄断研究，这就给初学者带来了很大的理解障碍。国内学术界也尚未有一本将新实证产业组织研究方法说明与反垄断实际应用有机融合的入门级专著。这就使得刚刚入门学习新实证产业组织研究方法的学生或者从事反垄断实证分析的学者不熟悉该方法的分析框架，从而缺少一个快速有效的学习导引。本书尽最大努力来尝试弥补这一缺陷，在介绍新实证产业组织研究方法的同时，通过结合中国反垄断实际案例，详细讲解如何运用这一研究方法进行反垄断实证研究，尽量做到建模理论与分析应用有机结合，使得读者知其然，更知其所以然。

第三，有关产品与劳动力市场反垄断案例的经济学分析也在一定程度上丰富了实证产业组织文献研究。就产品市场而言，本书的研究成果丰富了有关企业市场势力识别的文献研究，为识别企业市场势力提供了更为精准的分析工具。对于企业实施纵向控制策略的识别与福利分析一直是学术界与反垄断工作中亟待解决的现实与理论问题，本书为识别企业纵向控制策略提供了一个可行的实证分析框架。就劳动力市场而言，本书对企业劳动力市场势力的衡量以及双边市场势力关联对竞争政策实施效果的经验研究，在一定程度上扩展了现有反垄断工作执法视域，将反垄断分析引入了劳动力市场。

第三节　本书结构安排

一、本书研究框架

依据前文介绍的主要研究内容，本书的逻辑框架如图 1.1 所示：

第一部分包括第一章和第二章，主要向读者介绍为什么要学习新实证产业组织研究方法以及新实证产业组织研究方法的文献脉络。通过对本部

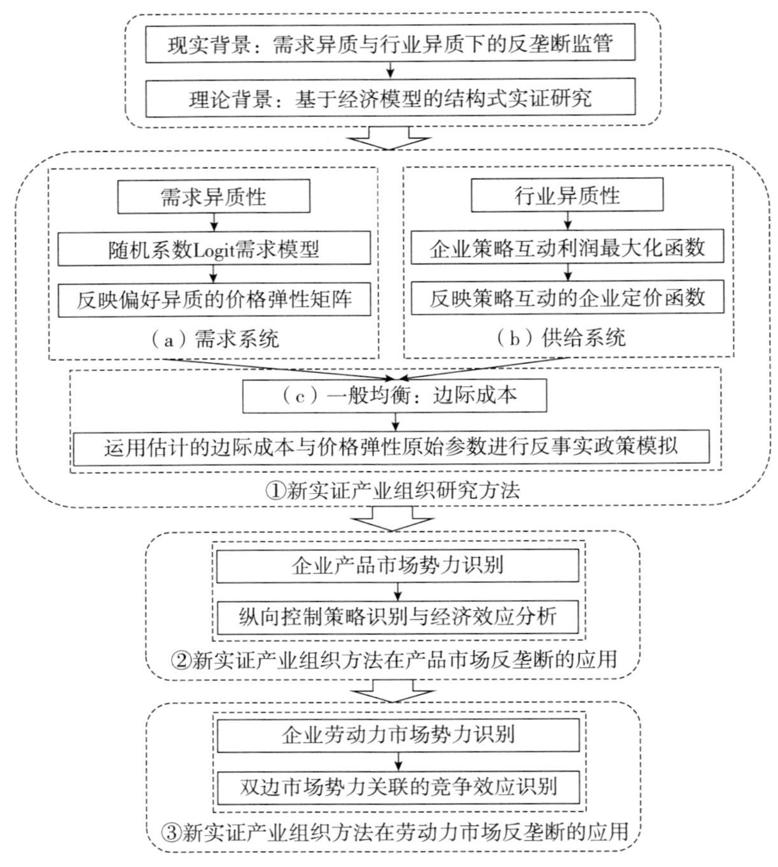

图 1.1　本书的逻辑框架

分的学习，读者将对新实证产业组织研究方法有一个初步的了解，从而为后续深入系统学习打下基础。

第二部分包括第三章，主要系统介绍新实证产业组织研究方法的模型建立过程以及参数估计方法。主要包括如何根据不同的研究问题建立与之相对应的 Logit 需求模型并对模型参数进行估计，如何根据不同的研究问题建立与之相对应的供给模型，并对模型参数进行估计。在这之后，本书也提供了一个示例性的说明，即企业横向兼并模拟。通过这个示例，读者可以更好地理解新实证产业组织研究方法的建模逻辑以及参数估计步骤。

第三部分包括第四章到第七章，主要介绍新实证产业组织研究方法在产品与劳动力市场反垄断工作中的应用。其中，第四章和第五章介绍新实证产业组织研究方法在产品市场反垄断问题中的应用，第六章和第七章介绍新实证产业组织研究方法在劳动力市场反垄断问题中的应用。通过对这一部分的阅读与学习，读者将进一步掌握 Logit 需求模型的建模思路，以及如何通过在供给模型中加入不同的模型组合形式，以此反映反垄断执法过程中所遇到的不同问题，并对其进行实证分析。

二、本书章节安排

本书共包括八章，具体章节内容安排如图 1.2 所示：

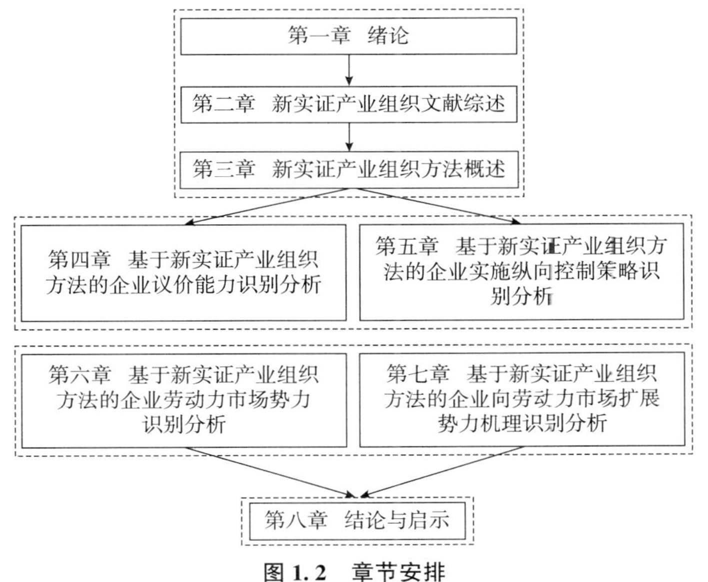

图 1.2　章节安排

第一章为绪论。主要介绍现实背景与理论背景，并在此基础上提炼具体的研究问题。在阐述研究目的与研究内容的基础上，进一步指出本书的理论意义与现实意义。最后，概述研究方法与本书的技术路线。

第二章为新实证产业组织文献综述。本章旨在通过对已有研究文献进行归纳、总结和评述，寻找具有理论意义的、有待扩展和深化的潜在研究方向，从而确定本书的理论定位。第一节主要对基于经济学理论的结构性实证研究文献进行综述，进而引出基于博弈论形成的新实证产业组织理论。接着，着重介绍居于新实证产业组织研究方法核心地位的 Logit 需求模型估计系统，包括简单 Logit 模型、嵌套 Logit 模型以及随机系统 Logit 模型。第二节介绍新实证产业组织方法在产品市场反垄断研究中的应用，主要包括企业市场势力识别、企业兼并审查以及纵向控制策略识别相关文献。第三节介绍新实证产业组织方法在劳动力市场反垄断问题中的应用，主要包括劳动力市场势力识别以及产品与劳动力市场关联下的企业市场势力识别。本章从文献角度进一步论证本书的文献背景，确定本书的理论定位，进一步凝练研究问题。

第三章为新实证产业组织方法概述。第一节介绍居于新实证产业组织研究方法核心地位的 Logit 需求模型估计系统，即基于效用最大化理论推导出了 Logit 模型、反映特殊群组虚拟变量系数的嵌套 Logit 模型、克服了无关选项独立性假设的随机系数 Logit 需求模型。通过这一部分的介绍，读者将了解如何根据需求模型设计，计算不同产品之间的交叉价格弹性，从而使得参数估计结果更加贴合实际。随后，转向基于企业利润最大化的供给模型构建，主要内容是如何根据需求系统估计出的产品间价格弹性测算企业边际成本。第二节介绍新实证产业组织模型系统的估计策略。在需求模型估计部分，详细讲解随机系数 Logit 需求模型如何通过在产品特征空间建模避免待估计参数的幂级增长问题，如何在模型中引入随机系数从而使得估计出的产品间价格弹性能够反映消费者偏好异质性，以及如何通过产品层面的价格销量加总数据对模型参数进行估计。第三节给出一个基于新实证产业组织研究方法的企业兼并审查案例。

第四章为基于新实证产业组织方法的企业议价能力识别分析。如何衡量企业议价势力一直是产业组织理论关心的热点和难点问题。本章从纵向视角考察中国乘用车合资企业内中资议价能力问题，基于车型月度数据，采用新实证产业组织研究方法，建立了一个合资企业内部中资与外资“纵向纳什讨价还价模型”，对合资企业整车制造商中资议价势力进行实证研究。通过这一章的阅读与学习，读者将进一步掌握随机系数 Logit 需求模型的建模思路，以及如何通过在供给模型中加入“纵向纳什讨价还价模型”对企业议价能力进行实证识别。

第五章为基于新实证产业组织方法的企业实施纵向控制策略识别分析。如何识别企业实施的纵向控制策略并对其经济效应进行社会福利分析也是反垄断工作中遇到的现实问题。特别是企业实施纵向控制策略的横向竞争弱化效应并不需要企业签订约束条款，是企业策略行为的战略互动结果，具有一定的隐蔽性，产生的影响也更大。本章将介绍如何运用新实证产业组织研究方法，建立一个反映上游企业与下游企业存在纵向控制情况下的供给模型，通过对比不同纵向合约下的企业边际成本，对企业实施的纵向控制策略进行实证识别。更为重要的是，本章将进一步测算企业实施纵向控制策略的社会福利效应以及引发的竞争损害效应的可维持性。通过这一章的阅读与学习，读者将掌握如何在企业供给模型中加入上下游企业间的纵向策略并分析这些策略的竞争效应，从而帮助读者加深对新实证产业组织研究方法供给模型构建方面的理解。

第六章为基于新实证产业组织方法的企业劳动力市场势力识别分析。近年来，企业侵蚀员工利益现象引发社会各界广泛关注。当企业在产品与劳动力市场都具有势力时，企业可以根据市场竞争环境调节双边市场中市场势力的分配。这种市场势力调节行为，不仅会使得竞争政策实施效果大打折扣，也会引发劳资冲突等一系列社会问题。本章将向读者介绍随机系数 Logit 需求模型在劳动力市场反垄断研究中的应用。基于建立的需求模型估计系统，利用企业层面的劳动力雇用数据以及企业层面数据，可以估计劳动供给弹性，进而对企业在劳动力市场中的市场势力进行测度。更为重要的是，结合 DLW 市场势力识别方法，本章的研究框架可以对企业在产品与劳动力市场中的联合市场势力进行实证识别，分析双边市场势力关联对竞争政策执行效果的影响，从而深化了有关市场势力识别的文献研究。

第七章为基于新实证产业组织方法的企业向劳动力市场扩展势力机理识别分析。在第六章的基础上，本章将运用新实证产业组织研究方法，探析“产品—劳动力”市场势力关联对企业内部不同员工间技能工资差距的影响。本章将市场势力引入收入分配问题之中，基于工企数据、反垄断行政民事诉讼数据以及最低工资组成的合并样本，构建了一个“企业—员工”私人议价模型，实证研究竞争不完全情境下的工资决定机制。就本章研究内容的反垄断启示而言，加强《竞争法》与《劳动保障法》的协同监管可以达到最优的政策效果，竞争政策也需要建立起“收入分配中性执法原则”。

第八章为结论与启示。对本书的研究成果、主要结论以及理论贡献进行总结，并提出进一步研究的问题与方向。

第二章

新实证产业组织文献综述

第一节　新实证产业组织理论发展脉络

一、基于经济学理论的结构性实证研究

早期对于企业策略行为的竞争效应分析，建立在哈佛学派提出的“结构（Structure）—行为（Conduct）—绩效（Performance）”范式基础上。1959年，贝恩出版《产业组织理论》，假定市场结构决定企业行为。1970年，谢勒出版《产业市场结构和市场绩效》，标志着以SCP范式为核心的传统产业组织理论真正形成。哈佛学派主张运用“结构识别方法”① 和“绩效识别方法”② 对企业策略引发的竞争效应进行实证分析（Buzzell and Gale，1987）。受到哈佛学派实证主义范式的影响，20世纪30年代的欧美反垄断执法部门认为市场结构决定市场绩效，垄断性的市场结构必然导致市场竞争的非效率，只有市场集中度低的市场结构才能保障市场竞争效率（Bain，

① 结构识别方法注重对涉事企业所处市场经济结构的分析，认为企业行为引发反竞争效应的原因关键在于特定的市场结构，重点考察市场集中度、进入壁垒和产品差异性等结构性因素。

② 绩效识别方法认为，企业实施策略行为的关键在于获取垄断利润，因此主张对企业绩效进行识别，以推测其行为的违法性，如构建并衡量企业的勒纳指数。

1951）。在政策实践上，主张对大企业进行拆分，以此来应对市场集中度过高引起的垄断问题。例如，美国在 1890 年通过了《谢尔曼法》，1914 年通过《克莱顿法》，来限制企业垄断行为。1900~1920 年，美国联邦贸易委员会对一大批企业进行反垄断调查，重点就是通过对大企业进行拆分，来维护竞争效率。

20 世纪 80 年代，受到战后新自由主义的影响，以斯蒂格勒、德姆塞茨、波斯纳和布若曾为代表的一批产业组织理论学者，在对哈佛学派“结构主义”思想进行批判的基础上形成了芝加哥学派。芝加哥学派主张把价格理论作为分析市场的基本工具，并主要基于价格理论模型对企业行为和绩效进行预测（臧旭恒，2007）。斯蒂格勒指出，规模经济、先进的技术和生产设备、完善的厂商内部组织和管理制度是高集中度市场中大企业具有较高效率的主要原因。行业集中并不意味着必然存在垄断行为，更不意味着必然带来行业低效率。特别是对于反垄断分析而言，芝加哥学派主要基于博弈论来对企业间策略行为的竞争效应进行分析。1988 年，泰勒尔出版《产业组织理论》，这本著作标志着构建在博弈论基础上的企业策略行为分析以及福利考察处于反垄断文献研究的核心地位，并逐渐形成以博弈论为主要分析方法的后芝加哥主义学派（Motta，2004）。芝加哥主义学派不仅很好地揭示了企业间策略行为对市场竞争环境的影响，也为现实政策制定提供了丰富的理论依据。在此基础上，芝加哥学派一度成为 20 世纪 80 年代以来美国反垄断政策研究的主要依据。

就构建在哈佛学派基础上的反垄断经验研究而言，学者通过加总行业层面的截面数据来估计市场结构和市场力量之间的线性关系（Prescott et al.，1986；Boulding and Staelin，1993）。这种方式存在两方面的问题：一是由于忽略了市场结构与市场力量间的联立关系而产生了内生性；二是忽略了行业间的异质性。就第一个问题而言，市场集中度、进入退出壁垒以及产品差异性等市场结构变量并不是完全外生的经济变量（Kadiyali et al.，2001）。这就造成市场结构可以影响企业行为，反过来企业行为也可以影响市场结构。例如，在哈佛学派看来，产品差异性是决定市场竞争结构的关键变量，但是，产品差异性实际上是企业的一种策略行为，这就造成市场结构与市场行为之间存在互为因果可能引发的内生性问题。就第二个问题而言，企业绩效也并不是SCP范式下市场竞争结构、产品差异性以及企业行为的简单函数。具体来讲，市场绩效和企业盈利能力受到特定行业、公司特定需求和成本特征的影响，这些特征很难在跨行业分析的SCP框架内建模。首先，消费者具有个性化需求和偏好，这种需求和偏好表现出明显的异质性，从而影响企业的行为，使市场上企业规模、企业数量以及企业间竞争合作关系乃至社会资源配置发生变化。其次，不同行业间也存在着由技术差异、行业发展阶段差异决定的异质性。建立在SCP范式基础上的经验研究显然也无法识别这种供给层面差异对估计结果的影响。上述两个问题都使得哈佛学派的SCP分析框架无法满足实际反垄断工作中的客观要求。

就构建在芝加哥学派基础上的反垄断研究而言，虽然基于博弈论基础上的理论研究为分析企业策略行为提供了非常有效的理论性分析工具，然而如何精确地匹配经济学理论与观察到的数据，一直是反垄断执法工作者和产业组织研究者难以克服的关键问题（Wind and Lilien，1993）。芝加哥学派构建的理论研究框架主要分析相互依赖的决策者之间的各种合作与非合作行为，尤其是将纳什均衡引入对厂商行为的分析，极大地加强了经济学理论对现实垄断现象的解释力。企业之间的相互依赖性、策略互动是十分复杂的。一个企业的最优反应函数往往是其他企业策略互动的函数，这些企业间的反应函数共同决定了市场均衡结果。然而，传统经验研究方法很难做到对企业策略行为进行实证识别，对企业策略行为引发的竞争效应福利分析更是几乎不可能实现的。简单地说，传统实证研究方法是不依赖理论模型的实证。它所构建的回归模型试图直接去寻找解释变量和被解释变量的因果关系，是一个更加纯粹的经济学家的实验，方法上也更加接近统计学，对经济学定量理论模型的应用相对比较少，得到的回归系数本身的大小一般是没有意义的。因此，简化实证更多是就事论事，得到的因果关系也主要是定性的因果关系。在数据上，传统实证研究方法不去探究经济数据产生的根源，而是通过回归之后的稳健性检验以及竞争性假说分析将可能对因果关系产生的外在干扰进行控制和排除。这就使得传统实证研究方法很难直接去揭示企业策略互动的经济影响。

在这里，本书简单介绍经验研究的两大派别：一个是简约式实证研究

（Reduced Form Model，RFM）；另一个是基于经济模型的结构式实证研究（Structural Form Model，SFM）。简约式实证研究认为，经验研究应该让“数据自己说话”。他们认为经济理论模型是由研究者的意志决定的，把研究者的意志强加到数据上面而得到的结论只有在模型正确的情况下才会正确（Aguirregabiria，2017）。因为研究者不可能知道什么模型是正确的，他们的主要研究工具很简单——使用各种各样的回归分析直接对数据进行分析，揭示变量间的因果关系。基于经济学理论的结构式实证研究认为，经验研究的第一步在于对数据所包含信息的深入挖掘，只有在研究者的模型的协助下才能了解数据产生结构（Aguirregabiria，2017）。结构式实证研究注重经济学理论模型对经济数据的解释，强调利用理论模型并结合回归的思想估计模型中的原始参数（Primitive Parameters）。所谓的原始参数指的是那些在偏好和技术方程中的参数，这些参数不会因为政策干涉而变化。近年来，如何精确地匹配经济学理论与观察到的数据是实证经济学的另一个发展方向。尤其是在产业组织和宏观经济学中，明确使用经济学模型进行数据分析的结构性实证研究日益成为主流。例如，在宏观经济学领域，学者更多地采用动态随机一般均衡（DSGE）模型来分析各种外生冲击对宏观经济系统的影响。在产业组织领域，新实证产业组织研究方法就是一种结构式实证研究，其在产业组织理论中的定位如图 2.1 所示。

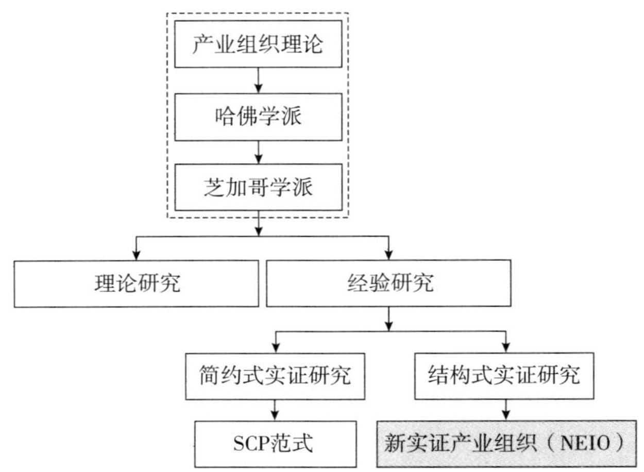

图 2.1　新实证产业组织研究方法在产业组织理论中的定位

区别于传统研究方法，新实证产业组织研究方法以具体行业中的企业行为作为分析对象，借助刻画企业策略行为的博弈模型，即构建需求与供给层面的消费者效用最大化与企业利润最大化结构模型，估计产品层面累加数据背后的原始参数，从而实现对企业策略行为引发的竞争效应的识别与量化分析（Bresnahan，1987；Kadiyali et al.，2001；Einav and Levin，2010）。新实证产业组织研究方法本质上是一种结构式实证研究方法（Bresnahan，1989）。因此，新实证产业组织研究方法可以避免传统识别方法存在的伪回归问题。与此同时，新实证产业组织研究方法在对消费者效用最大化的估计中考虑到了消费者偏好异质性，这就使得基于新实证产业组织方法的实证研究可以识别消费者异质性对竞争均衡结果的影响。具体到企业策略行为的竞争效应识别与量化分析，可分解为以下三个步骤：

首先，构建反映消费者效用最大化的需求模型，利用产品层面的加总销量数据、价格数据和产品特征数据，对需求函数进行估计，计算市场中所有产品的价格弹性和交叉价格弹性。通常而言，研究者多使用随机系数Logit需求模型刻画消费者的偏好（Berry et al.，1995；Nevo，2000）。该需求系统由于具备回避了“参数诅咒”①、考虑消费者偏好异质性②以及有效解决价格内生性③的诸多优点，可以使应用者得到更有效的、反映消费者对产品异质性偏好的产品价格弹性和交叉价格弹性等原始参数。

其次，构建反映企业策略行为的利润最大化供给模型，假定企业间进行伯川德价格竞争，通过求解价格一阶条件，利用需求模型估计的价格弹性和交叉弹性，计算企业实施策略行为情境下的企业产品层面的价格成本加成。同理，重复供给模型的求解步骤，也可以测算出企业在进行其他行

---

① 传统需求模型建立在消费者对产品的购买数量偏好基础上，需要对每种产品建立起由其他产品所决定的需求模型，这往往造成估计的参数数目要大于需求模型个数，从而引发“参数维度的诅咒”问题。“随机系数Logit需求模型”将消费者的效用刻画为产品特征的函数，而不是其他产品的函数，进一步将消费者的最优化行为描述为消费者选择产品的概率问题，而不是消费多少的问题，从而有效避免了“参数诅咒”。

② “随机系数Logit需求模型”通过在模型中加入消费者人口分布统计特征数据，使得模型估计的回归系数成为服从一定分布的随机变量，因此可以有效识别随机偏好异质性。

③ “随机系数Logit需求模型”假定，由于存在消费者关注但是研究者无法观测的因素，这就使得产品价格与产品销量间存在内生性问题。为了得到一致的估计系数，“随机系数Logit需求模型”创造性地构建了三组工具变量，有效消除了内生性偏差问题。

为决策时的价格成本加成。用实际观测的产品价格数据减去反映企业不同定价决策情境下的价格成本加成，可以获得企业在不同情境下的边际成本结构参数数据。

最后，利用“非嵌套模型选择性检验”，对每种情境测算的边际成本进行两两检验，判断哪种情境测算的企业定价行为下的边际成本更好地拟合现实数据（Rivers and Vuong，2002）。如果统计检验结果表明，企业实施策略行为引发竞争损害情境下的企业边际成本更好地拟合了真实数据，那么就说明相比于企业的其他行为而言，策略行为引发竞争损害的均衡结果更符合实际，从而完成对企业策略行为的识别。

实际上，新实证产业组织研究方法已经广泛应用于评价速食麦片、咖啡、汽车等行业的纵向以及横向限制竞争问题。新实证产业组织研究方法由于可以对现实数据背后的原始参数进行估计，因此可以对经济现象进行反事实模拟，即假定原始参数不变，仅改变企业行为，从而考察企业行为变动带来的影响。表 2.1 给出了新实证产业组织研究方法在反垄断应用研究应用中的一些代表性论文及专著。

表 2.1　新实证产业组织研究方向及代表性论文及专著

研究方向	代表性论文
异质性需求偏好识别	1. Berry S T. Estimating discrete-choice models of product differentiation [J]. Rand Journal of Economics, 1994, 25 (2): 242-262. 2. Nevo A. A practitioner's guide to estimation of random coefficients logit models of demand [J]. Journal of Economics & Management Strategy, 2000, 9 (4): 513-548.
市场势力识别与兼并模拟	1. Nevo A. measuring market power in the ready-to-eat cereal industry [J]. Econometrica, 2001, 69 (2): 307-342. 2. Gowrisankaran G, Nevo A, Town R. Mergers when prices are negotiated: Evidence from the hospital Industry [J]. American Economic Review, 2015, 105 (1): 172-203.
纵向策略识别	1. Villas-Boas S B. Vertical relationships between manufacturers and retailers: Inference with limited Data [J]. Review of Economic Studies, 2007, 74 (2): 625-652. 2. Bonnet C, Dubois P. Inference on vertical contracts between manufacturers and retailers allowing for non linear pricing and resale price maintenance [J]. Rand Journal of Economics, 2010, 41 (1): 139-164.

续表

研究方向	代表性论文
广告与信息识别	1. Ackerberg D. Empirically distinguishing informative and prestige effects of advertising [J]. Rand Journal of Economics, 2001, 32 (2): 316-333. 2. Sovinsky-Goeree M. Limited information and advertising in the us personal computer industry [J]. Econometrica, 2008, 76 (5): 1017-1074.
动态随机系数模型识别	1. Hendel I, Nevo A. Measuring the implications of sales and consumer inventory behavior [J]. Econometrica, 2006, 74 (6): 1637-1673. 2. Hendel I, Nevo A. Intertemporal price discrimination in storable goods markets [J]. American Economic Review, 2013, 103 (7): 2722-2751.
进入与推出决策	1. Berry S. Estimation of a model of entry in the airline industry [J]. Econometrica, 1992 (60): 889-918. 2. Seim K. An empirical model of firm entry with endogenous product-type choices [J]. Rand Journal of Economics, 2006 (37): 619-640.
劳动力市场势力识别	1. Manning A. Monopsony in motion: Imperfect competition in labor markets [M]. Princeton: Princeton University Press, 2003. 2. Azar J, Marinescu L, Steinbaum M. Labor market concentration [R]. NBER Working Paper, No. 24147, 2020.

资料来源：笔者根据已有文献整理。

近年来，国内学者也开始运用新实证产业组织研究方法对中国经济发展过程中出现的各种经济现象和问题进行实证分析。例如，陈甬军和周末（2009）运用这一方法对中国钢铁产业中企业市场势力与规模效应进行测度。陈立中和李郁芳（2011）以及肖俊极和孙洁（2012）进一步考察和评估了中国乘用车市场汽油税与燃油税等减排政策的实施效果。后续研究包括对中国白酒市场中企业市场势力以及垄断损失的测度（周末和王璐，2012）、对保险市场竞争强度的测度（王稳和张运智，2014）、对光伏产业中企业市场势力的测度（沈曦，2018）和新能源车市场中政府推广政策对市场销量的影响（李国栋等，2019）等。概述来讲，国内学者运用新实证产业组织研究方法大多关注企业兼并模拟、市场势力测度以及政策模拟等产业组织领域中的横向市场研究问题，有关纵向市场中的实证研究较为缺乏（李凯和赵伟光，2018b）。1998~2022 年，新实证产业组织研究文献统计如图 2.2 所示。

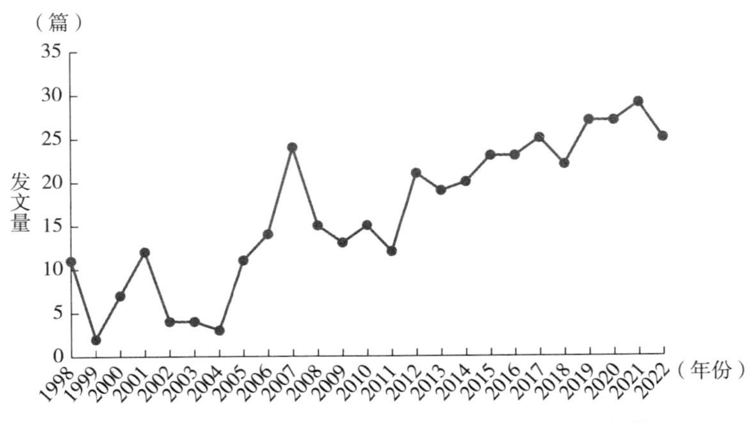

图 2.2　1998~2022 年新实证产业组织研究文献数量

资料来源：笔者在 Science Direct 检索所得。

相较于传统回归分析而言，新实证产业组织研究方法突破了传统研究方法存在内生性问题的限制，可以对企业策略行为进行识别并评估其竞争效应（刘忠等，2012；齐兰和赵立昌，2015；Dubois and Lasio，2018）。其研究优势主要体现在以下三点：第一，对已有理论进行证实或证伪。新实证产业组织研究方法在企业策略行为识别方面的有效性，使得其可以用于检验纵向控制相关理论。第二，分析企业策略行为导致的竞争效应。在识别企业策略行为的基础上，新实证产业组织研究方法也可以进一步对策略行为的福利效应进行量化，从而为反垄断审查和行政处罚提供经济学依据。第三，可以对经济现象进行反事实模拟。新实证产业组织研究方法可以对现实数据背后的原始参数进行估计，假定原始参数不变，仅改变企业行为，从而考察企业行为变动带来的影响。

二、Logit 需求模型估计系统

新实证产业组织研究方法绕不开的一个话题就是对产品需求的估计，通过需求模型估计，可以计算表示消费者对产品偏好的需求价格弹性和交叉价格弹性构成的价格弹性矩阵（Besanko et al.，1998）。根据微观经济学理论中的逆弹性法则，价格弹性矩阵是进一步计算企业边际成本的关键。

因此，对于需求模型的估计就居于新实证产业组织研究方法的核心（Lewbel and Pendakur，2017）。本部分重点介绍有关需求模型估计的文献研究进展，即基于效用最大化理论推导出的简单 Logit 模型、反映特殊群组虚拟变量系数的嵌套 Logit 模型、克服了无关选项独立性假设的随机系数 Logit 需求模型。首先，通过对简单 Logit 模型的介绍，读者将了解如何根据消费者效用最大化理论推导出 Logit 模型，并据此测算价格弹性矩阵。其次，通过介绍嵌套 Logit 模型，读者将了解如何基于产品空间建模解决维度诅咒问题以及如何通过引入嵌套参数来识别消费者偏好异质性。最后，通过介绍随机系数 Logit 需求模型，读者将了解如何通过引入随机系数，使用市场层面的数据对参数进行估计，克服了无关选项独立性假设的限制。

简单 Logit 模型是离散选择模型（Discrete Choice Model，DCM）之一，也被译作评定模型或者分类评定模型。Herrige 和 Kling（1996）证明了 Logit 模型与最大效用理论的一致性，通过假定消费者效用服从逻辑分布，根据消费者效用最大化得到的模型就是 Logit 模型。早期的 Logit 模型主要分为二值选择模型和多值选择模型，主要区别在于被解释变量的构成形式。当被解释变量只有 0 与 1 两种选择时，就是二值 Logit 模型；当被解释变量有两种以上的选择时，就是多值 Logit 模型。根据逻辑分布的概率分布函数，假定样本中个体相互独立，可以构建出似然函数，进一步对似然函数求解最大化一阶条件可以对待估计参数进行估计。根据简单 Logit 模型估计出的参数，可以进一步计算消费者的价格弹性以及交叉价格弹性。正是由于 Logit 模型与经济学中的消费者效用最大化理论直接相关，使得 Logit 模型成为新实证产业组织研究方法最为核心的离散选择模型之一。虽然简单 Logit 模型具有前述介绍的估计与计算优势，但在反垄断研究中，简单 Logit 模型仍具有以下两点不足：一是对简单 Logit 模型的估计需要研究者收集消费者个体层面的价格与销量数据，从而使得 Logit 模型对数据质量的要求较高；二是简单 Logit 模型 IIA（Independence of Irrelevant Alternatives）性质导致计算出的价格弹性矩阵无法识别消费者偏好异质性。IIA 假定意味着，市场上的所有消费者对产品特征的偏好是同质的，这使得交叉替代弹性与现实相违背。

为了克服简单 Logit 模型 IIA 假定引起的价格弹性矩阵无法识别消费者偏好异质性问题，McFadden（1974）发展出嵌套 Logit 模型。嵌套 Logit 模型考虑到了不同产品间的相关性问题，通过将消费者面临的产品选择方案分为不同的嵌套组别，可以部分解决 IIA 问题。然而，要在嵌套 Logit 模型中获得先验分类信息并非易事，其结果也会因为分类次序的不同导致计算出的产品间交叉价格弹性不同。此外，嵌套 Logit 模型在嵌套分组的最底层依然存在 IIA 问题，使得其不能完全消除识别出的偏好具有同质性问题。实际上，McFadden（1974）发展出的嵌套 Logit 模型的最大贡献在于，基于在产品特征空间建模的方法解决了传统需求模型估计中的“参数维度诅咒”问题。总体而言，经济学中的需求估计有两种思路：一种是基于产品空间的建模思想；另一种是基于产品特征空间的建模思想。早期的需求模型建立在产品空间建模之上，研究者将消费者面临的全部产品整体视作消费者的决策对象。例如，在一般均衡分析中，研究者将社会中的所有产品视作消费者面临的消费选择。假定产品 1 的需求取决于产品 2、产品 3 一直到产品 n；同理，产品 2 的需求取决于产品 1、产品 3 一直到产品 n。这样就构成了一个包括 n 个线性方程构成的需求模型估计系统。在这样的需求估计系统中存在 n 个待估计系数，从而导致估计系数过多引起的“参数诅咒”问题。后续的发展，如 AIDS（Almost Ideal Demand System）模型，不得不采用多阶段预测方法来试图解决待估计参数过多的问题。1981 年，McFadden 通过将产品投射到一个特征空间的方法，解决了“参数诅咒”问题。具体来讲，在产品特征空间建模过程中，研究者认为产品是一系列产品特征的函数。例如，就汽车产品而言，即使不同品牌的车型产品不同，但是研究者可以用车型长度、宽度、重量、发动机排量等车型特征来表示消费者对不同车型的偏好。嵌套 Logit 模型对特征行业消费者选择偏好的识别只需要研究者构建一个表示消费者对该类别产品价格以及产品特征的函数。在这样的特征函数中，扩大特定行业中的产品品牌数量，并不会导致方程数量的增加，从而有效避免了“参数维度诅咒”问题（Ackerberg et al.，2007）。总体来看，虽然嵌套 Logit 模型克服了“参数维度诅咒”问题并且可以在一定程度上缓解 IIA 假定对弹性估计的影响。但是，嵌套 Logit 模型依然依赖于消费者个体选择层面的微观数据，也无法完全解决 IIA 假定带来的消费者偏好识别偏误问题。

随机系数 Logit 需求模型就是在对嵌套 Logit 模型上述两个问题的改进过

程中发展起来的。随机系数 Logit 需求模型也被称作 BLP 模型，是由史蒂文·贝里（Steven T Berry）、詹姆斯·莱文森（James A Levinsohn）和阿里尔·帕克斯（Areil Pakes）姓氏的首字母命名的。由于 BLP 模型对于应用计量经济学和实证产业组织理论的重要性，三位学者入选 2020 年度科睿唯安“引文桂冠”经济学奖。后续本书将重点介绍随机系数 Logit 需求模型的建模思路、估计方法方面的文献研究进展。总体来看，相比于简单 Logit 模型和嵌套 Logit 模型，随机系数 Logit 需求模型具有以下四个优势：一是继承了嵌套 Logit 模型的产品特征空间建模思想，从而解决了“参数维度诅咒”问题；二是通过在模型中引入随机系数，克服了嵌套模型底层存在的 IIA 问题，成为差异化产品需求估计的主要计量方法；三是在估计过程中仅需要有关价格、销售数量和产品特性的市场加总数据（Aggregate Data），就可以识别差异化产品的需求弹性，大大扩展了新实证产业组织研究方法的应用范围；四是通过创造性地构建工具变量，解决了价格与误差项相关引发的内生性识别偏差问题。下面本书将对随机系数 Logit 模型的四个优势进行有序介绍：

首先，随机系数 Logit 需求模型继承了嵌套 Logit 模型的产品特征空间建模思想，解决了“参数维度诅咒”问题。随机系数 Logit 需求模型继承了在产品特征空间进行建模的思想，将某一类产品特征从众多产品中提取出来，把消费者效用函数定义为产品特征、产品价格以及随机误差项的函数，实现了在增加产品数量的情况下，不增加产品特征数量，避免了待估计参数的幂级增长问题。从这一方面来看，随机系数 Logit 需求模型与嵌套 Logit 模型的建模思想是一致的。

其次，简单 Logit 模型和嵌套 Logit 模型都不能有效解决 IIA 假定导致的交叉价格弹性估计失真问题。嵌套 Logit 模型通过将消费者面临的产品选择问题设置为一种群组虚拟变量，进而假定虚拟变量系数允许在同一组或嵌套组内产品之间存在关联偏好，在一定程度上解决了 IIA 假定导致的参数估计失真问题。然而，在嵌套分组的底层，产品间的替代弹性依然表现为 IIA 特征。随机系数 Logit 需求模型在模型中引入随机系数，充分考虑到了不同消费者的差异性。具体来讲，每个消费者对不同的产品有不同的偏好，具有相似偏好的消费者也有着相似的间接效用函数。这就使得备选产品的相似度越高，它们之间的替代性越大。可以说，嵌套 Logit 模型就是随机系数

Logit 模型的一个特例（Berry，2003）。

再次，随机系数 Logit 模型还有效解决了微观数据难以获得的难题。一直以来，简单 Logit 模型和嵌套 Logit 模型需要研究者收集消费者个体层面的价格、销量和产品特征数据，这就使得研究者只能通过开展小范围的调研才能获取模型估计需要的数据。然而，反垄断分析面临的问题往往是某个特定行业内部、特定区域或者全国区域层面的问题。这就使得采用调查问卷收集消费者个体层面数据不仅工作量繁重，而且往往也面临较高的成本，限制了 Logit 模型在反垄断研究中的应用。随机系数 Logit 模型创造性地将消费者个体层面的选择行为，加总为某一产品被消费者选择的概率问题，通过对选择函数的概率分布做出假定，使得加总的消费者效用服从逻辑分布，从而完成对加总消费者效用的模型设定。在这种模型设定下，对模型参数的估计仅需要加总层面的产品价格、销量和产品特征数据，就能够对模型参数进行识别。

最后，在对随机系数 Logit 模型估计过程中，研究者遇到的另一个问题应该是产品价格与误差项相关引发的内生性问题。这里的模型误差项主要是消费者在选择产品时关注的产品特征，这些产品特征在研究者角度往往是不可识别的。例如，消费者在选择饮料时会受到产品货架摆放位置的影响，但是研究者无法对货架位置进行量化识别。Berry（1994）通过在模型中引入工具变量的形式解决了价格内生性引发的识别偏差。这就要求构建的工具变量要与产品价格相关，但是与误差项不相关。他构建了两组工具变量来解决内生性识别偏误：一是用产品自身的产品特征数据作为价格的工具变量；二是用其他产品特征价值加总作为价格的工具变量。显然，其他产品特性对消费者效用没有直接影响，却通过竞争影响产品价格。这就使得工具变量与价格存在相关性，但是与误差项不存在相关性。值得注意的是，研究者通常假设产品在特征空间中是外生的，至少在观察到消费者的产品估价之前就已经确定（Bresnahan，1987）。只有满足这一假定，上述构建的工具变量才是有效的工具变量。在此基础上，Berry 和 Haile（2014）又给出了其他可能的工具变量提取方法。他们认为一些产品销售在某个特定区域内是相对独立的，即不同区域间的产品相关性很低。因此，从价格来看，两个不同区域产品的价格是相关的，其他区域的产品价格也是有效的工具变量。

为了便于读者对不同的 Logit 模型进行区分，本书将简单 Logit 模型、嵌套 Logit 模型和随机系数 Logit 模型的主要贡献、缺点以及继承发展关系汇总到表 2.2 中。

表 2.2　Logit 需求模型估计系统

	简单 Logit 模型	嵌套 Logit 模型	随机系数 Logit 模型
模型贡献	1. 基于效用最大化理论推导； 2. 根据估计参数计算价格弹性和交叉价格弹性	1. 通过在模型中引入嵌套分组，在一定程度上避免了 IIA 假定导致的偏好识别偏差问题； 2. 通过在产品特征空间建模，解决了“参数维度诅咒”问题	1. 继承了在产品特征空间进行建模的思想，有效解决了“参数维度诅咒”问题； 2. 在模型中引入随机系数，充分考虑到了不同消费者的差异性，解决了 IIA 假定引发的问题； 3. 基于加总数据进行模型估计，应用范围更加广泛； 4. 通过创造性地引入工具变量，避免了内生性问题引发的模型识别偏差
模型不足	1. 模型估计依赖于消费者个体层面的价格销量数据； 2. 受限于 IIA 假定，交叉价格弹性无法识别消费者偏好异质性	1. 在嵌套分组的底层，依然存在 IIA 假定导致的交叉弹性识别偏差问题； 2. 模型估计依赖于消费者个体层面的价格销量数据	1. BLP 模型涉及的算法非常复杂，中间优化过程的实现取决于初始值及阈值的选择； 2. 模型包括线性与非线性待估计参数，计算量大、估计时间长

资料来源：笔者根据已有研究文献整理所得。

就随机系数 Logit 模型的估计而言，由于模型包括线性与非线性两组待估计参数，因此计算量大、估计时间长（Berry，2003）。在模型设定有效的情况下，估计随机系数模型最直接的方法就是将观测到的产品层面市场份额数据与模型推导的市场份额进行拟合。由于待估计参数既包括线性部分参数也包括非线性部分参数，因此模型估计非常复杂。Berry（1994）将待估计参数分为两类：一类是不随消费者偏好变动而变动的参数；另一类是随消费者特征变化的参数。进一步地，Berry（1994）使用嵌套不动点（Nested Fixed Point，NFP）算法求解拟合市场份额与实际市场份额构成的目标函数最小化问题。由于随机系数 Logit 模型中的市场份额采取积分的方式，必须通过蒙特卡洛模拟近似计算积分值。在求解过程中，研究者需要给出待估计参数的初始值，并通过构建压缩映射（Contraction Mapping），采用迭代的思想使目标函数最小，进而求解参数值（Knittel and Metaxoglou，2014）。在第三章，本书将详细介绍随机系数 Logit 模型的建模过程以及模型估计策略。

就随机系数 Logit 模型的发展而言，后续学者主要从引入微观数据、算法改进以及将模型扩展到动态三个方面，对模型进行改进和完善。在引入微观数据方面，Berry 等（2004）在 1995 年的 BLP 模型技术上，加入消费者调查数据，形成 Micro BLP 模型，从而实现对消费者偏好特征更为精准的识别。在算法改进方面，Dube 等（2010）将随机系数 Logit 模型中涉及的非约束性优化，改写为约束性优化，并用大规模工程计算使用的专业优化器进行优化求解，提高了运行速度，降低了对初始值及阈值的选择要求。Berry 等（2013）、Berry 和 Haile（2020）将需求系统中所有商品的价格和数量作为工具变量，可以进一步丰富需求替代弹性模式，也可以减少识别过程中对工具变量的依赖。类似地，Masten（2017）也对随机系数 Logit 模型的潜在内生性问题进行了讨论。Gautier 和 Kitamura（2013）、Fox 和 Gandhi（2016）发展出了在非参数估计方法下的随机系数 Logit 模型估计思路。Lee 和 Seo（2015）在 Berry（1994）发展出的嵌套不动点定理估计方法基础上，优化了模型程序，使得随机系数 Logit 模型的估计复杂度大大下降。就耐用品市场而言，大多数耐用品在生命周期内价格会快速下降，产品质量也可能快速提高。这些价格与产品质量方面的变动会对消费者效用产生影响，即消费者更可能考虑动态长期效用。在这种情况下，依然使用静态随机系数 Logit 模型会造成估计结果不准确。为此，Frick 等（2019）在随机系数 Logit 模型基础上，构建了包含长期效用的模型动态框架。Berry 和 Compiani（2020）将迭代贝尔曼（Bellman）方程与随机系数 Logit 模型结合起来，建立了一个具有持续差异化偏好、理性预期和可重复购买的动态需求模型。目前，动态随机系数模型已经广泛应用于企业进入退出决策（Seim，2006；Schiraldi，2011）、研发政策模拟（Goettler and Gordon，2011；Igami，2017）等一系列研究中。Fershtman 和 Pakes（2012）将不对称信息加入动态随机系数 Logit 模型，构建了一个分析具有持续不对称信息来源的动态寡头垄断框架。具体来讲，他们假定状态变量具有马尔可夫性质，允许厂商所依赖的状态变量、厂商对状态的信念以及基于该信念的策略都是内生的，从而将产业组织理论中相关问题都纳入这一框架中。

目前，就随机系数 Logit 模型的估计程序开发而言，Nevo 最早在个人网站上公布了运用 Matlab 软件和 8 个附带的 Matlab 函数文件计算随机系数 Logit 模型的程序文件。[①] 在这之后，Ken Train 教授为混合 logit 模型提供了使用极大似然估计（MLE）和贝叶斯方法的 Matlab 软件代码，他还提供了使用极大似然估计（MLE）进行混合 Logit 估计的旧高斯码。进一步地，Mark Ponder 基于 Nevo（2000）、Petrin（2001）和 Berry 等（1997）的估计策略，在个人主页给出了一个基于 Matlab 软件编写的随机系数 Logit 模型估计程序。[②] 就研究者常用的 Stata 软件来看，Vincent（2015）基于 Stata 软件，编写了一个可以对随机系数 Logit 模型进行估计的程序包，运用这个程序包，使用者不仅可以实现对模型参数的估计，还可以计算价格弹性以及交叉价格弹性矩阵。类似地，Lorincz（2016）基于 Stata 软件，编写了一个可以对随机系数 Logit 模型进行估计的程序包并可以对消费者偏好弹性矩阵进行计算。与 Vincent（2015）不同的是，Lorincz（2016）编写的程序包可以估计嵌套 Logit 模型。

总体来看，随机系数 Logit 模型保留了离散选择模型的优点，扩充了异质性产品市场研究的框架，通过在产品空间建模降低了待估参数的数量，可以求解更符合现实的需求弹性。有了这些更贴合实际的参数估计，结合新实证产业组织中有关企业供给模型的设计，研究者就可以用来判断市场势力，模拟企业间合并效果，识别纵向控制策略（Houde，2012；Hong and Li，2017）。在本章的后续部分，本书将分别介绍新实证产业组织研究方法在产品市场反垄断问题中的应用，以及新实证产业组织研究方法在劳动力市场反垄断问题中的应用。

---

① https：//www. rasmusen. org/zg604/lectures/blp/frontpage. htm.

② https：//mark-ponder. com/tutorials/static-discrete-choice-models/random-coefficients-blp/.

第二节　新实证产业组织方法在产品市场反垄断问题中的应用

一、市场势力识别

作为政府经济管制和反垄断分析的基础，衡量企业市场势力是至关重要的基本问题。《中华人民共和国反垄断法》在第四十七条中规定，“经营者违反本法规定，滥用市场支配地位的，由反垄断执法机构责令停止违法行为，没收违法所得，并处上一年度销售额百分之一以上百分之十以下的罚款”。截至 2022 年，国家市场监管总局共查办滥用市场支配地位案件 82 件。[①] 作为中国反垄断法关注的三大执法领域之一，判断企业是否滥用市场支配地位的关键指标就是对企业市场势力的有效衡量。概要而言，市场势力是指企业利用各种手段将价格制定在竞争性水平（即边际成本）之上的能力（Bork，1978；邓忠奇等，2022）。在理论研究方面，学术界通常用勒纳指数（Lerner index）表示市场势力。勒纳指数揭示了市场势力的本质，即价格相对于边际成本的偏离程度。勒纳指数的计算公式为 $Lerner\ index = (P-MC)/P$，其中 P 表示价格，MC 表示边际成本。但是，现实中厂商的边际成本往往不能直接观察到，这就给判断企业是否具有市场势力以及市场势力大小带来了困难。

20 世纪 60 年代，受哈佛学派“结构—行为—绩效”分析范式的影响，学术界以及政策制定部门大多认为市场结构与市场绩效之间存在显著的正相关关系。这就开创了通过分析市场结构与市场绩效之间的关系，探讨结构性市场势力的研究先河。受到这种思想的影响，学术界认为高度集中的市场结构就是企业市场势力强的表现（Bain，1959）。围绕这种理论，早期

---

① https：//baijiahao. baidu. com/s？ id=1733326729113223377&wfr=spider&for=pc.

学者用产业中最大的 n 个企业所占市场份额的累计数占整个产业市场的比例来表示企业市场势力，即 CRn 指数。从本质上来看，CRn 是一种绝对市场集中度衡量指标，计算出来的指数越接近于 0，意味着企业市场势力越小；反之，则越大。贝恩进一步根据不同行业的集中度取值，将美国市场竞争类型进行划分，包括原子型、低集中寡占型、中集中寡占型、高集中寡占型和极高寡占型。之后，学者又发展出衡量企业市场势力相对集中度的指标——赫芬达尔—赫希曼指数。

之后的芝加哥主义学派批评了哈佛主义结构性分析范式并提出了效率结构假说。他们认为产业具有更高的利润或者是来自企业共谋的结果，或者是来自企业效率的差异。也就是说，高效率企业能够获得高的市场份额和更高的经济利润是企业自身效率的体现。Hazlett 和 Weisman（2009）进一步归纳总结了采用市场集中度衡量企业市场势力的三点不足：一是 SCP 分析范式缺乏严谨的理论推导过程，结构、行为和绩效三者之间的因果关系缺乏理论基础；二是 SCP 分析范式的实证研究对企业财务数据的依赖性很强，而财务数据的使用对测算经济成本与经济利润方面的准确性存在较多争议；三是 SCP 分析范式的研究仅仅局限于企业间的一种非均衡关系，受到样本选择偏差及企业盈利性衡量误差的影响很大。特别是随着后芝加哥学派的兴起，有关企业间策略行为的博弈论分析成为理解企业竞争绩效的关键手段，传统市场势力识别方法无法对企业间的策略互动进行研究。实际上，企业间的策略互动也是影响企业市场势力的关键因素。这就使得基于市场结构指标的市场势力识别方法更加具有滞后性。

20 世纪 70 年代开始，分析企业策略行为的新实证产业组织理论逐渐形成，这在一定程度上促使产业组织理论逐步向正统经济学回归。20 世纪 80 年代，随着计量经济学、计算机技术和微观数据库的快速发展和日渐丰富，越来越多的学者开始关注新实证产业组织理论的实证分析领域，以寻求理论研究与实证研究的结合。在新实证产业组织研究方法视角下，学者开创并发展了一系列经济学计量模型来定量测度企业的市场势力。De Loecker 和 Warzynski（2011）系统总结了新实证产业组织研究方法在测度企业市场势力上的基本特征：一是依据企业行为推断边际成本。新实证产业组织研究方法认为企业边际成本是不可观测的，需要采用结构式的研究方法依据企业行为进行推导。这种识别企业边际成本的方法无疑考虑到了企业策略互动对市场势力的影响。二是单个产业被认为具有重要特征。由于产品差异化是市场势力产生的重要来源之一，因而市场范围的界定势必会对市场势力的准确测度产生重要影响，即市场势力轨迹所涉及的产业应尽可能细分到单个产品市场。三是企业行为是被估计的未知参数。新实证产业组织研究方法在测算企业市场势力时需要根据企业利润最大化方程推出企业定价行为。这种企业定价行为与市场势力衡量是直接相关的。四是备择假设明确为市场上企业间无策略互动。由于初始假设是企业处于完全竞争市场，因而可以利用统计数据计量推断出企业是否存在市场势力。

总体来看，新实证产业组织理论有关市场势力识别的方法主要包括以下三种：一是随即边界法，通过构建随机边界成本函数测算企业实际成本相对于最优成本的前沿距离来衡量企业边际成本，进而根据勒纳指数计算企业市场势力；二是需求弹性法，根据企业控制价格的能力受到消费者需求价格弹性的影响这一准则，通过估计随机系数 Logit 模型来测算企业边际成本加成；三是索洛余值法，根据在完全竞争假定下成本最小化企业要素投入占销售收入份额等于要素占生产成本份额这一准则，通过度量二者之差来测算企业边际成本定价能力。表 2.3 详细介绍了传统市场势力识别与新实证产业组织市场势力识别在方法、数据要求、特征方面的比较。

表 2.3　市场势力识别方法对比

	传统市场势力识别	新实证产业组织市场势力识别
方法	1. $CR_n = \sum_{i=1}^{n} X_i / \sum_{i=1}^{N} X_i$，其中，$n$ 在4~8，表示行业中最大的 n 家企业；N 为行业中的企业总数；$\sum_{i=1}^{n} X_i$ 表示前 n 家企业生产额、销售额、资产额或者职工人数之和； 2. $HHI = \sum_{i=1}^{n} \left(\frac{X_i}{X}\right)^2$，其中，$n$ 表示行业内的企业数量；X_i 表示企业 i 的规模，X 表示行业总规模	$Lerner = (P - MC)/P$，其中，P 表示企业定价，MC 表示企业边际成本； 在步骤上，该方法首先利用随机系数 Logit 模型估计消费者需求偏好，测算价格弹性矩阵。其次，转向企业供给侧，通过求解利润最大化一阶条件，计算企业边际成本。最后，根据测算的价格弹性和边际成本，依据勒纳指数定义测算企业边际成本加成，即企业市场势力

续表

	传统市场势力识别	新实证产业组织市场势力识别
数据要求	企业层面的生产额、销售额、资产额或者职工人数	产品层面的加总销量数据、产品价格数据、产品特征数据
特征	1. SCP 分析范式缺乏严谨的理论推导过程，结构、行为和绩效三者之间的因果关系缺乏理论基础； 2. SCP 分析范式的实证研究对企业财务数据的依赖性很强，而财务数据的使用对测算经济成本与经济利润方面的准确性存在较多争议； 3. SCP 分析范式的研究仅仅局限于企业间的一种非均衡关系	1. 依据企业行为推断边际成本，企业边际成本是不可观测的，需要采用结构式的研究方法依据企业行为进行推导； 2. 单个产业被认为具有重要特征，市场势力轨迹所涉及的产业细分到单个产品市场； 3. 企业行为是被估计的未知参数，企业定价行为与市场势力衡量是直接相关的

资料来源：笔者根据已有文献整理所得。

本书主要介绍基于需求弹性法的市场势力识别方法。有关另外两种市场势力的识别方法读者可以参考刘玉海和梁丹（2016）发表在《产业经济评论》的文章《新实证产业组织视角下市场势力测度方法的研究进展》，这篇文章对上述三种市场势力识别方法进行了详细介绍。需求弹性法是国外学术界在新实证产业组织视角下测度市场势力的最常用方法。该方法的基本思想是，追求利润最大化的企业其产品定价原则是边际成本等于边际收益。同时，企业制定产品价格必然受需求与供给两方面的影响。在需求方面，企业价格设定与消费者的价格弹性有关；在供给方面，企业价格设定与企业间的策略行为有关。在步骤上，该方法首先利用随机系数 Logit 模型估计消费者需求偏好，测算价格弹性矩阵。其次转向企业供给侧，通过求解利润最大化一阶条件，计算企业边际成本。最后根据测算的价格弹性和边际成本，依据勒纳指数定义测算企业边际成本加成，即企业市场势力。

Bresnahan（1987）和 Lau（1982）提出了在同质产品市场上识别企业市场势力的静态 BL 方法。该方法从消费者需求和企业供给两个角度建立了一个局部均衡模型，测算企业边际成本，进而计算企业市场势力。但静态 BL 方法依然存在不足，即该方法忽略了消费者需求习惯改变和生产者边际成本变化对估计结果的影响。为此，Steen 和 Salvanes（1999）将静态 BL 模型扩展到动态，充分考虑企业价格与数量变动对市场势力测算的影响。在差异化产品市场势力识别方面，Berry 等（1995）发展出一种基于随机系数 Logit 模型的分析差异化产品需求和供给的实证分析技术。他们使用美国汽车行业 1971~1990 年的车型层面价格销量数据，测算了整车制造企业的市场势力。在之后的研究中，Berry 和 Jia（2008）、Berry 和 Haile（2014）建立了一个基于新实证产业组织的结构模型，分析了供给与需求变化对美国航空业企业盈利能力的影响。类似的研究还包括 Nevo（2000）和 Nevo（2001）对即食麦片行业企业定价行为以及市场势力的识别研究。Nevo（2000）和 Nevo（2001）基于随机系数 Logit 模型，对该行业的价格行为研究发现，即食麦片行业领先企业可以维持差异化产品组合，并影响对产品质量的预测，从而导致较高的价格成本加成率。就国内研究而言，一些学者也开始尝试运用新实证产业组织研究方法测算企业市场势力。例如，陈甬军和周末（2009）基于产品同质性的市场势力识别方法，测算了中国钢铁行业的企业市场势力。周末和王璐（2012）进一步在差异化产品假定下，运用新实证产业组织研究方法，测算了中国白酒行业企业的市场势力。研究发现，白酒制造业尽管拥有原子型的市场结构，却存在非常强的市场势力，市场势力溢价高达 1.297，白酒制造业 2008 年市场势力造成的福利损失为 180.97 亿元，约占白酒制造业总产出的 11.46%。王晓彦和胡德宝（2018）运用产品异质性假定下的市场势力识别方法，测算出中国汽车制造业由市场势力导致的福利损失较大，占汽车产业销售额的 5.3%。

二、企业兼并审查

2022 年 5 月，国家市场监督管理总局共查办垄断协议案件 195 件、滥用市场支配地位案件 82 件，审结经营者集中案 3822 件。从案件数量占比来看，经营者集中案件占比约为 93%。[①] 因此，有关企业兼并审查的文献研究就成为学术界关注的热点问题之一。企业兼并动机主要分为两类：一是效

① https://baijiahao.baidu.com/s?id=1733326729113223377&wfr=spider&for=pc.

率促进效应，即企业间的兼并可以更好地利用稀缺资源或分享重要的知识产权来降低成本；二是竞争损害效应，即企业间的兼并可以通过单边效应和合谋创造市场势力提高价格。如果仅看企业兼并的效率促进效应，企业间的兼并会带来由产品成本的降低导致的最终价格下降，这无疑是有利于消费者的。但是，当企业间的兼并使得兼并后的企业获得更强的市场势力时，兼并后的企业往往会采取提价策略来获取垄断利润，这无疑会损害消费者福利。那么一个自然而然的政策问题是反垄断当局应该如何权衡兼并的这两种效应呢？换言之，反垄断当局需要确立一个标准来告诉我们在什么情况下一个拟议的兼并应该被获准。

在世界各国的反垄断事件中，横向兼并审查的传统工具是基于市场集中度的结构性分析方法。这种结构性分析方法的第一步在于对相关市场范围的界定，随后根据测算的市场份额和市场集中度来判断兼并前后行业集中度指标的变化。如果一起拟议的企业间兼并使得兼并后的市场集中度超过了某一规定的临界水平，那么就初步判断该项兼并可能具有反竞争效应。与此同时，反垄断执法部门在对企业间兼并行为进行审查过程中，还会关注兼并发生市场的市场进入壁垒情况。如果所在市场进入退出壁垒足够低，那么即使兼并后的企业拥有强大的市场势力，也无法利用。从实践上来看，美国司法部和联邦贸易委员会于 2010 年 8 月公布了《横向并购指南》，该指南取代了 1992 年出台的《横向并购指南》。1968 年，美国并购指南以 CR4 作为集中度指标，并以此作为一项并购能否通过的主要判断标准。1982 年，并购指南引入赫芬达尔—赫希曼指数（HHI）作为集中度指标。1992 年，根据兼并后的市场集中度变化，美国最先实施兼并审查的安全港原则。该项原则规定，在非集中和中度集中市场中，并购后 HHI 增值小于 100 以及高度集中市场中并购后 HHI 增加小于 50 的条件下，企业间的并购不可能产生严重的反竞争效应。就我国的反垄断实践而言，2019 年《关于汽车业的反垄断指南》第四条和《关于知识产权领域的反垄断指南》第十三条等法条，均明确了具体的市场份额认定标准，尝试确认安全港规则。

上述介绍的结构性识别方法大多建立在兼并企业所在的行业为产品同质性高的市场假定下。就差异性产品市场的兼并审查而言，上述结构性识别方法则会引发对企业兼并效果的误判。例如，在产品差异性大的市场中，行业整体的市场集中度可能很低，但是由于企业间生产的产品存在较大差异性，每个企业在各自的细分市场中都具有较强的市场势力。当在这种市场环境中的企业兼并时，兼并后的企业可能运用产品差异性带来的市场势力提高产品价格，损害消费者福利。在这样的市场环境中，基于同质性产品设置的安全港原则会失效，无法起到审查的作用。新实证产业组织研究方法无疑为分析差异性产品市场中的企业兼并效应提供了很好的分析工具。特别是在新实证产业组织研究方法中居于核心地位的随机系数 Logit 模型，其优势就在于对消费者偏好差异性进行实证识别，从而可以有效分析产品差异性产品市场中的企业兼并行为。总体来看，新实证产业组织研究方法在企业兼并审查方面具有两点优势：第一，基于随机系数 Logit 模型的需求估计和针对特定行业建模的供给函数分析，可以很好地识别来自消费者和厂商层面的异质性；第二，利用一般均衡分析得到的消费者偏好以及企业边际成本等原始参数，可以反事实模拟兼并后的消费者福利变化。表 2.4 对传统兼并审查与新实证产业组织兼并审查在方法、数据要求和特征三个方面进行了详细介绍。

表 2.4　兼并审查方法对比

	传统兼并审查	新实证产业组织兼并审查
方法	1. 根据 *CRn* 或者 *HHI* 市场集中度指数，计算兼并重组前的市场集中度情况； 2. 根据 *CRn* 或者 *HHI* 市场集中度指数，计算兼并重组后的市场集中度情况； 3. 用兼并后的市场集中度减去兼并重组前的市场集中度，识别兼并重组带来的竞争程度变化	1. 基于随机系数 Logit 模型，估计包含消费者偏好差异的价格弹性和交叉价格弹性； 2. 构建企业间完全竞争情境下的企业利润最大化模型，通过求解价格的一阶最大化条件，计算企业边际成本； 3. 在给定企业边际成本原始参数后，反事实模拟企业兼并重组后的新的市场均衡价格以及均衡产量； 4. 通过对比兼并模拟前后的价格与产量变动，测算消费者剩余变化与生产者剩余变化
数据要求	企业层面的生产额、销售额、资产额或者职工人数	产品层面的加总销量数据、产品价格数据、产品特征数据

续表

	传统兼并审查	新实证产业组织兼并审查
特征	1. 计算简单、方便； 2. 无法反映消费者偏好异质性和企业异质性对企业兼并重组的影响； 3. 需要同时收集兼并前和兼并后的数据，才能进行企业兼并行为分析； 4. 无法识别兼并重组带来的价格变动、销量变动，对消费者福利以及生产者福利的影响	1. 基于随机系数 Logit 模型的需求估计和针对特定行业建模的供给函数分析，可以很好地识别来自消费者和厂商层面的异质性； 2. 利用一般均衡分析得到的消费者偏好以及企业边际成本等原始参数，可以反事实模拟兼并后的消费者福利变化； 3. 结构式实证研究可以在兼并模拟发生前，测算兼并后的消费者福利变动

资料来源：笔者根据已有文献整理所得。

就新实证产业组织研究方法下的企业兼并模拟步骤而言，首先，基于产品层面的加总销量数据、产品价格数据和产品特征数据，基于随机系数 Logit 模型，估计包含消费者偏好差异的价格弹性和交叉价格弹性。其次，构建企业间完全竞争情境下的企业利润最大化模型，在假定企业进行伯川德价格竞争的情况下，通过求解价格的一阶最大化条件，计算企业边际成本。再次，在给定消费者偏好以及企业边际成本原始参数后，反事实模拟企业兼并重组后的新的市场均衡价格以及均衡产量。最后，通过对比兼并模拟前后的价格与产量变动，测算消费者剩余变化与生产者剩余变化，从而为反垄断执法部门提供经验参考。Nevo（2000）遵循上述新实证产业组织研究思路，实证研究了速食麦片市场中企业间的兼并对边际成本、消费者福利可能产生的影响，开创了实证产业组织理论进行兼并审查模拟的先河。Petrin（2001）在 BLP 需求分析框架下，对汽车市场中新产品进入所产生的经济影响进行了分析。类似的研究还包括 Genakos（2004）对个人计算机产业的兼并分析，Verboven 和 Björnerstedt（2016）利用瑞典止痛药市场中的企业间大型合并作为自然实验，采用新实证产业组织研究方法，反事实模拟企业兼并行为的竞争效应。研究发现，兼并后的药品价格上涨幅度约为 42%。

就国内研究而言，王皓和周黎安（2007）运用新实证产业组织研究方法，对 2002~2004 年中国乘用车厂商的竞争行为进行假设检验。结论表明，在2004年价格战之前，中国乘用车市场呈现以内资为纽带的隐性合谋特征；在2004年价格战之后，呈现以外资为纽带的隐性合谋特征。Deng和Ma（2010）运用新实证产业组织研究方法分析了中国乘用车市场中企业的价格竞争行为，发现少数大型整车企业具有较强的市场势力，但是从变动趋势来看，企业市场势力呈现明显下降趋势。王继平和吴瑨（2010）运用简单和嵌套Logit模型，模拟预测了中国服务器产业中差异化产品生产商横向兼并的单边效应。陈立中（2013）运用新实证产业组织研究方法，分析了中国汽车行业兼并重组的福利效应。研究发现，兼并重组行为发生后，兼并重组汽车企业和市场上其他汽车企业的利润水平都会出现上升；消费者福利将遭受较大损失；社会总福利损益则关键取决于兼并重组后的汽车企业生产成本与运营成本的大幅下降。Hu等（2014）和Li等（2015）采用新实证产业组织研究方法，分析了中国乘用车市场的竞争状态，发现虽然中国乘用车市场存在中外合资模式，但是并不存在依赖合资纽带形成的隐性合谋，市场竞争充分。类似的研究还包括余淑秀等（2018）对中国前五大乘用车企业兼并重组效应的反事实模拟，余东华和王蒙蒙（2015）基于Logit模型的横向并购竞争损害模拟发现，汽车行业的横向并购能够明显提高汽车产品价格和并购厂商的利润水平，而非并购企业的利润提高程度有限。

三、纵向控制策略识别

随着我国市场化进程的推进，上下游企业间的合约形式日益复杂，这既催生了许多具有活力的企业组织形式，也产生了许多纵向合约关系（李凯和赵伟光，2018a）。企业合理使用纵向控制策略①可以纠正纵向结构中的私人低效率问题，但策略性地对上下游实施纵向控制也可达到限制竞争等竞争损害效应，造成消费者福利和市场效率的损失（Tirole，1988）。因此，党的十九大报告明确提出“要防止市场垄断，清理废除妨碍统一市场和公

① 纵向控制策略是指一方企业通过契约对产业链上游或者下游企业行为进行限制，包括转售价格维持、两部收费制、部分纵向一体化、纵向所有权安排和排他区域等契约形式。具体概念辨析参考第二章文献综述部分。

平竞争的各种规定和做法，完善市场监管机制”。近年来，白酒、奶粉、汽车和原料药行业中出现的纵向控制问题引起了国家反垄断部门的密切关注，原国家发展和改革委员会价格监督检查与反垄断局、商务部反垄断局等部门[①]对多家企业实施的转售价格维持、纵向所有权安排等纵向控制策略展开反垄断调查，并对涉事企业的违法行为进行处罚，创下了一系列“纵向控制反垄断第一案”。频繁出现的纵向控制垄断案折射出我国市场经济发展过程中，各种形式的纵向控制行为普遍存在，也凸显出针对现实产业背景开展纵向控制策略竞争效应相关研究的重要性和紧迫性。

关于纵向控制策略竞争效应的相关讨论，一直是学术研究和反垄断实践过程中的热点问题，这主要源于纵向控制策略频繁出现在企业策略行为中。同时，学术界对于纵向控制策略的福利效果存在很大争议（Rey and Tirole，1986；Aghion and Tirole，1997）。以 Mathewson 和 Winter（1984）为代表，纵向控制理论从 20 世纪 80 年代中期才正式发展起来，这些研究建立在早期的分析和政策争论基础上。纵向控制（Vertical Control），作为一种长期的、复杂的契约，是纵向关系中上下游企业交易时所涉及的具有约束力的契约，是对可观测、可证实的决策变量进行约束，并依据各自的市场力量分配利润，以一体化作为基准，获得或者接近纵向关系的最优目标——纵向一体化效果[②]。根据决策变量的差异，Rey 和 Verge（2005）进一步将纵向约束策略分为两类：一类是纵向价格约束策略，主要包括转售价格维持（Resale Price Maintenance，RPM）、两部收费制（Two-part Tariff，TPT）、通道费（Slotting Allowance）等；另一类是纵向非价格约束策略，主要包括排他交易（Exclusive Dealing）、排他区域（Exclusive Territories）和搭售（Tie-in Sale）等。具体分类如表 2.5 所示。

① 根据《国务院关于机构设置的通知》（国发〔2018〕6 号），设立国家市场监管总局，将国家发展和改革委员会、商务部和国家工商行政管理总局等反垄断职能部门进行统一。

② 有关纵向控制概念的具体辨析请参考第二章文献综述部分，这里仅对纵向控制概念做出简单介绍。

表 2.5 纵向约束合约分类

类型	合约形式	含义
价格约束	转售价格维持	制造商直接规定下游经销商向消费者销售的最终商品价格，包括最低转售价格、最高转售价格、建议零售价格
	抽成	制造商基于下游零售商的销售数量或收入，收取一定费用
	通道费	制造商支付给下游经销商的产品费用，具体可表现为零售商为其产品分配货架空间的费用等
	非线性定价	制造商向下游经销商收取固定费用，然后再向每单位产品收取单位批发价格。其他的非线性定价包括累进折扣等
非价格约束	排他区域	制造商授予下游经销商在一定市场范围内独家销售区域，并承诺其他分销商不得向该区域的消费者提供商品
	排他交易	制造商要求下游经销商不得销售与制造商产品存在竞争关系的产品和服务
	搭售	制造商不仅要求下游经销商销售初试产品，还要求经销商再从制造商处购买另外一种或多种其他产品
	拒绝交易	制造商有选择地与经销商进行交易，从而拒绝与其他下游经销商进行交易

资料来源：笔者根据 Rey 和 Verge（2005）文献内容整理所得。

概述来讲，企业实施纵向控制策略的竞争效应具有复杂性和多样性：一方面，纵向控制策略具有效率促进效应，可以消除上下游“双重加价”（Spengler，1950）、解决“服务搭便车”（Mathewson and Winter，1984）、防止售后产品质量差异性（Bolton and Bonanno，1988）等问题；另一方面，纵向控制策略也具有限制竞争效应，例如便利企业间合谋（Jullien and Rey，2007）、弱化企业间竞争（O'Brien and Shaffer，1992；Mathewson and Winter，1998；Rey and Verge，2010）、市场圈定（Tirole，1988）和排他效应（Krattenmaker and Salop，1986；Aghion and Bolton，1987）等。考虑到纵向控制策略竞争效应的复杂性，各国反垄断部门对纵向控制的执法原则也逐渐从“本身违法”原则向“合理推定”原则转变（唐要家，2008）。由此可见，纵向控制策略竞争效应的复杂性决定了对现实纵向控制反垄断案件进行严谨和科学的经济学分析具有理论必要性。

总的来看，相对于理论文献而言，有关纵向控制策略竞争效应的实证研究较为缺乏，这一方面不利于理论研究的进一步深入，另一方面也无法为反垄断执法提供有关纵向控制识别与分析的可行依据。传统实证研究方法由于无法对企业策略行为进行识别和量化，因此无法分析企业实施纵向控制策略的市场竞争效应。根据经济学理论，企业行为以及由行为引起的竞争效应都是经济系统中的内生变量，这就使得即使采取传统回归思想构建企业行为影响竞争绩效的回归模型，也会出现伪回归问题。新实证产业组织研究方法的优势之一在于可以对企业策略行为进行识别（Davis，2011；Goldberg and Hellerstein，2013；D'Haultfocuille et al.，2019）。早期研究大多关注对横向市场中企业兼并、歧视性定价等策略行为的识别（Nevo，2000；Grennan，2013；赵伟光和李凯，2019b）。这类文献在运用随机系数 Logit 模型实现对消费者价格弹性与交叉价格弹性的估计后，通过在供给部分求解制造商特定行为决策的利润最大化一阶条件，根据需求模型估计结果测算企业在特定策略行为决策下的成本加成以及边际成本，进而运用“非嵌套测试”实现对企业策略行为的识别。可以说，新实证产业组织研究方法在横向市场中的成功运用得益于其可以有效估算企业产品层面的边际成本（Kadiyali et al.，2001；Kitamura and Stoye，2018）。但在向纵向市场的扩展中，研究者不仅要基于产品层面的销售数据推测企业边际成本，还要推测中间批发价格，这就使得有关纵向市场中企业策略行为的识别难以开展。

Villas-Boas（2007）最早应用在缺失批发价格数据情况下识别零售商与制造商之间纵向契约关系的方法，从而将新实证产业组织研究方法扩展到纵向市场相关问题的研究中。在需求部分，其研究思路与已有研究相同，区别主要体现在供给模型的构建方面。在供给方面，Villas-Boas（2007）从最基本的双重加价模型出发，分别考察制造商与零售商的价格决策函数。下游零售商的决策函数与横向市场情况相同，仅需要需求估计结果和下游零售商的“产品所有权矩阵”就可以测算出下游零售商在线性定价情境下的成本加成以及边际成本。在上游制造商价格决策方面，Villas-Boas（2007）巧妙地将批发价格函数转化为销量对最终价格的交叉偏导，从而实现了对上游制造商成本加成与边际成本的测算。通过采用以上技巧，Villas-Boas（2007）发现美国酸奶市场存在制造商与零售商间 RPM 加两部收费制的纵向契约。Bonnet 和 Dubois（2010）对法国瓶装水市场制造企业与零售企业间的纵向控制策略进行识别与竞争效应分析，发现转售价格维持与两部收费制纵向控制策略是企业实施的主要策略手段，禁止转售价格维持可使市场平均价格降低约7.44%，均衡销量提高约71.11%，消费者剩余提高约0.81%。

Bonnet等（2013）扩展了Villas-Boas（2007）的研究，其在对德国咖啡市场转售价格维持策略的识别与评价研究中发现，纵向控制策略也可能对价格传递率产生影响。Nurski和Verboven（2016）则拓展出新实证产业组织方法下的排他交易识别方法，通过在供给函数中加入零售商布局的影响，实现了对排他交易合约的量化，研究发现，比利时汽车市场存在广泛的排他交易合约。Miller和Weinberg（2017）则进一步对美国啤酒市场中排他交易的存在性进行检验，通过将双重差分研究方法与新实证产业组织方法相结合，进一步提高了对纵向控制策略识别的准确性。值得注意的是，Draganska和Klapper（2007）、Draganska等（2010）发展出在新实证产业组织研究框架下识别纵向组织结构中企业讨价还价系数的方法，在上下游纳什讨价还价的研究框架下，他们发现德国咖啡市场中制造商与零售商间具有不同的讨价还价系数。后续文献进一步考察了美国医疗器械市场中的上下游讨价还价问题（Haucap et al.，2013；Grennan，2013；Ho and Lee，2019）。总体来看，有关新实证产业组织方法下的纵向控制策略识别研究已经比较丰富，但是运用这一分析方法考察中国现实产业背景下的纵向控制策略识别文献则明显不足。

近年来，国内学者也开始运用新实证产业组织研究方法对中国经济发展过程中出现的各种经济现象和问题进行实证分析。一部分学者开始运用新实证产业组织研究方法，对中国乘用车市场中企业策略行为及其引发的竞争效应进行识别和量化分析（王晓彦和胡德宝，2018）。例如，陈立中（2013）在对汽车市场进行需求估计和供给分析的基础上，实证模拟测算了中国乘用车市场中的企业间兼并行为的经济效应，研究发现，企业间的兼并行为会使得市场均衡价格提高，总销量变少，社会总福利下降约10亿元。类似的研究还包括赵伟光和李凯（2019a）对中国乘用车市场中企业实施产品线价格歧视策略的实证考察。其研究结论为，企业实施产品线价格歧视会使消费者剩余减少约9.48万元，整车企业利润增加约48.46万元。概述来讲，学者运用新实证产业组织研究方法，对中国乘用车市场中企业间的横向策略行为进行了识别和量化分析，但对于纵向控制策略的识别和量化研究文献则较缺乏。

王皓和周黎安（2007）最早分析了围绕合资模式可能形成的整车制造层面的企业间共谋问题，研究发现，2004 年价格战之前，中国乘用车市场呈现以内资为纽带的合谋特征，而在价格战之后，乘用车市场则表现为以外资为纽带的集团合谋特征。后续文献进一步对中国乘用车市场合资背景下的企业间合谋形成机制和竞争效应进行分析。陈立中（2013）分析了合资模式下中国乘用车市场潜在的兼并潮对市场均衡价格的影响，研究发现，一汽集团与华晨集团的潜在合并会使合并企业的价格提高 2%～20%，利润增加约 1442.76 万元，社会净福利损失约 10 亿元。肖俊极和谭诗羽（2016）运用新实证产业组织研究方法，对中国乘用车市场中整车企业与上游核心部件企业纵向一体化可能引发的横向竞争弱化进行识别和量化分析，研究发现，整车企业对上游核心部件企业的纵向一体化确实可以实现弱化下游整车企业间竞争的战略效果，相对于不存在竞争弱化的市场竞争情况而言，纵向一体化引发的竞争弱化使得参与合谋的企业比未参与合谋的企业利润高出约 2.45 万元，比自主品牌企业利润高出约 17.81 万元。Xiao 和 Ju（2016）则实证考察了中国乘用车市场排他交易以及排他性经营区域的竞争效应，研究发现，整车企业有动机对纵向关系中的下游关键经销商实施排他性经营区域，以达到弱化下游企业间竞争以及刺激售前服务的效应。

第三节　新实证产业组织方法在劳动力市场反垄断问题中的应用

一、劳动力市场势力识别

自 2008 年《中华人民共和国反垄断法》实施以来，执法机构对奶粉、汽车、原料药等行业中出现的企业竞争损害行为进行查处和处罚，有效规范了产品市场秩序。[①] 与此同时，近年来在劳动力市场也出现员工无薪加班、过度劳动、工作强度过大等企业侵蚀员工利益现象（Autor et al.，2020）。例如，互联网企业出现的“996”工作制，工程技术行业、科研高校等其他行业出现的劳动者过劳现象。在劳资关系中，企业处于绝对的优势地位，独占制定规则的权力，将经营压力转变为工作强度（Arnold，2021）。那么很自然的一个问题是企业在劳动力市场是否具有市场势力呢？如果研究结果表明企业在劳动力市场确实具有市场势力，那么加快推进竞争法在劳动力市场中的应用则是完善中国特色社会主义市场经济环境下强化竞争政策基础地位的应有之义。

针对出现的企业固定薪资协议、“互不挖角”协议等侵蚀员工利益的现象，欧美国家反垄断执法视域逐渐向劳动力市场扩展（Azar et al.，2019）。在政策实践上，美国司法部、联邦贸易委员会于2016年联合颁布《针对人力资源专业人士的反垄断指南》，引导雇主在雇用劳动力过程中恪守反垄断界限，切实维系劳动力市场良性竞争秩序。日本公平贸易委员会也公布了人力资源和竞争政策研究小组的相关报告，阐明了研究组关于日本《反垄断法》在人力资源竞争中的理论应用意见。在有关劳动力市场反垄断问题的分析过程中，行政执法部门和学术研究者面临的最基本的问题便是如何识别企业在劳动力市场的市场势力？如果企业确实在劳动力市场具有势力，那么这种市场势力究竟有多大？对上述问题的回答不仅关系到劳动者权益的保障，还关系到反垄断法在劳动力市场中的执法效果。因此，发展出一种有效测度企业劳动力市场势力的方法，就成为反垄断执法部门与研究者面临的最为基础的现实与理论问题之一。

与产品市场势力定义方法一致，学术界通常用员工实际工资与劳动边际产出之间的偏差定义劳动力市场势力；如果员工实际工资低于其边际产出价值，那么表明企业在劳动力市场具有一定的市场势力；如果员工实际工资高于其边际产出价值，那么表明企业在劳动力市场不具有势力，员工

① 自2013年以来，反垄断执法机构对汽车、白酒、原料药等行业中出现的企业竞争损害行为进行处罚，有效规范了市场竞争秩序，罚单已累计开出约15亿元。

可以分享企业利润。在完全竞争的劳动力市场，劳动力无限供给，此时劳动供给弹性趋于无限，员工实际产出等于其应获得的工资。但是当劳动者对所在工作地点或者工作环境具有异质性偏好时，员工偏好异质性会使得劳动供给缺乏弹性。此时，企业面临向上弯曲的劳动供给曲线，企业的最优定价规制是将实际支付工资定在员工的边际产出之下（Granovetter，1974；Caldwell and Harmon，2019）。这就产生了企业在劳动力市场中的市场势力。Azar 等（2020）进一步指出，当就业机会相对较小时，员工很难在就业市场中寻找到更好的工作机会，此时员工寻找新工作的成本很大，这就会导致企业在劳动力市场具有很大的市场势力。Shapio（2019）也指出，零工经济下的传统工会角色缺失、劳动收入份额持续下降、大企业集中度的持续增高以及员工间收入不平等现象，可以当作是企业在劳动力市场具有市场势力的间接证据。Hafiz（2020）认为，面对日益严峻的企业压低员工工资现象，传统劳动保障法显得越来越无力，只有推动劳动力市场反垄断执法，才能从根本上消除企业侵蚀员工利益现象。Naidu 和 Posner（2021）进一步总结了劳动力市场相对于产品市场的特征，认为劳动力市场特有的搜寻与匹配特征、员工异质性偏好是形成劳动力市场企业市场势力的重要原因。与产品市场不同，即使劳动力市场集中度很低、进入退出壁垒不高，由于搜寻与匹配的原因，企业在劳动力市场依然可能具有市场势力。例如，在乘用车销售过程中，只有买主关心产品的价格、性质和功能，卖方不关心买方或（在大多数情况下）买方计划如何处理汽车。但在就业市场中，雇主关心雇员的身份和特征，雇员关心雇主的身份和特点。这种匹配往往是双向的，不是单向的。雇主寻找的员工不仅是合格的，而且要拥有与雇主的文化和需求相匹配的技能和个性。与此同时，员工正在寻找一个工作场所和工作条件与其需求、偏好和家庭状况相匹配的雇主。只有当这两组偏好和要求“匹配”时，才会进行雇用。这种双边性的搜寻与匹配特征就是为什么低技能工人更容易受到企业在劳动力市场中的市场势力影响。表 2.6 给出了产品与劳动力市场势力的概念界定、指标测度以及影响市场势力的特征因素的汇总信息。

表 2.6　产品与劳动力市场势力

	产品市场势力	劳动力市场势力
概念界定	企业将价格提高到边际成本之上的能力	员工工资低于员工边际产出价值的程度
指标测度	$Markup = \frac{p}{mc}$，其中，p 表示价格，mc 表示边际成本	$Markdown = \frac{w}{MRPL}$，其中，$w$ 表示实际工资，$MRPL$ 表示劳动的边际产出价值
影响市场势力的特征因素	1. 产品市场集中度； 2. 产品差异性； 3. 搜寻与匹配成本（低）； 4. 规模经济性； 5. 沉没成本； 6. 网络外部性与转换成本	1. 企业在劳动力市场的集中度； 2. 员工对企业的异质性偏好； 3. 搜寻与匹配成本（高）； 4. “企业—员工”讨价还价中的员工议价能力； 5. 转换工作时的沉没成本

资料来源：笔者根据已有文献整理所得。

就劳动力市场势力指标测度而言，一些学者通过测算特定市场范围内的劳动力市场集中度来识别企业在劳动力市场中的势力。例如，Dube 等（2016）发现，最低工资对就业流动有相当大的负面影响，进而间接影响企业在劳动力市场中的市场势力。Marinescu 和 Hovenkamp（2018）实证研究结果表明，相对于产品市场而言，劳动力市场集中度更高。Azar 等（2020）借助招聘网站职位投放数据，以人口普查划定的通勤区作为劳动力市场范围，计算了特定企业投放职位占总数的比例，再以这一比例为基础计算各细分劳动力市场的赫芬达尔指数。结果表明，平均赫芬达尔指数已然超过 3000。与 Azar 等（2020）的研究结论类似，Benmelech 等（2018）利用了 1978~2016 年全美企业层面的调查数据，以特定企业雇员人数占总雇员人数为基础，计算特定市场的赫芬达尔指数。总体而言，无论如何界定市场范围，平均赫芬达尔指数都超过 3000。进一步研究发现，工资对市场集中度的负弹性相当显著，由 1978~1987 年的-0.001，大幅上升至 2008~2016 年的-0.018。Marinescu 等（2021）使用关联的“雇主—雇员”数据计算法国按职业和通勤区划分的新员工集中度，发现劳动力市场集中度增加 10%，员工减少 12.4%，新员工的工资减少近 0.9%。实际上，就劳动力市场而言，采用赫芬达尔指数测算劳动力市场势力具有很大的争议。Naidu 和 Posner（2021）指出，相对于产品市场而言，劳动力市场具有搜寻与匹配成本高、企业和员工都具有异质性偏好的特征。这些劳动力市场特征明显不同于同质性更强、匹配更容易的产品市场。产品与劳动力市场的显著差异必然使得采用赫芬达尔指数识别劳动力市场势力引发很大的识别偏差。因此，在异质性偏好假定下发展有效测度劳动力市场势力的指标就成为一个重要的学术问题。

新实证产业组织研究方法无疑为准确测度劳动力市场势力提供新的思路。根据第二节的介绍，Berry（1994）通过在模型中加入随机系数，构建了随机系数 Logit 模型，可以识别考虑到消费者偏好异质性的需求价格弹性以及交叉价格弹性矩阵。那么是不是可以将随机系数 Logit 模型应用到劳动力市场呢？实际上，仿照消费者效用最大化的随机系数 Logit 模型，研究者可以根据员工效用最大化函数推导出表示员工在企业工作意愿的 Logit 劳动供给模型。首先，基于收集的企业层面工资数据、企业工作环境特征数据，就可以对表示劳动供给的 Logit 模型进行估计。其次，通过加入反映员工偏好的嵌套分组，可以构建嵌套 Logit 模型，识别偏好异质性情况下的劳动力供给，进而计算劳动供给弹性。最后，依据测算的具有偏好异质性的劳动力供给弹性，就可以根据劳动力市场势力测算公式，对企业在劳动力市场中的势力进行测算。

Manning（2011）最早运用随机系数 Logit 模型，对美国劳动力市场供给弹性进行了估计，发现美国劳动供给弹性在 0.1~4，大部分企业的劳动供给弹性低于 2。Brooks 等（2021）运用新实证产业组织研究方法发现，企业在劳动力市场的市场势力使得实际工资低于劳动边际产出价值 4%，其中 1.5%来自企业间的联合行为。John 等（2015）利用印度高速公路的修建作为准自然实验，发现交通运输成本的降低使得企业竞争加剧，导致企业所在员工的实际工资增加并提高了消费者福利。Card 等（2018）、Gouin-Bonenfant（2018）和 Lamadon（2016）运用随机系数 Logit 模型，在具有搜寻与匹配特征的劳动力市场，发现即使企业间竞争激烈，员工获得的实际工资依然低于其边际产出价值。Naidu 等（2018）进一步指出，市场集中度、偏好异质性和搜寻匹配成本是形成企业在劳动力市场具有市场势力的主要原因。劳动保障法仅能给予劳动者最低工资保障、工作时间保障、工作环境保障等基本权益，但无法对企业在劳动力市场的势力进行规制，从而使得其无法适应零工经济下出现的新的劳资问题。总体来看，新实证产业组织研究方法基于在劳动者偏好异质性下的建模思想，使得越来越多的学者运用这一分析方法研究企业在劳动力市场中的势力。表 2.7 给出了一些学者基于新实证产业组织研究方法测算的员工劳动供给弹性、企业在劳动力市场势力以及劳动份额等信息。

表 2.7　已有文献对劳动力市场势力的估计

作者	劳动供给弹性	劳动力市场势力	劳动份额	利润份额
Staiger et al. （2010）	0.1	0.09	8%	59%
Dube et al. （2010）	0.12	0.11	10%	58%
Benmelech et al. （2018）	0.55	0.36	30%	39%
Azar et al. （2020）	0.95	0.49	40%	30%
Webber（2013）	1.08	0.52	42%	28%
Kline and Tartari（2015）	2.7	0.73	57%	15%
Ransom and Sims（2009）	3.7	0.79	61%	12%
Dube et al. （2016）	4.2	0.81	62%	11%

资料来源：笔者整理所得。

二、产品与劳动力市场关联下的企业市场势力识别

实际上，企业市场势力不仅体现在产品市场，其在劳动力市场也具有一定的势力（贾俊雪和孙传辉，2019）。① 这就决定了在双重竞争不完全的市场环境中，竞争政策的执行效果具有天然的复杂性。具体来说，如果产品与劳动力市场存在关联，那么意味着企业可以将其在产品市场中的市场

① 在竞争不完全的产品市场，由于产品差异化、行业壁垒，使得一些企业具有一定的产品市场势力；在竞争不完全的劳动力市场，由于户籍制度、行业分割，使得一些企业也具有劳动力市场的买方势力。

势力向劳动力市场扩展。一方面，这就使得建立在劳动力市场完全竞争假设基础上的市场势力评估出现偏误，进而影响对企业行为引发竞争损害程度的判断；另一方面，在产品与劳动力市场竞争不完全相关联的假定下，政府机构在产品市场中的竞争促进政策，会使得企业向劳动力市场扩展势力来抵消产品市场规制对其自身垄断势力的影响。这不仅使得竞争政策的实施效果大打折扣，也会进一步引发企业侵蚀员工利益、劳资冲突等一系列社会问题。

从理论层面来看，有关产品市场中竞争政策效应评估及政策优化研究一直是西方学术界以及政策制定部门关注的前沿研究问题，相关理论文献较丰富（Carlton，2020；Seifert，2020）。但这类文献对竞争政策执行效率的研究大都局限在产品市场，对于诸如劳动力市场中发生的竞争行为予以忽视（Manning，2003）。近年来，欧美国家出现的企业固定薪资协议、“互不挖角”协议等侵蚀员工利益现象，促使反垄断执法视域逐渐向劳动力市场扩展。部分学者基于美国“企业—雇员”数据的研究表明，企业在劳动力市场集中度的上升，是引发企业侵蚀员工利益现象的重要原因（Benmelech et al.，2018；Azar et al.，2020）。在政策实践上，美国司法部、联邦贸易委员会也于2016年联合颁布《针对人力资源专业人士的反垄断指南》，引导雇主在雇用劳动力过程中恪守反垄断界限，切实维系劳动力市场良性竞争秩序。这类文献虽然注意到企业产品市场势力对劳动力市场的影响，并主张通过完善劳动力市场反垄断执法来规范市场竞争秩序。但实际上，产品与劳动力市场竞争不完全的关联效应才是引发企业侵蚀员工利益，进而影响竞争政策执行效果的更深层次原因。对此，已有研究并未给予足够关注。

在不完全竞争市场中，生产要素并不是按效率分配，而是受到企业市场势力的影响（De Loecker et al.，2020）。具体来讲，在劳动力市场，企业可能将其在产品市场中的势力向劳动力市场扩展，致使员工工资低于劳动边际产出价值，进而引发收入差距、失业等问题；在产品市场中，企业可能运用自身市场势力，将价格提高到边际成本之上，进而影响消费者福利、企业投资和研发决策。大量有关产品与劳动力市场竞争不完全的研究多集中于分析市场竞争不完全对失业（Koskela and Stenbacka，2012；陈虹和杨俊青，2020）、工资差距（Booth，2014；王若兰和刘灿雷，2019）、企业研发投入（蒲艳萍和顾冉，2019；Bento，2020）以及资源配置效率（尹恒和李世刚，2019；Behrens et al.，2020）的影响。

就产品市场竞争不完全与劳动力市场竞争不完全的关系而言，Manning（2003）最早注意到，忽视劳动力市场的不完全竞争性会导致建立在劳动力市场完全竞争假设基础上的企业产品市场势力被低估。Fajgelbaum（2013）则认为劳动力市场摩擦会影响企业生产率提高。Benmelech 等（2018）和 Azar 等（2020）进一步指出，企业的产品市场势力会影响工资制定决策，这意味着企业可以将其在产品市场的势力向劳动力市场扩展。Berry 等（2019）的理论模型也表明，劳动力市场竞争程度的降低与企业利润率的提高相关。与之相反的是，Krueger 和 Mueller（2016）则认为，虽然企业在产品市场具有势力，但是员工的议价能力可能会抵消掉企业一部分的产品市场势力，最终使得企业的整体市场势力趋于下降。简泽等（2016）、盛丹和陆毅（2017）基于中国工业企业数据的实证研究也表明，存在企业向劳动力市场扩展市场势力的现象，并引发企业利润对工资的侵蚀。

就企业在产品与劳动力市场中的市场势力量化识别而言，Hall（1988）根据企业成本最小化行为，提出了估计企业边际成本加成的直接思路，并用可变投入产出弹性对其成本份额偏离的程度，测度企业市场势力即加成率。De Loecker 和 Warzynski（2012）在 Hall（1988）的研究基础上，结合前沿的生产函数估计方法①，提出了利用企业层面数据估计加成率的一般化方法（简称 DLW 三部法）。这一方法只需要假定企业成本最小化，且只需要企业生产投入和产出数据，因而呈现十分广泛的应用前景（尹恒和张宇尧，2019；许明和李逸飞，2020；王璐等，2020）。近年来，学者对 DLW 方法的估计结果提出了一些质疑。例如，Raval（2019）发现，使用 DLW 方法估计出的企业加成率，其行业内离散度明显偏高。为此，一些学者从可变投入的定义与调整成本（Jaumandreu and Yin，2017）、生产函数估计偏误（Karabarbounis and Neiman，2018）等方面，对 DLW 方法和估计策略提

① Olley 和 Pakes（1996）、Levinsohn 和 Petrin（2003）、Ackerberg 等（2015）发展出利用微观数据估计生产函数的控制函数方法（Control Function Approach），有效解决了生产率冲击与资本存量相关可能引发的内生性问题。

出了改进性意见。值得注意的是，尹恒和张子尧（2019）提出了一个考虑需求异质性的企业加成率结构化估计方法，有效解决了DLW方法由于对企业需求异质性处理不足造成的估计偏误问题。总的来看，以上文献都是在劳动力市场完全竞争的假定下测度产品市场势力。因此，这些方法不能有效解决产品与劳动力市场竞争不完全情况下的市场势力识别偏误问题。

就企业在劳动力市场中的势力识别而言，已有文献大多基于效率谈判模型，对企业与工会组织之间的议价能力进行测度，并用议价能力代理劳动力市场势力（Pal and Rathore，2016）。实际上，用议价能力代理劳动力市场势力存在两点不足：一是议价能力是企业和工会组织谈判的结果，既反映企业层面因素，也反映劳动力市场层面因素，不能有效识别劳动力市场竞争不完全程度；二是中国企业中并不存在真正意义上代表员工与资方进行工资谈判的工会组织[①]，使得工资的集体议价机制不能有效发挥作用。Azar等（2019）运用实证产业组织中的随机离散选择Logit模型，对企业员工的劳动供给弹性进行估计，进而发展出一种有效测度劳动力势力的识别方法。Dobbelaere和Mairesse（2013）在DLW方法的基础上，进一步引入劳动力市场竞争不完全，并构建产品与劳动力市场联合识别参数[②]，对企业在产品与劳动力市场中的联合市场势力进行识别。由于Dobbelaere和Mairesse（2013）无法对企业员工的劳动力供给弹性进行识别，因此这一方法不能从联合市场势力中，有效区分产品市场势力和劳动力市场势力。

为此，Tortarolo和Zarate（2018）在DLW方法的基础上，发展出了一个在统一的框架下对产品与劳动力市场势力进行识别的方法。Tortarolo和Zarate（2018）首先基于企业成本最小化，将市场势力区分为产品市场势力和劳动力市场势力。其次运用前沿的生产函数法估计要素产出弹性，并运用实证产业组织中的Logit模型估计员工的劳动力供给弹性。最后基于企业层面数据和员工数据的合并样本对产品与劳动力市场势力进行识别。值得

① 欧美工会的活动核心是为其成员争取工资、福利和劳动环境进行集体谈判。中国工会采取自上而下的领导和组织方式，工会在很大程度上同时承担着维护职工权益、维持社会稳定和生产动员的职能（汤灿晴和董志强，2020）。

② 劳动力市场竞争不完全的三种模式为：一是劳动力市场完全竞争；二是劳动力市场买方垄断；三是企业—工会就工资进行讨价还价。

注意的是，Tortarolo 和 Zarate（2018）构建的识别框架建立在企业与工会组织进行集体议价的基础之上。同时，Tortarolo 和 Zarate（2018）的识别框架也没有考虑企业异质性和劳动力异质性对识别产品与劳动力市场势力的影响。对以上两个问题的处理不足，可能引发严重的估计偏误问题，并影响对不完全竞争市场环境下的竞争政策效应评估，进而不利于中国竞争政策的进一步优化。因此，有必要在中国产品与劳动力市场现实背景下，对 Tortarolo 和 Zarate（2018）的识别框架进行拓展。

第三章 新实证产业组织方法概述

第一节 理论模型构建

一、BLP 需求模型构建

新实证产业组织研究方法绕不开的一个话题就是对差异化产品需求模型的估计。在实证产业组织中最常用的需求模型就是随机系数 Logit 模型，简称 BLP 模型。BLP 模型是由史蒂·文贝里（Steven T Berry）、詹姆斯·莱文森（James A Levinsohn）和阿里尔·帕克斯（Ariel Pakes）发展出的。在本章中，本书将详细介绍随机系数 Logit 模型的建模思路与模型估计策略。首先，本书将讲解如何从消费者效用最大化问题中推导出简单 Logit 模型。其次，本书将讲解嵌套 Logit 模型如何通过在产品特征空间建模从而解决“参数维度诅咒”问题，以及如何在方程中引入嵌套系数，缓解无关选项独立性假定对交叉弹性估计的限制。最后，本书会介绍随机系数 Logit 模型，详细讲解如何引入随机系数克服无关选项独立性假定对弹性估计的限制。

（一）产品特征空间建模思想

实证产业组织中的需求估计被解释变量通常是一些可供选择的选项。

例如，选择什么样的出行工具，是自行车、公交车还是自驾车出行；购买哪种品牌的汽车，是国产的还是合资的。也就是说，在实证产业组织理论的需求估计中，被解释变量是离散变量而不是连续变量。这就使得传统的线性回归模型进行此类问题分析时会存在局限性。因而，离散选择模型（Discrete Choice Model，DCM）应运而生。

需求函数的建模策略主要包括两种：一种是在产品空间建模，另一种是在产品特征空间建模。在产品空间建模会出现待估计参数的“维度诅咒”问题。本书主要介绍在产品特征空间建模的思想。产品特征空间建模策略主要建立在以下三个假设基础上：第一，一个产品，如笔记本电脑，可以描述为一组物理特性，如 CPU 速度、内存、屏幕大小等；第二，这些特性决定了产品的多样性，消费者对产品的特性组合有偏好，而对产品本身没有偏好；第三，一个产品有 J 个不同的品种，每个消费者每个时期最多购买一个品种的产品，也就是说，所有品种区分的消费品之间都是相互替代的。

本章用 J 表示产品种类，$J \in [1, 2, \cdots, J]$。例如，用 J 去表示车型，$J=1$ 表示红色汽车，$J=2$ 表示蓝色汽车，$J=3$ 表示黄色汽车。从经验研究的角度来看，本章可以区分两组产品特征。第一类产品特征对研究人员来说是可观察和可测量的。这些特征用 $X_j = (X_{1j}, X_{2j}, \cdots, X_{kj})$ 表示。其中，k 表示特征矩阵 X 的种类。例如，车型总体特征用 X 表示，这些特征包括车型长度、车型宽度、车型发动机排量等几种特征种类。再如，对于笔记本电脑，可以如下定义变量：X_{1j} 表示 CPU 速度；X_{2j} 是 RAM 存储器；X_{3j} 是硬盘内存；X_{4j} 是重量；X_{5j} 是屏幕尺寸；X_{6j} 是一个虚拟变量，表示 CPU 处理器的制造商是否为 Intel。第二类产品特征对研究人员来说是不可观察的，或者至少是不可测量的，但它们对消费者来说是已知的和有价值的。这些不可观察的属性可能有很多，使用变量 ξ_j 来描述这些属性。用 $i \in [1, 2, \cdots, I]$ 表示在市场中的消费者，其中 i 表示市场中的一个代表性消费者。消费者对于不同的产品特征组成的商品具有不同的偏好。例如，可以用 (X, ξ) 表示一个产品的特征。那么，消费者 i 购买这个产品 j 的效用可以表示为 $V_{ij} = V_i(X, \xi)$。值得注意的是，消费者的总效用包括两部分：本产品的效用和其他商品的效用，即 $U_i = U_i(C) + V_i(X, \xi)$，其中 C 表示替代产品的数量，$U_i(C)$ 表示消费者从这种产品中获得的效用。

消费者在收入水平和产品偏好上具有差异性。其中，收入水平用 y_i 表示。值得注意的是，消费者的一些不可观测的差异性也会影响到对产品的选择，用 v_i 表示不能观测到的影响消费选择的消费者异质性。综上，可以将消费者 i 购买产品的效用表示为：

$$U_i = u(C;\ \nu_i) + V(X,\ \xi;\ \nu_i) \tag{3.1}$$

在每个时间段，每个消费者最多购买一种产品。给定消费者的收入 y_i，以及 J 类产品的价格 $P = (p_1,\ p_2,\ \cdots,\ p_j)$，消费者决策购买哪种特征表示的产品。令 $d_{ij} \in \{0,1\}$，表示消费者 i 购买产品 j 的选择，其中 0 表示不购买，1 表示购买。那么，消费者面临的决策问题可以表示为：

$$\max_{di1,\ di2,\ \cdots,\ dij} u(C;\ \nu_i) + \sum_{j=1}^{J} d_{ij} V(X_j,\ \xi_j;\ \nu_i)$$

$$subject\ to:\ C + \sum_{J=1}^{J} d_{ij}\, p_j \leqslant y_i \tag{3.2}$$

消费者在 $J+1$ 可能的选择方案中进行选择，其中 J 表示不同的产品，$J=0$代表不购买任何产品的选择方案。上述效用最大化方程实际上就暗含了消费者的产品选择方程 $d_j^*(X,\ P,\ y_i;\ \nu_i) \in \{0,\ 1\}$。那么 $d_j^*(X,\ P,\ y_i;\ \nu_i) = 1$ 就意味着：

$$d_j^*(X,\ P,\ y_i;\ \nu_i) = 1 \text{ 等价于}$$

$$\{u(y_i - p_j;\ \nu_i) + V(X_j,\ \xi_j;\ \nu_i) > u(y_i - p_k;\ \nu_i) + V(X_k,\ \xi_k;\ \nu_i)\},\ k \neq j \tag{3.3}$$

式（3.3）中，$k=0$ 表示不购买任何产品，或者是购买外部产品，这里定义购买外部产品的效用为 $u(y_i;\ \nu_i)$。给定消费者的最优消费选择 $d_j^*(X,\ P,\ y_i;\ \nu_i)$，以及产品 j 被消费者选择的概率密度函数 $f(y_i;\ \nu_i)$，那么产品 j 的需求函数可以表示为：

$$q_j(X,\ P,\ f) = \int d_j^*((P,\ y_i;\ \nu_i),\ \beta) f(y_i;\ \nu_i)\, d\,\nu_i d\,y_i \tag{3.4}$$

也可以根据上述定义，计算产品 j 的市场份额为：

$$s_j(X,\ P,\ f) = \frac{q_j(X,\ P,\ f)}{I} \tag{3.5}$$

综上所述，在产品特征空间建模策略下，可以根据消费者效用最大化公理，依据消费者购买产品的离散型选择，构建一个通用的产品需求函数表达式。这个通用产品需求表达式是差异化产品需求估计文献中的基本性分析工具。

（二）Logit 需求模型

考虑对上述通用模型做出以下限制。首先，外部产品的效用是线性的，且对所有消费者来说都是相同的：$u(C;\ \nu_i)=aC$，其中 α 表示复合商品 C 的边际效用的参数。购买产品 j 的效用可以表示为：

$$V(X_j,\ \xi_j;\ \nu_i)=X_j\beta+\xi_j+\varepsilon_{ij} \tag{3.6}$$

其中，ε 表示不可观察的随机变量（对于研究人员而言），假定误差项 ε_{ij} 服从极值 I 型分布。那么，$U_{ij}=-\alpha p_j+X_j\beta+\xi_j+\varepsilon_{ij}$。当误差项服从极值 I 型分布①时，产品 J 的市场份额具有以下封闭形式的 Logit 结构：

$$s_j=\frac{q_j}{I}=\frac{\exp\{\delta_j\}}{1+\sum_{k=1}^{J}\exp\{\delta_k\}} \tag{3.7}$$

其中，$\delta_j=-\alpha p_j+X_j\beta+\xi_j$，表示消费者选择产品 J 时的平均效用。参数 α 表示收入的边际效用，是模型核心估计系数。β 表示可观测产品特征 X 的估计系数矩阵，如 β_k 表示 X_{jk} 类产品特征的边际效用。

综上来看，通过假定误差项服从极值 I 型分布，可以从消费者效用最大化问题中，求解出具有 Logit 分布的产品需求函数。这里，本书对随机系数 Logit 模型的关键特征进行一个简单的总结，以便后面的分析。

消费者 i 在产品集 J 中选择产品最大化自身效用，产品 $J\in[1,\ 2,\ \cdots,\ J]$，其中 $J=0$ 表示外部性选择。那么，消费者 i 选择产品 j 的效用函数可以表示为 $U(X_j,\ \xi_j,\ p_j;\ \nu_i)$。$X_j$ 表示可以被研究者观测到的产品特征，ξ_j 表示不能被研究者观测到的产品特征，p_j 表示产品 j 的价格，ν_i 表示不可观测的影响消费者选择的消费者偏好异质性。Nevo（2000）和 Nevo（2001）进一步把 ν_i 区分为两类：一类是不可观测的消费者人口统计特征，用 D_i 表示；另一类是不可观测的消费者属性，用 ν_i 表示。综上所述，消费者的间接效

① 极值I型分布是指具有如下 0 均值的概率密度函数和累计分布函数：$f(x)=e^x e^{e^{-x}}$，$F(x)=e^{-e^{-x}}$。

用函数可以表示为：

$$U_{ij} = -\alpha_i p_j + X_j \beta_i + \xi_j + \varepsilon_{ij} \tag{3.8}$$

$$\begin{pmatrix}\alpha_i\\ \beta_i\end{pmatrix} = \begin{pmatrix}\alpha\\ \beta\end{pmatrix} + \prod D_i + \sum v_i$$

其中，待估计参数 α_i 、β_i 可以被分解为两个部分：一部分是消费者购买产品的平均效用产生的估计系数 α 、β ，将其令为 θ_1 ；另一部分是由消费者偏好异质性产生的估计系数 $\prod$ 、$\sum v_i$ ，将其令为 θ_2 。根据上述定义，可以将间接效用分为以下两部分：

$$U_{ij} = \delta(X_j,\ p_j,\ \xi_j;\ \theta_1) + \mu(X_j,\ p_j,\ D_i,\ v_i;\ \theta_2) + \varepsilon_{ij} \tag{3.9}$$

其中，消费者购买商品的平均效用为 $\delta_j = -\alpha p_j + X_j\beta + \xi_j$ ，消费者购买商品的异质性偏好为 $\mu_{ij} = (p_j,\ X_j)\left(\prod D_i + \sum v_i\right)$ 。

（三）简单 Logit 模型

本书在这部分将介绍简单 Logit 模型。简单 Logit 模型由于没有考虑消费者偏好异质性，因此不能识别出偏好异质性对弹性的影响，适合分析同质品市场中的企业间竞争行为（李晓卿，2013）。简单 Logit 模型虽然具有上述模型设计缺陷，但是可以通过对简单 Logit 模型的介绍，使读者掌握如何从需求模型中推导出价格弹性矩阵以及交叉价格弹性矩阵。这对于后面介绍随机 Logit 模型是很有帮助的。

简单 Logit 需求函数的效用函数具有下述形式：

$$U_{ij} = -\alpha p_j + X_j\beta + \xi_j + \varepsilon_{ij} \tag{3.10}$$

从式（3.10）可以看出，简单 Logit 效用函数估计系数 α 和 β 没有下标 i，即没有由于消费者异质性偏好产生的估计系数 θ_2 。这在一定程度上减轻了简单 Logit 模型的推导过程以及计算复杂度。根据上述介绍的简单 Logit 模型特征，简单 Logit 模型的效用函数仅包括消费者购买商品的平均效用 $\delta_j = -\alpha p_j + X_j\beta + \xi_j$，不包括消费者购买商品的异质性偏好 $\mu_{ij} = (p_j,\ X_j)\left(\prod D_i + \sum v_i\right)$ 。

为了推导价格弹性表达式，假定产品种类 $J = 50$。当 ε_{ij} 服从极值 I 型分布时，可根据式（3.10）计算出产品需求函数：

$$s_j = \frac{q_j}{I} = \frac{\exp\{\delta_j\}}{1 + \sum_{k=1}^{J} \exp\{\delta_k\}} \tag{3.11}$$

为了计算需求弹性，需要计算产品 $J=1, 2, \cdots, 50$ 的价格需求边际 ds_j/dp_k。在这里，本章先给出产品 j 销量的计算式和产品 j 在整个市场中的销量份额表达式：

$$M_j = e^{-\alpha p_j + X\beta + \xi_j} \tag{3.12}$$

$$s_j = \frac{M_j}{1 + \sum_{k=1}^{50} M_k} \tag{3.13}$$

于是，可以将价格销量边际表示为：

$$\frac{ds_j}{dp_k} = \frac{\frac{dM_j}{dp_k}}{1 + \sum_{k=1}^{50} M_k} + \left(\frac{-M_j}{\left(1 + \sum_{k=1}^{50} M_k\right)^2}\right)\left(\frac{dM_k}{dp_k}\right) \tag{3.14}$$

假定 $k \neq j$，可计算出产品间的交叉价格弹性为：

$$\begin{aligned} \frac{ds_j}{dp_k} &= \frac{0}{1 + \sum_{k=1}^{50} M_k} + \left(\frac{-M_j}{\left(1 + \sum_{k=1}^{50} M_k\right)^2}\right)(-\alpha M_k) \\ &= \alpha\left(\frac{M_j}{1 + \sum_{k=1}^{50} M_k}\right)\left(\frac{M_k}{1 + \sum_{k=1}^{50} M_k}\right) = \alpha s_j s_k \end{aligned} \tag{3.15}$$

假定 $k=j$，可计算出产品 j 的价格自弹性为：

$$\begin{aligned} \frac{ds_j}{dp_j} &= \frac{-\alpha M_j}{1 + \sum_{k=1}^{50} M_k} + \left(\frac{-M_j}{\left(1 + \sum_{k=1}^{50} M_k\right)^2}\right)(-\alpha M_j) \\ &= -\alpha s_j + \alpha s_j^2 = -\alpha s_j(1 - s_j) \end{aligned} \tag{3.16}$$

现在可以计算产品市场份额的弹性，即产品 k 价格上涨时产品 j 市场份额的百分比变化：

$$\eta_{jk} = \frac{\% \, \Delta s_j}{\% \, \Delta p_k} = \frac{ds_j}{dp_k}\frac{p_k}{s_j} = \begin{cases} -\alpha p_j(1 - s_j) & \text{如果 } j = k \\ \alpha p_k s_k & \text{其他} \end{cases} \tag{3.17}$$

虽然简单 Logit 模型可以很方便地推导出价格弹性的表达式。但是，式（3.17）中弹性的理论结构存在两个方面的不足：

第一，如果市场份额很小，那么 $\alpha p_j(1-s_j)$ 将趋近于 α，由此导致产品 j 的价格自弹性接近 $-\alpha p_j$。这表明，如果价格较低，需求的弹性就会降低，对价格的反应也会降低，这反过来意味着卖方将对边际成本较低的产品收取较高的加价。本章之所以要假设这一点，并没有什么特别的原因，事实上，经常看到边际成本较高产品（如豪华车）的加价高于廉价车。

第二，产品 j 相对于产品 k 价格的交叉价格弹性为 $\alpha p_k s_k$，其弹性值只取决于产品 k 的特性、价格和市场份额。如果产品 k 提高了价格，那么它会因其他产品而均等地失去市场份额，这是简单 Logit 模型的一个典型性缺陷。McFadden（1974）著名的"红色巴士—蓝色巴士"示例说明了这一点。如果你可以选择乘坐红色公交车、蓝色公交车或骑自行车上班，而乘坐红色公交车的价格上涨，你是否以同样的可能性去选择乘坐蓝色公交车和骑自行车？当然不是，但是简单 Logit 模型说你会的。这就是无关选项独立性假定导致的消费者对备选产品特征的偏好无差异问题。

（四）嵌套 Logit 需求模型

如前所述，简单 Logit 模型对产品自身和交叉价格弹性施加了强烈限制。嵌套 Logit 模型通过引入事先的嵌套分组，放宽了这些限制，从而使得估计的弹性矩阵更加符合现实。简单 Logit 模型还受到无关选项独立性假设的限制，该模型认为所有消费者对备选产品特征的偏好是无差异的。然而在现实的产品市场中，消费者选择具有非对称的交叉价格弹性。为解决这一问题，嵌套 Logit 模型通过设置一种特殊的群组虚拟变量系数，允许在同一组或"嵌套"内的产品之间存在关联偏好。尽管嵌套 Logit 模型在一定程度上放松了无关选项独立性假设，但嵌套 Logit 模型中分类子结构的最底层仍然保持了无关选项独立性假设的特性（Grigolon and Verboven，2014）。

在嵌套 Logit 模型中，假设将 $J+1$ 种产品（包括外部产品）划分为 $G+1$ 组。按以下方式对产品分组进行记录 $g\in[1,2,\cdots,G]$。令 Θ_g 表示组 g 中的产品集。效用函数的结构与简单 Logit 模型中的结构相同，唯一重要的区别是误差项 ε_{ij} 具有嵌套 Logit 模型的结构：

$$U_{ij} = -\alpha p_j + X_j\beta + \xi_j + \varepsilon_{hj} \tag{3.18}$$

其中，$\varepsilon_{hj}=\lambda\varepsilon_{gh}+\varepsilon_{hj}$，$\varepsilon_{gh}$和$\varepsilon_{hj}$都服从极值Ⅰ型分布，$\lambda$是待估计的嵌套分组系数。因此，$\varepsilon_{hj}=\lambda\varepsilon_{gh}+\varepsilon_{hj}$整体服从极值Ⅰ型分布。消费者购买商品的平均效用为$\delta_j = -\alpha p_j + X_j\beta + \xi_j$。对于嵌套Logit模型而言，产品$j$的市场份额可以表述为：

$$s_j = \frac{\exp[\lambda I_g]}{\sum_{g=0}^{G}\exp[\lambda I_g]}\frac{\exp[\delta_j]}{\sum_{k\in\Theta_g}\exp[\delta_k]} \tag{3.19}$$

其中，I_g表示组g的嵌套值，定义如下：

$$I_g = \ln\left(\sum_{j\in\Theta_g}\exp[\delta_j]\right) \tag{3.20}$$

这个嵌套值可以解释为消费者选择g组时的预期效用。也就是说，在消费者观测到ε_{hj}之前，他们就知道该组产品给他们带来的效用增加值δ_j。嵌套Logit模型中的市场份额方程可以直观地解释为嵌套组间和嵌套组内市场份额的乘积。进一步地，令$s_g^* = \sum_{j\in\Theta_g}s_j$表示所有在嵌套分组$g$中的产品市场份额，令$s_{j/g}^* = s_j/\sum_{j\in\Theta_g}s_j$表示产品$j$在嵌套分组$g$中的市场份额，$s_j = s_g^* s_{j/g}$。嵌套Logit模型意味着嵌套分组内部的产品市场份额具有Logit结构，即$s_{j/g} = \exp[\delta_j]/\exp[I_g]$。同理，嵌套组市场份额也具有Logit结构。

根据嵌套Logit模型估计的参数α、β和嵌套分组系数λ，可以计算出价格弹性与交叉价格弹性：

$$\eta_{jk} = \begin{cases} \alpha\left(\dfrac{1}{1-\lambda} - \dfrac{\lambda}{(1-\lambda)}s_{j/g}^* - s_j\right)p_j & \text{如果 } j=k \\ -\alpha\left(\dfrac{\lambda}{(1-\lambda)}s_{j/g}^* + s_j\right)p_j & \text{其他} \end{cases} \tag{3.21}$$

从上述弹性计算公式可以看出，嵌套Logit需求模型识别的价格弹性更加符合实际。嵌套Logit模型考虑到了不同产品间的相关性问题，通过将消费者面临的产品选择方案分为不同的嵌套组别，可以部分解决无关选项独立性假定问题。然而，要在嵌套Logit模型中获得先验分类信息并非易事，其结果也会因为分类次序的不同导致计算出的产品间交叉价格弹性不同。此外，嵌套Logit模型在嵌套分组的最底层依然存在无关选项独立性假定问题，使其不能完全消除识别出的偏好所具有的同质性问题。

（五）随机系数 Logit 需求模型

为了解决嵌套 Logit 模型的上述缺陷，在贝里（Berry，1994）研究的基础上，贝里、莱文森和帕克斯（Berry，Levinsohn and Pakes，1995）在 Logit 模型中引入随机系数，充分考虑了不同消费者之间的差异化，即每个消费者对不同的产品有不同的偏好，具有相似偏好的消费者也就有着相似的间接效用函数，备选产品的相似度越高，它们之间的替代性越大。随机系数 Logit 模型保留了嵌套 Logit 模型的优势，克服了其底层仍存在无关选项独立性假定的问题，可以说嵌套 Logit 模型是随机系数 Logit 模型的一个特例（Berry，2003）。在随机系数 Logit 模型看来，替代简单 Logit 模型或嵌套 Logit 模型的一种方法是假设参数——产品特性的边际效用——在消费者之间不同，并由消费者特性决定。随机系数 Logit 模型就是在这种思想启发下产生的。随机系数并不是说消费者的行为是随机的。相反，每个消费者在其效用函数中都有固定的系数。随机系数是指这些系数是固定参数的函数，而这些固定参数随着消费者特征的变化而变化。

随机系数 Logit 需求函数的效用函数具有下述形式：

$$U_{ij} = -\alpha_i p_j + X_j \beta_i + \xi_j + \varepsilon_{ij}$$

$$\begin{pmatrix}\alpha_i \\ \beta_i\end{pmatrix} = \begin{pmatrix}\alpha \\ \beta\end{pmatrix} + \prod D_i + \sum v_i \qquad (3.22)$$

从式（3.22）可以看出，随机系数 Logit 效用函数估计系数 α 和 β 有下标 i，即有由于消费者异质性偏好产生的估计系数。D_i 表示不可观测的消费者人口统计特征，ν_i 表示不可观测的消费者属性。上述消费者偏好异质性都会影响到模型的估计系数。与普通的离散选择模型不同，α 和 β_i 不再是单一值，而是随着消费者 i 变化，这是随机系数 Logit 模型的关键设定之一。待估计参数 α_i、β_i 可以被分解为两部分：一部分是消费者购买产品的平均效用产生的估计系数 α、β，将其令为 θ_1；另一部分是由消费者偏好异质性产生的估计系数 $\prod$ 、$\sum v_i$ ，将其令为 θ_2。根据上述定义，可以将间接效用分为如下两部分：

$$U_{ij} = \delta(X_j, p_j, \xi_j; \theta_1) + \mu(X_j, p_j, D_i, v_i; \theta_2) + \varepsilon_{ij} \qquad (3.23)$$

其中，消费者购买商品的平均效用为 $\delta_j = -\alpha p_j + X_j\beta + \xi_j$，消费者购买商品的异质性偏好为 $\mu_{ij} = (p_j, X_j)(\prod D_i + \sum v_i)$。

在此基础上，规定消费者人口统计特征 D 和不可观测的消费者属性 ν 服从 $P_D^*(D)$ 和 $P_v^*(v)$。为了估计的简单，假定 $P_D^*(D)$ 和 $P_v^*(v)$ 都是正态分布。因此，产品 J 的市场份额或者说产品 J 的需求函数，是具有不同特征 $P_D^*(D)$ 和 $P_v^*(v)$ 的消费者 i 选择产品 J 的加总，这种加总相当于对 $P_D^*(D)$ 和 $P_v^*(v)$ 求积分。假定 ε_{ij} 服从极值 I 型分布，那么产品 J 的市场份额可用具有以下封闭形式的 Logit 方程表示：

$$s_j = \int_V \int_D \left[\frac{\exp\{\delta_j + \mu_{ij}\}}{1 + \sum_{k=1}^{J} \exp\{\delta_k + \mu_{ik}\}} \right] dP_D^*(D)\ P_v^*(v) \tag{3.24}$$

随机系数 Logit 模型进一步假设选择之间的相关性可以由 U_{ij} 捕捉，因此，选择之间的相关性是产品和消费者特征的函数，即具有相似特征的消费者将拥有相似的产品偏好排序，也就具有了相似的替代模式，从而解决了无关选项独立性假设问题。在随机系数 Logit 模型中，产品 k 价格上涨时产品 j 市场份额的百分比变化，即价格弹性可以表示为：

$$\eta_{jk} = \frac{ds_j}{dp_k}\frac{p_k}{s_j} = \begin{cases} -\dfrac{p_j}{s_j}\displaystyle\int_V \int_D \alpha_i s_j(1 - s_j)\, dP_D^*(D)\ P_v^*(v) \\ \dfrac{p_k}{s_j}\displaystyle\int_V \int_D \alpha_i s_j s_k\, dP_D^*(D)\ P_v^*(v) \end{cases} \tag{3.25}$$

从上述弹性表达式来看，随机系数 Logit 模型识别的价格自弹性和交叉价格弹性具有以下两点优势：

第一，价格较高的产品更有可能被 α_i 估计值低的消费者购买，α_i 估计值低意味着相对更低的弹性。也就是说，价格高昂的汽车，更容易被需求弹性刚性的人购买。这就更加符合微观经济学理论。

第二，通过加入消费者偏好异质性参数 $\prod$、$\sum v_i$，使得计算出的交叉价格弹性可以反映出消费者偏好异质性。例如，本田思域（Honda Civic）降价后，不同产品的交叉弹性不同，导致从丰田卡罗拉（Toyota Corolla）转向宝马 328 的可能性更大。

综上来看，随机系数 Logit 模型克服了无关选项独立性假定对识别企业价格弹性以及交叉价格弹性的影响，可以模拟出良好的需求替代模式。例如，产品特征越相似的汽车之间的替代弹性越高，高收入家庭对汽车类型的替代弹性更低。这显然更符合现实产业现状。

二、供给模型构建

在这一部分，本书将介绍新实证产业组织研究方法中的供给模型的构建。新实证产业组织研究方法主要分析寡头垄断市场结构中的企业策略行为，并分析这种行为对均衡结果的影响。新实证产业组织研究方法通过构建反映企业策略行为的利润最大化供给模型，假定企业间进行伯川德价格竞争，求解价格一阶条件，利用需求模型估计的价格弹性和交叉弹性，计算企业实施策略行为情境下的企业产品层面的价格成本加成。

令 $f \in [1, 2, \cdots, F]$ 表示寡头垄断市场中存在的企业。这些企业生产产品 $J \in [1, 2, \cdots, J]$。假设每个企业在自身产品集 Δ_f 上实现利润最大化。例如，丰田企业生产的产品包括丰田雷凌、丰田凯美瑞、丰田荣放等车型，本田企业生产的产品包括本田思域、本田雅阁、本田 CRV 等车型。进一步假设企业生产成本由固定成本 FC_j 和边际成本 mc_j 表示，边际成本随产品的质量而变化，但不随销售数量变化，即不存在规模经济。

假定产品价格是模型中的内生变量，用 $P \in (p_1, p_2, \cdots, p_j)$ 表示产品 j 的价格，产品质量是模型系统中的外生变量。企业 j 的利润最大化决策可以表示为：

$$\pi_f = \sum_{j \in \Delta_f} [(p_j - mc_j) q_j(p) - FC_j] \tag{3.26}$$

其中，$q_j(p)$ 表示产品 j 的总销量。定义如下产品所有权矩阵 H_{jk}：

$$H_{jk} = \begin{cases} 1, & \text{如果对于企业}f\text{而言，产品}j\text{、}k\text{属于其产品集}\Delta_f \\ 0 & \text{其他} \end{cases} \tag{3.27}$$

实际上，产品所有权矩阵 H_{jk} 为 $J \times J$ 维矩阵，J 表示市场中的所有产品数量。产品所有权矩阵 H 中的元素等于 0 或 1。值为 1 意味着以行和列索引得到的两种产品并不是独立定价，而是企业内部对产品 j 和 k 共同利益最大化定价。这允许本章区分各种定价模式。例如，产品所有权矩阵 H 元素全为 0，意味着每个产品仅由一个企业生产，并且所有企业间进行伯川德价格竞争。如果产品所有权矩阵 H 中的要素全为 1，意味着市场中的所有产品都由一家企业生产。这同时也意味着如果每个产品依然由单独一家厂商生产，则表示市场中的所有企业共谋，即最大化整体利益。因此，可以改变产品所有权矩阵中的元素构成，模拟不同市场竞争结构下的企业利润最大化结果。

令 Ω_{jk} 为 $J \times J$ 维需求对价格导数矩阵，矩阵中每个元素可表示为：

$$\Omega_{jk} = \begin{cases} -\partial s_{jt}/\partial p_{kt}, & \text{如果产品 } j\text{、}k \text{ 在产品所有权} H_{jk} \text{ 矩阵中为 } 1 \\ 0, & \text{其他} \end{cases} \tag{3.28}$$

其中，Ω_{jk} 中每个元素 $\partial s_{jt}/\partial p_{kt}$ 的计算参考需求模型设置部分。通过运用上述定义的产品所有权矩阵 H_{jk} 和需求对价格导数矩阵 Ω_{jk}，可以把企业利润最大化问题的一阶条件写成：

$$q(p) - \Omega(p - mc) = 0 \tag{3.29}$$

其中，q 和 mc 表示产品销量和边际成本的 J 维列向量，Ω_{jk} 为 $J \times J$ 维矩阵。通过对上式进行整理，可以得到如下企业定价方程：

$$p = mc + \Omega^{-1} q(p) \tag{3.30}$$

假设企业价格竞争表现为纯策略纳什—伯特兰均衡，并且该均衡中的价格严格为正，则上述一阶条件是市场均衡的重要特征。如果知道需求对价格导数矩阵 Ω，以及观测到的产品价格 p，就可以运用上式计算边际成本和价格加成：

$$mc = p - \Omega^{-1} q(p) \tag{3.31}$$

$$p - mc = \Omega^{-1} q(p) \tag{3.32}$$

换句话说，对于给定的所有权矩阵 H 以及竞争模型弹性矩阵 Ω，本章能够在不观测成本数据的情况下测量企业的价格成本加成。此外，本章可以在不同的所有权结构下计算企业加成率。正如在后续章节中将要看到的，运用新实证产业组织研究方法，经济学家能够测试不同市场竞争模式对市场均衡结果的影响。

总的来看，在新实证产业组织理论中，厂商通过设定产品的价格最大化自己的利润，根据市场竞争结构的不同，这些利润最大化的目标函数也不相同。在厂商间进行纳什—伯川德竞争时，每个厂商都最大化自身的利润；而在企业之间存在共谋时，共谋的企业会使它们的联合利润最大化。市场中企业间的不同竞争模式是通过改变产品所有权矩阵 H 中的元素取值实现的。例如，对于存在企业共谋的情况，H 中的所有元素取值全为 0。每个追求利润最大化的组织通过设定组织内部所有的产品价格使得这些产品的利润之和最大化。

第二节　模型估计策略

本节将主要讲解需求模型与供给模型的参数估计策略。在需求模型估计部分，首先讲解简单 Logit 需求模型的估计策略。其次讲解嵌套 Logit 模型的估计策略。最后讲解随机系数 Logit 模型的估计策略。在供给模型参数估计部分，主要讲解如何根据需求模型估计出的参数，计算企业边际成本并测算企业边际成本加成。

一、需求模型估计策略

（一）简单 Logit 模型估计策略

对于简单 Logit 模型，如果收集到产品层面的销量数据 q_j、价格数据 p_j、产品特征数据 X 和市场总体销量规模 M，就可以计算出产品 j 的市场份额 s_j 和外部选择性产品的市场份额 s_0。根据式（3.11），可将产品 j 的市场份额和外部产品市场份额表示为如下形式：

$$s_j = \frac{\exp\left[\delta_j\right]}{\sum_{k=0}^{J}\exp\left[\delta_j\right]} \tag{3.33}$$

$$s_0 = \frac{1}{\sum_{k=0}^{J}\exp\left[\delta_j\right]} \tag{3.34}$$

其中，$\delta_j = -\alpha p_j + X_j\beta + \xi_j$ 表示消费者购买产品 j 获得平均效用。运用等式关系 $s_j/s_0 = \exp[\delta_j]$，进而对上述等式关系两边取自然对数，可得到如下表达式：

$$\ln(s_j) - \ln(s_0) = \delta_j = -\alpha p_j + X_j\beta + \xi_j \qquad (3.35)$$

其中，$\ln(s_j)$ 实际上就是产品 j 市场份额的对数值，$\ln(s_0)$ 表示消费者外部选择的市场份额的对数值，二者之差构成模型的被解释变量。p_j 和 X_j 是可以收集到的产品价格与产品特征数据，ξ_j 可以看作是传统计量模型中的误差项。当 ξ_j 满足经典星型模型假定时，可以运用最小二乘法对式（3.35）进行估计。根据估计出的参数 α，可以依据式（3.17）测算产品的价格弹性与交叉价格弹性矩阵。

总体而言，简单 Logit 模型由于未考虑消费者偏好异质性对估计参数 α 的影响。因此，模型参数估计相对简单。与此同时，简单 Logit 模型也没有考虑到研究者不可观测的产品特征 ξ_j 与产品销量之间可能存在的内生性问题。运用简单 Logit 模型虽然可以相对简单地计算出产品价格弹性矩阵，但是依然存在很大的识别偏差问题。如果产品价格 p 与不可观测的产品特征 ξ_j 之间存在内生性，研究者可以运用两阶段最小二乘法对系数进行估计。

（二）嵌套 Logit 需求模型估计策略

由于同样没有在模型系统中引入参数异质性，嵌套 Logit 需求模型的估计策略与简单 Logit 模型的估计策略大致相同。在第三章的第一节中，推导出了嵌套 Logit 需求模型的函数表达式（3.19）。与简单 Logit 模型的处理方式相同，运用等式关系 $s_j/s_0 = \exp[\delta_j]$，对处理后的式两边取自然对数，可以得到如下可计量的嵌套 Logit 模型表达式：

$$\ln(s_j) - \ln(s_0) = \delta_j = -\alpha p_j + X_j\beta + \lambda\ln\left(\frac{s_j}{s_g}\right) + \xi_j \qquad (3.36)$$

式（3.36）与简单 Logit 模型式（3.35）的唯一区别在于多加入了一项 $\ln(s_j/s_g)$。$\ln(s_j/s_g)$ 测算了实现的嵌套分组对消费者选择偏好的影响，其回归系数为 λ。与简单 Logit 模型一致，基于收集到的产品层面的价格数据、产品销量数据、产品特征数据和嵌套分组计算的产品市场份额数据，可以对式（3.36）进行回归分析，估计出参数 α 和嵌套系数 λ，进而根据式

(3.21) 测算产品的价格弹性与交叉价格弹性矩阵。

总体而言，嵌套 Logit 模型通过引入事先的嵌套分组，部分解决了无关选项独立性假定对交叉弹性估计的限制，使得模型估计的交叉价格弹性更加符合现实。同时，嵌套分组的引入并没有增加模型估计的复杂程度，反而大大减轻了实证产业组织理论在需求估计中的负担。因此，得益于上述两个特点，嵌套 Logit 模型在现实中得到广泛的应用。

(三) 随机系数 Logit 需求模型估计策略

相比于简单 Logit 模型和嵌套 Logit 模型，随机系数 Logit 模型的估计更加复杂，这主要是由于随机系数模型的估计参数包含了表示消费偏好异质性的随机系数 α_i 和 β_i 。在第一节中本章介绍，随机系数 Logit 模型通过引入消费者异质性 D_i 和 ν_i 使得估计系数随机化。其中，D_i 表示不可观测的消费者人口统计特征，ν_i 表示不可观测的消费者属性。上述消费者偏好异质性都会影响到模型的估计系数。待估计参数 α_i、β_i 可以被分解为两部分：一部分是消费者购买产品的平均效用产生的估计系数 α、β，将其令为 θ_1；另一部分是由消费者偏好异质性产生的估计系数 $\prod$ 、$\sum v_i$ ，将其令为 θ_2 。在将消费者间接效用函数转变为产品需求函数的过程中，随机系数 Logit 模型规定消费者人口统计特征 D 和不可观测的消费者属性 ν 服从 $P_D^*(D)$ 和 $P_v^*(v)$ 。为了估计的简单，假定 $P_D^*(D)$ 和 $P_v^*(v)$ 都是正态分布。因此，产品 J 的市场份额或者说产品 J 的需求函数，是具有不同特征 $P_D^*(D)$ 和 $P_v^*(v)$ 的消费者 i 选择产品 J 的加总，这种加总相当于对 $P_D^*(D)$ 和 $P_v^*(v)$ 求积分。假定 ε_{ij} 服从极值 I 型分布，那么产品 J 的市场份额可用具有以下封闭形式的 Logit 方程表示：

$$s_j = \int_V \int_D \left[\frac{\exp\{\delta_j + \mu_{ij}\}}{1 + \sum_{k=1}^{J} \exp\{\delta_k + \mu_{ik}\}} \right] dP_D^*(D)\, P_v^*(v) \tag{3.37}$$

由于式 (3.37) 中包含非线性函数形式，无法求取积分值。因此，无法通过处理简单 Logit 模型或者嵌套 Logit 模型的方式，对方程 (3.37) 进行估计。Berry (1994) 借助“蒙特卡洛模拟”近似计算式 (3.37) 的积分值。可将式 (3.37) 表示为如下形式：

$$s_{jt}(p)=\frac{1}{NS}\sum_{i-1}^{NS}\frac{\exp(\delta_{jt}+\mu_{ijt}(D_i))}{1+\sum_{j=1}^{J}\exp(\delta_{jt}+\mu_{ijt}(D_i))} \tag{3.38}$$

其中，$D_i(i=1, 2, 3, \cdots, N_S)$ 表示从分布 $F(d)$ 中随机抽取的系数值，N_S 表示蒙特卡洛模拟次数。按照 Nevo（2000），一般将其设定为 200 次抽样，模拟次数越多，估计的参数越精准。Berry（1994）和 Berry 等（1995）认为，在模型设定有效的情况下，最直接的估计方法就是将模型推算的市场份额方程（3.38）与真实观测到的市场份额进行拟合，构建如下目标函数：

$$\min_{\theta_1\theta_2}[s(x, p, \delta(x, p, \xi; \theta_1); \theta_2)-S] \tag{3.39}$$

求取式（3.39）的最小化值，估计参数 θ_1 和θ_2 。其中，$s(x, p, \delta(x, p, \xi; \theta_1); \theta_2)$ 就是式（3.38）推算的市场份额，S 是观测到的市场份额。向量 $\theta_1=(\alpha, \beta)$ 包含线性参数，向量 $\theta_2=(\prod, \sum)$ 包含非线性参数。由于需要估计的参数可以分为两类：一类是不随人口统计特征变化的参数，另一类是随人口统计特征变化的参数，Berry（1994）建议使用嵌套不动点（Nested Fixed Point，NFP）算法解决最小化问题，即先固定第二类参数，使估计值等于实际值，求解第一类参数，然后再调整第二类参数直到求出最优解。具体估计步骤如下所示：

步骤 1：选取待估计系数 ξ_j 和分布 $P_D(D)$ 以及分布 $P_v(v)$ 中的任意值 D_i 和 v_i 作为初始值，并指定线性部分 $\delta_j(p_j, X_j, \xi_j; \alpha, \beta)$ 中的初始值 α 和 β 。其中 ξ_j 表示研究者不可观测的产品特征，α 和 β 表示消费者对产品价格和产品特征的平均估值。

步骤 2：对 D_i 和 v_i 按照分布 $P_D(D)$ 以及分布 $P_v(v)$ 进行 NS 次的随机抽样，抽样次数越多，估计系数值越精确。

步骤 3：运用步骤 1 的初始值，以及步骤 2 的随机抽样，将它们代入式（3.38）中计算产品 j 的预测市场份额 $\hat{s}_j$ 。

步骤 4：运用如下迭代公式，计算待估计系数 ξ_j 。

$$\xi^{h+1}=\xi^h+(\ln(\hat{s}_j)-\ln(s_j)) \tag{3.40}$$

其中，$\hat{s}_j$ 表示根据初始值计算的预测车型市场份额，s_j 表示实际观测的产品市场份额。如果预测的市场份额 $\hat{s}_j$ 与实际观测到的市场份额 s_j 相等，则

$\xi^{h+1}=\xi^{h}$ 。在实际的迭代过程中，可以设定迭代误差。通过以上步骤，可以获取 ξ_j 的估计值。

步骤5：将步骤1的初始值 α 和 β ，以及步骤4计算出的 ξ_j ，代入式（3.41），计算误差项 ϖ_{jt} 。

$$\varpi_j=\xi_j-(-\alpha p_j+\beta X^d) \tag{3.41}$$

其中，X^d 表示产品特征向量。根据计算的误差项 ϖ_j ，计算如下的瞬时表达式：

$$\varpi' Z\Phi^{-1}Z'\varpi \tag{3.42}$$

其中，Φ^{-1} 表示权重向量，Z 表示车型价格 p 的工具变量组。Φ^{-1} 计算公式如下所示：

$$\Phi^{-1}=(E(Z'\varpi\varpi' Z))^{-1} \tag{3.43}$$

步骤6：对式（3.42）进行计算，测算线性部分 $\delta_j(p_j,\ X_j,\ \xi_j;\ \alpha,\ \beta)$ 中的平均值 α 和 β ，以及非线部分 $\mu_{ij}(D_i;\ v_i)$ 中的消费者偏好相对于平均水平的偏差 $\prod$ 和 $\sum$ 。同时，也可以计算出权重矩阵 Φ^{-1} 。

重复以上过程，运用广义矩估计，参考式（3.44），迭代求解对于所有消费者都相同的线性部分平均系数值 α 和 β 。

$$\alpha,\ \beta=(X^{d'}Z\Phi^{-1}Z'X^d)^{-1}X^{d'}Z\Phi^{-1}Z'\xi \tag{3.44}$$

估计式（3.41）的误差值 ϖ_{jt} ，以及瞬时表达式（3.42），运用式（3.44）中估计出的较为精确的 α 和 β 作为后续计算的准备。

运用计算出的误差值 ϖ_{jt} ，进一步计算更精确的权重矩阵 $\Phi^{-1}=(E(Z'\varpi\varpi' Z))^{-1}$ 。

最后，运用搜索算法，给出更为精确的消费者异质性偏好 $\prod$ 和 $\sum$ ，将这一新的初始值代回到步骤3，继续迭代，搜索最小化矩量表达式（3.42）的参数估计，直到矩量表达式的值足够接近零为止。

综上来看，通过以上求解步骤，就可以估计出 $\delta_j(p_j,\ X_j,\ \xi_j;\ \alpha,\ \beta)$ 以及 $\mu_{ij}(D_i;\ v_i)$ 中的待估计系数，完成对随机系数Logit模型的参数估计。

在进行参数估计过程中，产品价格 p_j 与不可观测的产品特征 ξ_j 之间的内生性问题，也是研究者需要关注的关键性问题之一。由于内生性问题，在计算 $\varpi' Z\Phi^{-1}Z'\varpi$ 中的参数时需要一组外生工具变量。

在随机系数 Logit 模型中，差异化产品定价模型所预测的价格，是边际成本和加价项的函数。同时，加价项既是不可观测产品特性的函数，也是需求方程中的误差项，因此，价格与误差项相关会导致工具变量无效。在处理这类内生性问题时，学者通常假设产品在特征空间中是外生的，至少在观察到消费者的产品估价之前就已经确定（Bresnahan，1987）。这种假设可以与特定竞争模型和函数形式假设相结合，以生成一组隐含的工具变量。因此，在 BLP 模型中，工具变量 z 要满足以下两个特征：一是工具变量 z 与产品价格 p 相关；二是工具变量要与不可观测的产品特征 ξ 不相关。

第一类可行的工具变量是用产品特征作为工具变量。例如，Berry 等（1995）使用观察到的产品特征（不包括价格和其他潜在的内生变量）、公司提供的其他相同特性产品的价值总和，以及其他公司提供的相同特征产品的价值总和作为工具变量。工具变量有效性在于，其他产品特征对消费者效用没有直接影响，这就满足了工具变量 z 与不可观测产品特征 ξ 不相关的假定；产品特征会通过竞争影响价格，这就满足了工具变量 z 与产品价格 p 相关的要求。也就是说，这类变量既与当前产品成本不直接相关，又可以在一定程度上反映出产品成本。为了生成工具变量，他们使用了一个强的假设，即假设观测到的产品特征和未观测到的产品特征是正交的。这种类型的工具变量被广泛应用在包括汽车、计算机和制药等许多行业的研究中，其优点是工具变量因产品而异，缺点是在某些情况下观测到的产品特征与未观测到的产品特征不相关这一假设是无效的。

第二类可行的工具变量包括产品生产过程中的中间投入品价格、其他地区或者国家同类产品的价格。首先，中间投入品价格会影响产品成本，进而影响产品价格，因此满足工具变量 z 与价格 p 相关的条件。其次，中间投入品价格并不直接与产品效用相关，这就满足了工具变量要与不可观测产品特征 ξ 不相关的假定。例如，Berry 等（1995）在分析汽车行业兼并重组行为时，用钢铁价格作为随机系数 Logit 模型估计过程中的工具变量。在后续对于乘用车市场兼并与重组研究过程中，学者都将钢材价格作为需求模型估计过程中的工具变量之一。就其他地区或者国家同类产品的价格工具变量而言，Berry 和 Haile（2014）最早将其他城市销售的同类产品作为估计随机系数 Logit 模型的工具变量。其有效性在于，如果不同市场之间存在共同性的成本冲击，那么其他市场中的产品价格就必定与价格 p 相关。与此同时，在仅存在共同的成本冲击时，其他地区的同类产品价格并不会影响到本地市场的产品需求。但是这类工具变量成立的条件是，必须假定两个市场之间没有受到共同性的需求冲击影响。

二、供给模型估计策略

当运用产品层面的价格、销量和产品特征等数据完成对需求模型的估计，得到参数估计结果，并测算出产品层面的价格弹性矩阵后，研究者就可以运用估计出的价格弹性测算企业的边际成本。具体来讲，研究者可以根据第三章中的式（3.30）测算企业边际成本 mc 和价格加成率。

实际上，新实证产业组织研究方法本质上是一种结构式计量研究方法。结构式计量研究方法从消费者效用最大化推导出需求函数，从生产者利润最大化推导出供给函数，可以进行一般均衡分析。这就使得采用结构式计量研究方法可以获取模型中的原始参数，进而可以进行反事实政策模拟分析。新实证产业组织本质上是一种结构式（Structural Form）实证研究方法（Bresnahan，1989）。结构式意味着通过构建消费者效用最大化和企业利润最大化的理论模型，估计数据背后的“原始参数”（Kadiyali et al.，2001）。“原始参数”则指在经济系统中严格的外生变量，这些严格的外生变量进一步决定市场竞争结构和企业绩效。反事实模拟则是指，假定“原始参数”不变，仅改变企业行为，从而考察企业行为变动对消费者福利、企业利润带来的影响。

在本部分，本章将介绍一个假设企业进行横向兼并的例子，向读者说明新实证产业组织研究方法进行反事实政策模拟的具体步骤。横向并购是企业扩大规模的有效途径，也是提高市场份额、增强市场势力的常用手段。随着市场经济的发展和市场竞争的加剧，横向并购逐渐成为企业获取市场垄断地位、妨碍或阻止有效竞争的策略性行为。为了保护有效竞争和消费者利益，越来越多的国家开始关注横向并购可能产生的竞争损害，强化对横向并购的评估审查。竞争损害是指垄断行为带来的反竞争效应和对社会福利的不利影响，主要包括两个方面：一是对市场公平竞争的影响，参与并购的企业可能通过并购提高市场份额，限制或阻止公平竞争，进而损害非并购企业（竞争对手）的利益；二是对社会总福利的影响，参与并购的企业可能通过市场集中获取市场支配地位，并借此提高价格，损害消费者利益，导致社会福利净损失。

假定企业间进行纳什—伯川德价格竞争，企业决策的内生变量是产品价格 p。在进行企业兼并模拟前，研究者需要收集当前阶段的，也就是企业在兼并之前的产品价格、产品销量和产品特征数据。根据前面部分介绍的需求模型设定与估计策略，计算出企业在兼并模拟之前的产品价格弹性矩阵和企业产品层面的边际成本。

假设企业在兼并模拟前的利润由式（3.45）给出：

$$\pi_f = \sum_{j \in F_f} (p_j - mc_j) M s_j(p) - FC_f \tag{3.45}$$

其中，f 表示企业，M 表示市场整体销量规模，p_j 表示产品 j 的价格，mc_j 表示产品 j 的边际成本，是需要计算的未知变量，$s_j(p)$ 表示产品 j 的市场份额。因此，$M s_j(p)$ 整体表示产品 j 的销量。FC_f 表示企业生产的固定成本，F_f 表示企业 f 所拥有的产品集。

根据前文有关供给模型的介绍，企业边际成本可以通过式（3.45）求解价格 p 的一阶最大化条件得出：

$$mc = p - \Omega^{pre}(p)^{-1} s(p) \tag{3.46}$$

其中，$\Omega^{pre}(p)$ 表示企业兼并模拟之间的需求对价格导数矩阵，其定义如下：

$$\Omega_{jk}^{pre} = \begin{cases} -\partial s_j / \partial p_k, & \text{如果产品 } j\text{、}k \text{ 在产品所有权} H^{pre} \text{ 矩阵中为 } 1 \\ 0, & \text{其他} \end{cases} \tag{3.47}$$

总的来看，研究者利用收集到的数据，可以计算出市场中所有产品的价格弹性矩阵，并根据式（3.46）测算出企业产品层面的边际成本 mc。

下面介绍如何进行兼并模拟分析，研究者可以改变企业产品所有权矩阵 H，来进行兼并反事实政策模拟。根据前面部分的介绍，企业所有权矩阵 H 中的元素是市场中的所有产品。假定产品总数量为 j，那么 H 就是 $j \times j$ 维矩阵。这个产品所有权矩阵描述了市场中全部产品的从属关系，即如果产品属于同一家企业就为 1，否则为 0。在反事实分析中，研究者可以改变产品所有权矩阵中的元素取值，以此来表示企业间进行兼并。例如，企业 1 与企业 2 兼并，那么在新的产品所有权矩阵中，所有由企业 1 与企业 2 生产的产品都为 1，表示两家企业共同决策。假设规定兼并重组之前产品所有权矩阵为 H^{pre}，兼并重组之后新的产品所有权矩阵为 H^{post}，那么兼并之后的市场中的新均衡价格 p^{post} 可以表示为：

$$p^{post} = mc + \Omega^{post}(p^{post})^{-1}s(p^{post}) \tag{3.48}$$

其中，mc 表示兼并模拟之前根据收集到的数据计算的边际成本，假设其在兼并之后不变。Ω^{post} 表示兼并重组后的需求对价格导数矩阵，p^{post} 表示兼并重组后的新的市场均衡价格水平。在具体计算过程中，研究者可以通过设置如下迭代公式，计算出兼并重组后的新的均衡价格：

$$p^{t+1} = mc + \Omega^{post}(p^{t})^{-1}s(p^{t}) \tag{3.49}$$

给出停止迭代条件 $|p^{t+1} - p^{t}| < \varepsilon$，其中 ε 表示停止迭代的最小差值。根据式（3.49），就可以求解出新的市场均衡价格 p^{post}。将新的市场均衡价格 p^{post} 代入随机系数 Logit 模型中，可以求解出新的市场均衡销量 s^{post}。进一步地，根据新的均衡价格水平和新的均衡销量，可以计算出新的价格弹性矩阵。

Nevo（2000）进一步给出了基于价格水平变化与销量水平变化计算的兼并模拟对消费者福利与生产者福利测算的计算公式：

$$CV_i = \frac{\ln\left[\sum_{j=0}^{J} V_{ij}^{post}\right] - \ln\left[\sum_{j=0}^{J} V_{ij}^{pre}\right]}{a_i} \tag{3.50}$$

其中，i 表示具体的消费者，V_{ij}^{post} 和 V_{ij}^{pre} 根据合并模拟之间的价格 p 和合并模拟后的价格 p^{post} 计算所得。其中，$V_{ij} = -\alpha_i p_j + X_j\beta_i + \xi_j$。$a_i$ 表示随机系数 Logit 需求模型估计的参数。因此，市场中的加总的消费者福利变化可以表示为：

$$CV = M\int CV_i dP_D^*(D)\ P_v^*(v) \tag{3.51}$$

其中，M 表示市场中总的产品销量，$P_D^*(D)P_v^*(v)$ 解释如本章第一节所示。在计算福利变化时，研究者必须对模型中未完全描述的部分做出两个假设：首先，需要对未观察到的特征的变化进行假设，一个自然的假设是，与观察到的特征一样，未观察到的产品特征没有变化，至少在短期内没有变化；其次，还要假设外部商品的效用或产品质量没有变化。这两种假设都是为了生成兼并重组后的均衡价格水平。

总体来看，研究者可以运用上述部分介绍的方法，模拟企业 1 与企业 2 兼并可能会对市场均衡价格水平、产品销量、消费者福利以及生产者福利产生的影响。

第三节　广义矩估计与 Logit 模型

一、广义矩估计方法概述

在新实证产业组织研究方法中，广义矩估计（Generalized Method of Moments，GMM）是最常用的一种系数估计方法。Hansen（1982）的广义矩法（GMM）将过度识别的工具变量、广义最小二乘和需求设置中的非线性因素三者有效整合在一个方法体系下，非常适合随机系数 Logit 模型的估计。[①]因此，在这里有必要对广义矩估计的原理、方法进行介绍。概要来讲，广义矩估计是指，在随机抽样中，样本统计量将依概率收敛于某个常数，这个常数又是分布中未知参数的一个函数，即在不知道分布的情况下，利用样本矩构造方程，利用这些方程求得总体的未知参数。首先，由于随机系数 Logit 模型在方程中引入了非线性因素，因此这就使得无法采用普通最小二乘法对回归方程进行估计。其次，为了处理产品价格与不可观测产品特征之间的内生性问题，在估计随机系数 Logit 模型时，需要加入工具变量，这也使得相对于其他估计方法而言，广义矩估计在参数估计时的优势更加明显。最后，广义矩估计方法最大的优点是，在参数估计过程中，仅需要

① 广义矩估计 GMM 的发明是 Hansen 得到 2013 年诺贝尔经济学奖的原因之一。

利用一些矩条件而不是整个概率密度分布函数。根据第一节介绍的内容，在实证产业组织中的随机系数 Logit 模型中，对于消费者不可观测的特征而言，研究者是不知道其分布的。具有上述特征的模型通常使用 GMM 方法来估计。与此同时，GMM 不需要知道随机误差项的准确分布信息，允许随机误差项存在异方差和序列相关，因而所得到的参数估计量比其他参数估计方法更有效。

假设需要估计的回归方程为：

$$y = x_1 \beta_1 + x_2 \beta_2 + \epsilon \tag{3.52}$$

其中，y、x_1 和 x_2 是收集的样本数据，β_1 和 β_2 是待估计参数，ϵ 为误差项。根据计量经济学知识，如果要估计出参数 β_1 和 β_2 的系数，需要假定解释变量 x_1 和 x_2 与误差项 ϵ 无关。同时，误差项的集中趋势为0。根据上述两个有关误差项的规定，可以生成如下两个矩条件：

$$M_1: \ E(x_1'\epsilon) = 0 \tag{3.53}$$

$$M_2: \ E(x_2'\epsilon) = 0 \tag{3.54}$$

式（3.53）和式（3.54）中，M_1表示第一个矩条件，M_2表示第二个矩条件。假设有 T 个观测样本，那么 x_1 就是 $T\times1$ 的列向量，$x_1'\epsilon$ 是 1×1 的向量。M_2中 x_2 和 $x_2'\epsilon$ 与 x_1 和 $x_1'\epsilon$ 的表述相同。在广义矩估计方法中，选择估计系数值 $\widehat{\beta}$ 使样本矩表达式的加权平方和尽可能小。那么，矩估计的加权平方和可表示为：

$$(M_1 \ M_2)'(M_1 \ M_2) \tag{3.55}$$

其中，$(M_1 M_2)$ 是 2×1 维矩阵，那么 $(M_1 \ M_2)'(M_1 \ M_2)$ 总体上就是一个 1×1 维矩阵。可将上述矩条件改写为如下形式：

$$\widehat{\beta} = argmin_{\beta} \ \epsilon'X\,X'\epsilon \tag{3.56}$$

也就是说，在 $M = X'\epsilon$ 的条件下，通过最小化 $M'M$ 求取参数 $\widehat{\beta}$ 的取值。因此，目标函数可以表示为：

$$f(\widehat{\beta}) = \epsilon'X\,X'\epsilon = (y - X\widehat{\beta})'X\,X'(y - X\widehat{\beta}) \tag{3.57}$$

对式（3.57）求 $\widehat{\beta}$ 的最小化一阶条件可得：

$$\widehat{\beta} = (X'X)^{-1} X'y \tag{3.58}$$

运用上述计算公式，研究者就可以对未知参数进行估计。式（3.58）对于估计系数 $\widehat{\beta}$ 的测算是建立在解释变量 X 外生假设基础上的。在随机系数

Logit 模型估计过程中，产品价格与不可观测特征之间往往存在内生性。因此，有必要介绍如何在广义矩估计中引入工具变量。

二、广义矩估计处理内生性

广义矩估计也可以有效处理参数估计中普遍出现的内生性问题。假设我们的一个基本矩条件失效，即 $E(x_2'\epsilon) \neq 0$。这主要是由于 x_2 是模型系统中的内生性变量。此时，需要构建新的矩条件来估计系数 $\widehat{\beta}$ 的值。这需要找到一组工具变量 z，满足工具变量 z 与 x_2 相关，且工具变量 z 与误差项 ϵ 不相关。假设找到了一组有效的工具变量 z_1 和 z_2 满足上述两个工具变量选取条件。于是，可以将新的矩条件写为：

$$E(Z'\epsilon) = E(M) = 0 \tag{3.59}$$

其中，矩阵 Z 中包括原始变量 x_1 、简单工具 z_1 和 z_2 以及两组交互项 $z_1 \times x_1$ 和 $z_1 \times z_2$ 。在广义矩估计中，由于解释变量之间存在相关性，因此需要在目标函数中引入权重项。假设权重项的分布之间相互独立并且与 Z 无关，所以不存在异方差。可以推导加权权重矩阵为：

$$\Phi(M) = \mathrm{Var}(M) = \mathrm{Var}(Z'\epsilon) = \sigma^2 Z'Z \tag{3.60}$$

广义矩估计在加权矩阵中使用方差协方差矩阵，对式（3.60）表示的矩条件施加不同的权重。带有内生性问题的广义矩估计目标函数可以表示为：

$$f(\widehat{\beta}_{2SLS}) = \epsilon'_{2SLS}Z\,(\sigma^2 Z'Z)^{-1}\,Z'\epsilon'_{2SLS} \tag{3.61}$$

对上式求 $\widehat{\beta}_{2SLS}$ 的最小化一阶条件可得：

$$\widehat{\beta}_{2SLS} = [X'Z\,(Z'Z)^{-1}\,Z'X]^{-1}\,X'Z\,(Z'Z)^{-1}\,Z'y \tag{3.62}$$

上述参数估计结果既是广义矩估计的估计结果，也是两阶段最小二乘法的参数估计结果。当广义矩估计中的加权矩阵分布相互独立时，广义矩估计的参数结果与两阶段最小二乘法估计的参数结果相同。在恰好识别条件下，广义矩估计量与工具变量法估计量等价。因此只有在过度识别条件下，才能用广义矩估计方法。

在大样本的情况下，可以证明，广义矩估计具有以下几点性质：一是广义矩估计得到的样本估计量是总体估计量的无偏估计量；二是广义矩估计量满足渐近正态性；三是允许随机误差项存在异方差和序列相关。正是由于上述三个优良性质，广义矩估计方法非常适合估计随机系数 Logit 模型。在随机系数 Logit 需求模型估计方法选择上，Berry（1994）、Berry 等（1995）和 Nevo（2000）都采用广义矩估计对构建的随机系数 Logit 需求模型进行估计。

三、广义矩估计与 Logit 模型

在介绍完广义矩估计的基本原理后，本书将在这一部分介绍如何用广义矩估计来求解随机系数 Logit 模型的参数估计值。构建如下矩条件：

$$E(Z_m\omega(\theta^*))=0(m=1,\ 2,\ \cdots,\ M) \tag{3.63}$$

其中，Z_m表示有效的工具变量组，$m=1,\ 2,\ \cdots,\ M$ 表示 M 个矩条件。$\omega(\theta^*)$ 表示包含消费者偏好异质性的估计系数矩阵。那么，在广义矩估计方法下，参数 θ 的计算方程可以表示为：

$$\widehat{\theta}=argmin_\theta\ \omega(\theta)'Z\ \Phi^{-1}\ Z'\omega(\theta) \tag{3.64}$$

其中，Φ 表示 $E(Z'\epsilon\epsilon'Z)$ 的一致估计量。工具变量矩阵 Z 既包含单变量工具变量，也包括多变量工具变量与单变量工具变量平方和的交乘项。与普通最小二乘法不同，广义矩估计方法不要求研究者知道扰动项的分布。在需求估计中，本书仍然使用以下假设，即 ε_{ij} 服从极值 I 型分布。总体而言，随机系数 Logit 模型具有以下四点优势：

首先，随机系数 Logit 需求模型继承了嵌套 Logit 模型的产品特征空间建模思想，解决了“参数维度诅咒”问题。随机系数 Logit 需求模型继承了在产品特征空间进行建模的思想，将某一类产品特征从众多产品中提取出来，把消费者效用函数定义为产品特征、产品价格以及随机误差项的函数，实现了在增加产品数量的情况下，不增加产品特征数量，避免了待估计参数的幂级增长问题。

其次，简单 Logit 模型和嵌套 Logit 模型都不能有效解决无关选项独立性假定导致的交叉价格弹性估计失真问题。随机系数 Logit 需求模型在模型中引入随机系数，充分考虑到了不同消费者的差异性。具体来讲，每个消费者对不同的产品有不同的偏好，具有相似偏好的消费者也有着相似的间接

效用函数。这就使得备选产品的相似度越高，它们之间的替代性越大。

再次，随机系数 Logit 模型还有效解决了微观数据难以获得的难题。一直以来，简单 Logit 模型和嵌套 Logit 模型需要研究者收集消费者个体层面的价格、销量和产品特征数据。这就使得研究者只能通过开展小范围的调研才能获取模型估计需要的数据。随机系数 Logit 模型创造性地将消费者个体层面的选择行为加总为某一产品被消费者选择的概率问题，通过对选择函数的概率分布做出假定，使得加总的消费者效用服从逻辑分布，从而完成对加总消费者效用的模型设定。在这种模型设定下，对模型参数的估计仅仅需要加总层面的产品价格、销量和产品特征数据，就能够对模型参数进行识别。

最后，在对随机系数 Logit 模型估计过程中，研究者遇到的另一个问题应该是产品价格与误差项相关引发的内生性问题。Berry 等（1994）构建了两组工具变量来解决内生性识别偏误：一是用产品自身的产品特征数据作为价格的工具变量；二是用其他产品特征价值加总作为价格的工具变量，有效解决了内生性问题带来的参数识别偏差。

第四章

基于新实证产业组织方法的企业议价能力识别分析

第一节 引言

为了壮大本国汽车产业，中国政府通过联合大型国有整车制造商与国外先进整车制造商组建合资公司的形式进行汽车生产和销售。例如，上汽集团分别与大众公司和通用公司合作，分别组建上汽大众、上汽通用合资整车制造商，期望以市场换技术的方式推进中国汽车制造业跻身国际先进水平。为了在合资关系中保证中资主导地位，中央政府一方面通过规定合资公司股权持有比例的方式（中资最少持有50%的合资公司股份）；另一方面通过鼓励中国大型整车制造商兼并重组的方式，增加合资公司中中方主导权和议价权。但历经30年的合资发展模式，合资企业内中资集团呈现“大而不强”局面。外资品牌通过高额技术转让费、关键零部件、品牌溢价等方式赚取合资乘用车制造模式下更多的利润份额（汇诗松等，2011；李晓钟和张小蒂，2011）。国家行政学院决策咨询部研究员王小广（2015）曾公开表示，中国汽车市场格局是国际巨头以40%的资本，占据50%的市场份额，攫取70%的市场利润。那么，合资模式下中方议价势力究竟为多少？其议价势力变动趋势如何？中资议价势力受哪些因素影响？以上问题的解答对于解释合资模式背后中国乘用车整车制造议价底气不足现象，为相关政策部门以及反垄断部门针对外资品牌势力评估及相关产业规制政策提供一定参考价值和借鉴意义。因此，研究中国乘用车行业合资模式下中方议价势力及其影响因素，从议价势力视角解答合资企业内中资“大而不强”的原因具有一定意义。

本章将合资乘用车企业内中资相对于外资的讨价还价能力定义为议价势力。与之相关的概念是 Galbraith（1993）提出的抗衡势力（Countervailing Power），其含义为大型零售企业相对于上游制造商垄断势力的一个概念。本质上是一种讨价还价能力或压低提货价格的能力，与本章关注的合资公司内部中方相对于上游外资的议价势力具有一定相似性，都表现为一种相对于上游的讨价还价能力。抗衡势力概念解释了现实大型零售企业议价势力提高现象（Rey and Whinston，2013）。本章通过实证分析，得出与之类似的结论，即虽然中方在乘用车合资制造模式下讨价还价处于劣势，但其议价势力呈现上升趋势。

本章首次从纵向视角考察中国乘用车合资企业内部中方议价势力问题。相比于从横向视角考察中国乘用车行业合资模式问题（常香云等，2013；朱方伟等，2013；李显君等，2016），本章认为在纵向视角下更能把握合资模式下中方议价势力的实质。虽然中资与外资在合资公司中表现为合作伙伴关系，但外资通过技术转让费、关键零部件提供等方式向合资企业提供中间投入品。中方利用外资提供的技术支持、关键零部件进行整车组装和制造，呈现明显的上下游“投入—产出”关系。纵向视角的确立也使本章能够建立一个乘用车合资企业内部中资与外资纵向纳什讨价还价模型来分析中资议价势力问题。与本章最相关的研究是 Draganska 等（2010）对德国咖啡市场大型零售商议价能力的研究，通过采用 Bresnahan（1989）以及 Berry 等（1995）构建的新实证产业组织分析范式，Draganska 等（2010）发展出在纳什讨价还价模型下估算和解释议价能力的实证模型。后续研究包括 Haucap 等（2013）运用此范式对德国咖啡市场大型零售商议价能力的扩展研究；Bonnet 和 Mechemache（2017）对法国软饮料行业议价能力的研究；Gowrisankaran 等（2015）对美国医药行业讨价还价现象的研究。本章将在以上文献基础上进行扩展以分析合资乘用车企业内中资议价势力问题。

目前，国家发展和改革委员会、商务部对中国乘用车市场反垄断调查已经深入到包括终端销售、整车制造、关键零部件、售后服务等产业链多个环节。大量针对乘用车市场的理论性研究文献也逐渐丰富。例如，肖俊极和谭诗羽（2016）对外资利用市场势力实现隐性串谋的研究；唐要家等（2016）对宝马、奔驰等利用纵向势力向售后市场渗透导致的高零整比研究；李世杰和蔡祖国（2015）以及甄艺凯（2016）对外资利用纵向势力实施转售价格维持的研究。相关研究的不断深入对于厘清中国乘用车市场主体行为逻辑、反垄断部门制定针对性法规具有重大意义。以上文献都直接或间接地假定中国乘用车合资模式下中资议价势力不足或外资品牌高势力存在，但相关文献对中国乘用车市场势力的经验研究较少。作为政府经济管制和反垄断的基础，本章关注的问题是如何对合资乘用车企业内中资议价势力进行衡量以及中资议价势力受哪些因素影响，试图为以上理论性文献提供经验证据。尽管有关议价势力的理论性研究已经比较丰富，相关文献主要从下游市场集中度（Schumacher，1991；Fee and Thomas，2004）、规模（Spiller and Sheffman，1992）、谈判势力与外部选择（Dobson and Inderst，2007）论述下游议价势力成因，但如何衡量企业议价势力一直是产业组织理论关心的热点和难点问题。美国司法部反垄断机构使用下游市场集中度来衡量议价势力。Blair 和 Harriso（1993）指出以上衡量议价势力的方式存在缺陷，即不能解释下游集中度低但议价势力较强现象，并提出符合下游市场结构的买方势力指数（Buying Power Index），但计算该指数需要的供给弹性和下游中小市场厂商需求弹性数据不易获得。目前，对中国乘用车议价势力的研究多集中在行业层面并在传统 SCP 范式下通过勒纳指数、行业集中度或行业企业数量衡量议价势力（孙晓华和郑辉，2011；刘伟，2014；李振等，2014）。

本章认为以上衡量议价势力的方式存在缺陷。勒纳指数所需的边际成本非常难获取，用平均成本替代边际成本会造成误差。使用市场集中度和企业数量衡量议价势力一方面与市场结构的测度指标混为一体，如市场集中度、赫芬达尔指数、贝恩指数等；另一方面会忽视企业规模差异的影响。本章实证部分结论表明，使用市场份额衡量外资势力会造成对其过高估计或过低估计。议价势力主要是一种相对于上游的讨价还价能力（程贵孙，2010）。特别是衡量合资乘用车企业内中资议价势力问题，更多地表现为中资相对于外资的议价能力。本章试图借鉴 Draganska 等（2010）的研究范式并进行扩展，通过构建合资乘用车企业内中资与外资纵向纳什讨价还价模型来对中资议价势力进行估计。这种估算议价势力的方式更能把握议价问题的实质，即通过上下游讨价还价估算中资议价势力并考虑到双方“外部性选择”对结果的影响。

相对于中国乘用车行业议价势力研究，相关文献对中国整车制造合资模式研究较丰富。造成合资模式下中方企业处于劣势的原因主要可概括为三个方面：一是认为行业集中度较低是造成中方乘用车整车制造处于劣势的主要原因（胡洪力，2004；何元贵等，2009；张大力，2011；王宛秋等，2012）；二是认为合资关系下对外资的过度依赖是造成中方在最终利润分配处于劣势的更重要因素（江诗松等，2011；李晓钟和张小蒂，2011；肖俊极和谭诗羽，2016）；三是自主品牌的缺失造成中国乘用车受制于人（张小蒂和贾钰哲，2011；陈芳和穆荣平，2011；朱方伟等，2013；王保林，2013）。本章在实证分析部分将对以上三种观点进行检验。

相对于以往研究，本章创新点体现在以下三个方面：一是从纵向视角考察中国乘用车合资整车制造企业中方议价势力问题，纵向视角的确立使本章可以抓住合资企业内部中资与外资抗衡问题的实质；二是在新实证产业组织范式下通过构建纵向纳什讨价还价实证模型对中资议价势力进行估算，探讨不同合资企业内部中资议价势力及变动趋势；三是对已有解释中资议价势力不足的观点进行检验，解释中国乘用车合资企业中方股权占优但议价势力底气不足的内在原因。

本章结构如下：第二部分介绍需求模型并在供给部分构建纵向纳什讨价还价模型，推导估算议价势力的计量模型；第三部分给出数据来源以及指标构建；第四部分给出并分析实证结果；第五部分对本章进行总结。

第二节　模型构建

本章需求部分使用一个随机选择 Logit 模型，供给部分构建一个纵向视角下中资和外资纳什讨价还价模型。在正式给出模型构建之前，先给出几个关键前提假设。

一、模型假设

第一，需求部分。Hu 等（2014）将中国乘用车制造分为两大类：一是合资模式，如上汽大众、上汽通用等；二是自主独资模式，如吉利、比亚迪等。本章假设不管哪种模式，整车制造商与下游经销商纵向一体化。这一假设的合理性可以从两方面解释：一是中国乘用车销售采用制造商“授权”方式[①]，整车生产企业掌控了流通企业（汽车经销商）的发展命脉，经销商如何经营，经营的规模、范围、地域，利润空间都由厂家左右，经销商只是听命于厂家，整车制造商掌握话语权，造成经销商利润低下；二是整车制造商通过两部收费制、转售价格维持等纵向约束手段达到与下游经销商的纵向一体化（甄艺凯，2016；唐要家等，2016）。这一假设可以使本章既考虑最终需求对合资企业整体利润的影响，也可以简化分析，集中探讨合资企业内部中资与外资议价势力及利润分配问题。

第二，最终市场伯川德价格竞争。本章假设与整车制造商纵向一体化的下游零售商之间进行伯川德价格竞争，其合理性可以从两个方面进行说明：一是在短期内，价格竞争是行业竞争的主要手段；二是现实中消费者对价格非常敏感。这一假设在已有文献中被普遍使用（陈立中，2013；肖俊极和谭诗羽，2016）。

第三，线性中间投入品价格。现实中整车制造合资企业内部中资整车制造与外资品牌呈现明显的纵向关系，即“投入—产出”关系。中资利用外资投入技术、关键零部件等中间投入品进行整车制造。合资整车制造商内不同中资数量用 r 表示，外资数量用 b 表示，例如上汽大众合资公司中，r 代表上汽集团，b 代表大众公司。为了简化分析，本章用 $w(\cdot)$ 表示“技术”“关键零部件”联合费用，中资和外资对联合费用 $u(\cdot)$ 进行纵向纳什讨价还价博弈，中方希望压低 $w(\cdot)$，外方希望提高 $w(\cdot)$ 来获得超额利润，

---

① 根据《汽车品牌销售管理办法》（以下简称《办法》），中国乘用车流通需按照整车制造商授权的方式。

双方势力大小决定最终总利润分配。

第四，所有合资企业内中资与外资同时博弈。参照 Draganska 等（2010）的做法，假定所有不同合资企业内中资与外资在同一时间进行纵向纳什讨价还价博弈，即将最终售价固定，这可以从以下几方面理解：一是对于成熟的产业部门这一假定是合理的，类似于中国乘用车行业，价格变动已经趋于稳定，合资双方都可以建立价格预期；二是从现实来看，中国乘用车行业规模庞大（Hu et al.，2014），各合资企业内部中方与外方讨价还价时不可能知道其他厂商的所有信息，因此可看作是同时博弈。这一假定可以更简单地推导出外资利润表达式。

二、需求模型

对需求模型的估计策略参考 Berry 等（1995）以及 Nevo（2000）的相关文献，与之不同的是，本章采用随机嵌套 Logit 模型估算中国乘用车市场需求，相比于简单随机 Logit 模型，其更符合消费者的实际情况。通过将产品划分为不同的嵌套组，可以抓住产品和消费者异质性，提高估计精度。同时，模型对自弹性和替代弹性的估算也更符合现实。假定消费者按间接效用最大化选择商品，消费者 i 在时期 $t=1, 2, 3, \cdots, T$ 选择由中资 $r=1, 2, 3, \cdots, R$ 和外资 $b=1, 2, 3, \cdots, B$ 组建的合资公司中购买产品 $j=1, 2, 3, \cdots, n$，其效用函数如下：

$$U_{ijbrt} = a_{jbr} - \beta_1 p_{jbrt} + X_{jbrt}\beta_x + \delta_{jbrt} + \varepsilon_{ijbrt} \tag{4.1}$$

其中，i 代表消费者，j 代表产品，t 代表时间。U_{ijbrt} 代表消费者 i 在 t 时间购买 br 合资公司产品 j 的间接效用。a_{jbr} 代表产品 j 的固定效用，p_{jbrt} 表示产品 j 在 t 时间的价格。X_{jbrt} 表示产品 j 在 t 时间可被消费者和研究者观察和计量的产品特征向量。δ_{jbrt} 表示消费者关注但研究者无法计量的影响消费者效用因素。ε_{ijbrt} 表示服从 I 型极值分布的误差项。通过假定估计系数由均值效应加异质性来把握消费者异质特征。参考 Berry 和 Pakes（1995）经过蒙特卡洛模拟以及压缩映射，可由不可计量的消费者间接效用函数式（4.1）推导出用产品销量数据表示的符合 Logit 分布的产品销量函数式（4.2）：

$$s_{jbrt}(p)=\int\frac{\exp(\delta_{jbrt}+\mu_{jbrt})}{1+\sum_{k=1}^{B}\sum_{s=1}^{R}\exp(\delta_{jbrt}+\mu_{jbrt})}dF(u) \tag{4.2}$$

其中，s_{jbrt}代表产品j在时间t的市场份额，$U_{ijbrt}=\delta_{jbrt}+\mu_{jbrt}+\varepsilon_{ijbrt}$，$\delta_{jbrt}$表示计量模型线性部分，$\mu_{jbrt}$表示计量模型非线性部分，上述非线性需求回归模型需借助非线性回归方法①，假定非线性部分服从$F(u)$分布，其中线性部分可表示为：

$$\ln(s_{jbrt}/s_0)=a_{jbr}-\beta_1 p_{jbrt}+X_{jbrt}\beta_x+\sigma_1\ln(s_{jbr|hgt})+\sigma_2\ln(s_{h|gt})+\delta_{jbrt} \tag{4.3}$$

其中，s_{jbrt}代表产品j在时间t相对于潜在市场规模的销量份额，$s_{jbr|hgt}$代表产品j在时间t在嵌套组g的子组h中的销量份额，$s_{h|gt}$代表子组h在嵌套组g的份额。h和g代表本章对所有产品j的分组，h表示按产品品牌所属国家进行分组，g表示按产品所属级别进行分组。嵌套参数σ_1和σ_2（$1>\sigma_1>\sigma_2>0$）测量相同子组和组的产品偏好相关度。δ_{jbrt}代表不可观测的产品特征。为了估计以上模型，采用通常假设，产品特征向量X_{jbrt}是外生的并与残差项δ_{jbrt}不相关。相反，价格向量p_{jbrt}和市场份额存在内生性问题，需要引入合适的工具变量来解决内生性问题，达到估计的一致性。

三、供给模型

由需求模型估算出的消费者间接效用、价格参数、产品自弹性和替代弹性可用于估算供给部分整车制造合资企业内部中资利润和外资利润，为了简化推导过程，在此省略时期t，在回归分析时将重新考虑时间t。

首先考虑合资关系下的中资利润。整车制造合资企业内中资利润函数r表示如下：

$$\pi^r=\sum_{j\in\Omega^r}[p_j-w(\cdot)-c_j^r]M s_j(p) \tag{4.4}$$

其中，Ω^r代表合资企业内由中资生产的所有车型。p_j代表汽车最终售

① 由于价格内生性原因，需要使用两阶段最小二乘法或GMM对模型进行估计，对于非线性估计要使用“牛顿迭代法”通过GMM方法进行估计。

价，$w(\cdot)$ 代表外资方提供的技术转让费、关键零部件联合中间投入品价格，c_j^r代表合资公司中中方生产成本。M 代表潜在市场规模，$s_j(p)$ 含义参照式（4.2）。

通过对式（4.4）求最终价格 p 的一阶导数，可得到如下最大化利润表达式：

$$s_j + \sum_{j \in \Omega^r} [p_j - w(\cdot) - c_j^r] \partial s_k / \partial p_j \tag{4.5}$$

将式（4.5）转换为向量形式，可得到如下表示合资方中资利润表达式：

$$m^r = p - w(\cdot) - c^r = -[T^r \times \Delta^r]^{-1} s(p) \tag{4.6}$$

其中，m^r，p，$s(p)$，c^r，$w(\cdot)$ 代表 $j\times 1$ 维列向量。T^r代表合资企业内中资所有权矩阵，为 $j\times j$ 维矩阵，其中每一元素用 0 或 1 表示。例如，上汽大众合资企业生产的合资车大众朗逸属于外资大众方，也属于中资上汽集团，但一汽大众合资企业生产的合资车大众速腾属于外资大众方，不属于中资上汽集团，属于中资一汽集团。T^r矩阵中每一元素如果车型 k 和车型 j 都由中资生产则为 1，否则为 0。Δ^r为 $j\times j$ 维矩阵，其中每一元素表达式为 $\Delta^r(k, j) = \partial s_k / \partial p_j$，由需求部分得出，表示产品市场份额对产品价格变动的敏感程度。

下文给出用纵向纳什讨价还价博弈得出的外资利润表达式推导过程。

其次本章给出合资关系下的外资利润。由中资和外资组建的合资公司首先追求联合利润最大化，这可以通过如下对 Draganska 等（2010）基本模型扩展后的纳什讨价还价利润函数表示：

$$(\pi_j^r(w(\cdot)) - d_j^r)^{\frac{1}{2}-\lambda} (\pi_j^b(w(\cdot)) - d_j^b)^{\frac{1}{2}+\lambda} \tag{4.7}$$

其中，$\pi_j^r(w(\cdot))$ 和 $\pi_j^b(w(\cdot))$ 分别表示如果谈判成功情况下合资企业内中资利润和外资利润，d_j^r和d_j^b分别代表纳什讨价还价模型中当谈判失败时中资和外资各自的“外部性选择”或者“威慑点”。1/2 代表合资公司中双方股权分割比例，λ 代表纳什讨价还价系数并满足（$\lambda<1/2$）可以为负，中资议价势力为 $1/2-\lambda$；外资势力为 $1/2+\lambda$。

根据经典纳什讨价还价模型，最终利润分配受谈判双方“外部性选择”或者“威慑点”大小影响，具有更大“外部性选择”的一方会分得更多利润，即议价势力大（Nash，1950），因此“外部性选择”或者“威慑点”对于谈判双方议价势力的大小具有重要作用。

如果双方讨价还价成功，产品 j 成功出售，那么合资公司内外资和内资双方利润可分别表示为：

$$\pi_j^r((w(\cdot)) = (p_j - w(\cdot) - c_j^r) M s_j(p) \tag{4.8}$$

$$\pi_j^b((w(\cdot)) = (w(\cdot) - c_j^b) M s_j(p) \tag{4.9}$$

其中，c_j^b 代表合资企业中外资承担的生产成本。从式（4.8）和式（4.9）可以看出，$w(\cdot)$ 决定最终联合利润 $\pi_j^r + \pi_j^b = (p_j - w(\cdot) - c_j^r - c_j^b) M s_j(p)$ 在中资和外资的分配。也就是说最终联合利润大小由最终销售市场，即消费者购买决定（需求部分自弹性和替代弹性）。简单地说，消费者购买意愿，即需求部分决定蛋糕大小，$w(\cdot)$ 决定蛋糕分配。

下面转向当谈判不成功的情况，根据前文对讨价还价同时进行的假定，这意味着如果谈判失败，产品 j 将不会被提供，因为博弈的同时性决定不会出现此种情况的“外部性选择”。此时谈判双方的“外部性选择”受产品 j 不提供情况下，其他产品市场份额增加量的影响，这由下式给出：

$$\Delta s_k^{-j}(p) = \int \left[\frac{\exp(\delta_k + \mu_k)}{1 + \sum_{l \in \Omega/j} \exp(\delta_k + \mu_k)} - \frac{\exp(\delta_k + \mu_k)}{1 + \sum_{l \in \Omega} \exp(\delta_k + \mu_k)} \right] dF(u) \tag{4.10}$$

当谈判破裂时，合资企业内部中资和外资“外部性选择”或“威慑点”可表示为：

$$d_j^r = \sum_{k \in \Omega^r/j} (p_k - w(\cdot) - c_k^r) M \Delta s_k^{-j}(p) \tag{4.11}$$

$$d_j^b = \sum_{k \in \Omega^b/j} (w(\cdot) - c_k^b) M \Delta s_k^{-j}(p) \tag{4.12}$$

其中，Ω^r 与式（4.4）含义相同，Ω^b 表示由外资生产的车型数量。

对联合利润表达式（4.7）求 $w(\cdot)$ 一阶导数，可以求出如下利润最大化一阶条件：

$$\left(\frac{1}{2} - \lambda\right)(\pi_j^r - d_j^r)^{-\frac{1}{2}-\lambda} \frac{\partial \pi_j^r}{\partial w(\cdot)} (\pi_j^b - d_j^b)^{\frac{1}{2}+\lambda} + (\pi_j^r - d_j^r)^{\frac{1}{2}-\lambda} \left(\frac{1}{2} + \lambda\right)(\pi_j^b - d_j^b)^{-\frac{1}{2}+\lambda} \frac{\partial \pi_j^b}{\partial w(\cdot)} = 0 \tag{4.13}$$

对式（4.13）化简、移项，替换 $\partial\pi_j^r/\partial w(\cdot)=-Ms_j(p)$ 和 $\partial\pi_j^b/\partial w(\cdot)=Ms_j(p)$ 得到如下表达式：

$$\pi_j^b - d_j^b = \frac{1+2\lambda}{1-2\lambda}(\pi_j^r - d_j^r) \tag{4.14}$$

将式（4.10）代入并转换为向量形式，经化简可得到如下表达式：

$$T^b \times S \times m^b = \frac{1+2\lambda}{1-2\lambda} T^r \times S \times m^r \tag{4.15}$$

其中，m^r，m^b 为 $j\times1$ 维列向量，分别代表合资企业内部中方和外资利润。S，T^r，T^b 为 $j\times j$ 维列向量，S 具体计算参照脚注①，T^r 与式（4.6）含义相同，T^b 代表合资公司内外资所有权矩阵，由 0 或 1 构成，类似 T^r 的计算方法，当产品 j 和 k 属于外资时，$T^b(k, j)=1$，否则等于 0。对式（4.15）相关部分求逆可得合资企业内部外资利润表达式：

$$m^b = \frac{1+2\lambda}{1-2\lambda}[T^b \times S]^{-1}[T^r \times S]\,m^r \tag{4.16}$$

最后本章给出中方议价势力计量模型。通过以上合资企业内部中方与外方各自的利润表达式（4.6）和式（4.14）可以推导出估算中资议价势力的计量回归方程。联合利润可以表示为 $p - c^b - c^r = m = m^b + m^r$，将式（4.6）和式（4.14）代入可得如下表达式：

$$p - c^b - c^r = -\left(\frac{1+2\lambda}{1-2\lambda}[T^b \times S]^{-1}[T^r \times S] + I\right)[T^r \times \Delta^r]^{-1}s(p) \tag{4.17}$$

其中，I 代表单位矩阵，参照 Draganska 等（2010）的做法以及以往相关文献可得 $c^j = c^r + c^b = z\theta + \eta_j$，其中 θ 为合资企业生产乘用车成本转换率，η_j 表示研究者不可观测的成本扰动项。进一步可将式（4.17）转换为可计量形式：

---

① S 表示为如下矩阵形式 $\boldsymbol{S} = \begin{vmatrix} s_1 & -\Delta s_2^1 & \cdots & -\Delta s_N^{-1} \\ -\Delta s_1^{-2} & s_2 & \cdots & -\Delta s_N^{-1} \\ \mathrm{M} & \mathrm{M} & 0 & \mathrm{M} \\ -\Delta s_1^{-N} & -\Delta s_2^{-N} & \cdots & s_N \end{vmatrix}$，以上矩阵中每一元素计算参考正文式（4.10），$N$ 代表车型数量。

$$p = z\theta + \frac{1 + 2\lambda}{1 - 2\lambda}\overline{m}^{b} + m^{r} + \eta_{j} \tag{4.18}$$

利用需求模型估算出的参数可以计算出 S、Δ^{r}，进而计算出合资企业内中资和外资利润 m^{r} 和 m^{b}，上式 $\overline{m}^{b}$ 计算参照式（4.14）。式（4.18）除成本参数 θ 和中资议价势力参数 λ 外都为已知数据，可对式（4.18）进行回归分析①。

第三节　数据描述与指标构建

以上部分给出了本章计量分析需要用到的需求和供给回归方程，下面介绍数据来源和相关指标构建。

一、需求估计数据

本章选取2013年1月到2016年12月共计48个月中国乘用车市场159种车型每月销量数据、价格数据以及表征车型特征的最高车速（千米/小时）、百公里加速时间（秒）、实测油耗（升/100千米）、长度（毫米）、宽度（毫米）、整车质量（千克）、轴距（毫米）、油箱容积（升）、行李箱容积（升）、排量（毫升）、最大马力（匹）、最大功率（千瓦）、最大扭矩（牛·米）数据。159种车型中合资车为108，中国自主品牌车型为51。每一车型在每一月份的值组成一个观测值。车型销量数据来源于“中国汽车工业协会”。车型月度价格数据来源于“广州威尔森咨询有限公司汽车数据交易平台”数据库并按照2013年价格水平进行平减。车型产品特征数据来

① 由于式（4.16）假定合资企业内中资利润 m^{r} 回归系数为1，因此对式（4.16）应使用带约束回归，限定中资利润回归系数为1。也可以将式（4.16）调整为下式进行估计，此时不用对中资利润回归系数进行限制。

$$\bar{p} = p - m^{r} = z\theta + \frac{1-\lambda}{\lambda}\overline{m}^{b} + \eta$$

源于“汽车之家”网站。数据描述性统计如表4.1所示：

表4.1　样本描述性统计

变量	样本数量	均值	标准差	最小值	最大值
时间	—	—	—	2013m1	2016m12
国家	7632	2	0.82	1	3
企业	7632	9.16	4.58	1	18
品牌	7632	14.93	11.83	1	47
ID	7632	80	45.90	1	159
级别	7632	1.96	0.97	1	4
销量（辆）	7632	7735.60	8014.50	22	82543
价格（万）	7632	13.81	8.94	3.08	59.55
轴距（毫米）	7632	2690.33	165.40	2334	3430
最大扭矩（牛·米）	7632	198.08	66.67	87	400
最大功率（千瓦）	7632	106.53	30.71	45	206
最大马力（匹）	7632	144.66	41.21	60	281
排量（毫升）	7632	1703.27	336.82	990	3077
油耗（升/100千米）	7632	6.82	1.34	3.13	12.63
最高时速（千米/小时）	7632	190.53	19.24	135	248
加速时间（秒）	7632	11.16	1.98	4.67	16.98
重量（千克）	7632	1395.18	259.52	812	2146
长度（毫米）	7632	4547.38	322.46	3399	5371
宽度（毫米）	7632	1785.24	67.95	1573	1930
油箱（升）	7632	55.41	9.46	29	88
行李箱（升）	7632	498.075	145.05	138	989

资料来源：笔者根据Stata14估计得出。

不同于陈立中（2013）等用制造商厂商指导价代理价格变量，本章选择成交价代理价格，现实中经销商出于完成销售任务往往低价销售，造成厂商指导价高于成交价，因此使用厂商指导价估算需求模型会导致实证结果不准确。数据几乎涵盖中国乘用车市场合资整车制造商以及吉利、比亚迪、长城等自主独资整车制造企业在售的全部车型。参照肖俊极和谭诗羽（2016）的做法，用2010年国家统计局第六次人口普查城镇家庭数量表征中国乘用车市场潜在规模，假定这一数值没有变化。

为了处理式（4.3）中价格内生性问题，需要引入工具变量，引入的工具变量要与残差项不相关，但与内生性解释变量相关。根据 Berry 和 Pakes（1995）以及 Nevo（2000）的相关文献，多选整车制造投入品价格作为车型售价的工具变量。本章引入中国联合钢铁网发布的“钢铁价格指数”（CUSPI）作为内生性解释变量价格的工具变量，因为钢铁价格的变动会直接影响整车制造成本进而影响整车售价，但消费者在购车时并不关心钢铁价格，满足工具变量选取标准（李凯和赵伟光，2018c）。

根据乘用车品牌所属国家将 159 种车型划分为三大类：欧美系、日韩系、国产车。根据车型级别将 159 种车型划分为 4 种：小微型、紧凑型、中型、大中型。式（4.3）中每种车型按所属国家进行第一层分组计算其市场份额（第一层嵌套系数σ_1），又在此基础上按照车型级别进行第二层分组计算市场份额（σ_2），通过两次嵌套分组来捕捉消费者异质性，处理不可观测因素带来的遗漏变量问题。汇总数据，发现车型产品特征比较固定（变化较少），而月度价格数据出现明显波动，这证明在短期内厂商以价格竞争为主，因此选择月度数据捕捉价格变动，同时也证明了车企在短期内进行伯川德价格竞争的假设是合理的。

二、供给估计数据

第一，议价势力的估算。本章主要用方程（4.16）估算中国乘用车合资整车制造企业内中方议价势力。车型价格数据与估算需求部分价格数据一致。合资企业内部中资车型利润数据和外资车型利润数据通过使用需求部分估计结果，参考式（4.6）和式（4.14）计算得出。

根据 Draganska 等（2010），成本转换数据 θ 应使用最终产品制造成本，但由于乘用车制造涉及复杂的原材料投入，获取每个车型相关原材料投入就变得更加困难。参照 Berry 和 Pakes（1995）以及 Nevo（2000）研究美国乘用车成本处理的办法，用车型特征数据代理制造成本数据。为了减轻产品特征数据可能产生的共线性问题，使用因子分析将 13 个产品特征降维到 2 个主成分，第一主成分代表汽车性能，主要由发动机排量、加速时间、功率等组成；第二主成分包括长度、宽度、重量、行李箱容积等，表征舒适度主成分。

第二，议价势力决定因素。本章主要从市场份额、对外资依赖性和自主品牌三个方面对中资议价势力进行解释。

通过对 2013 年 1 月到 2016 年 12 月每月同一中资集团内所有车型产值数据加总与中国市场每月乘用车总产值数据之比表征不同中资企业市场份额。根据胡洪力（2004）、何元贵等（2009）以及王宛秋等（2012）的研究结论，预计中资企业市场份额与中资议价势力正相关。

通过计算 2013 年 1 月到 2016 年 12 月每月合资企业内外资车型产值占合资企业总产值之比表征中资在合资公司内部对外资依赖性。根据江诗松等（2011）、李晓钟和张小蒂（2011）以及肖俊极和谭诗羽（2016）的研究结论，预计中资对外资依赖性与中资议价势力负相关。

本章用自主品牌虚拟变量与对外资依赖性指标的交互项衡量自主品牌对中资议价势力的影响，这样处理的原因在于，虽然用合资企业内中资自主品牌车型产值数据占合资企业总产值之比衡量自主品牌效应较准确，但与对外资依赖性指标构建方法类似，会造成共线性问题。自主品牌主要通过减少对外资的依赖性达到提高中资议价势力（陈芳和穆荣平，2011；朱方伟等，2013；王保林，2013；田鑫，2015）。本章按一汽、东风、长安、广汽等合资制造商自主品牌数量和产值综合排名设置自主品牌虚拟变量，北汽、昌河、福建戴姆勒为基础组，赋值为 0；东风、华晨、一汽赋值为 1，上汽、长安、广汽赋值为 2。根据已有研究，预测自主品牌虚拟变量与对外资依赖性指标的交互项，会对中资议价势力产生正向影响。

第四节　实证结果分析

下文首先给出中国乘用车市场需求估计结果，在估算需求模型时不对车型做合资车和自主品牌车的区分，这样也可更全面地把握中国乘用车市场的需求情况。在供给部分，为了得出合资乘用车企业中资议价势力，在考察样本中去掉自主品牌独资企业，例如，去掉比亚迪、长城等车企，因为自主独资品牌车企不存在企业内中资与外资讨价还价问题，但并没有排除合资企业内部中资自主品牌车型，如上汽荣威、东风风行、广汽传祺等，以考察合资企业内自主品牌对议价势力的影响。在讨论议价势力影响因素时，重新考虑自主品牌车企，因为自主品牌车企也可能对中资议价势力有影响。

一、需求模型估计

模型（1）首先给出仅包括价格变量的Logit估计结果，模型（2）加入工具变量并使用两阶段最小二乘估计来解决内生性问题，模型（3）进一步加入产品特征控制变量。模型（4）在模型（3）的基础上引入运用因子分析降维后的产品特征控制变量并加入固定效应减轻遗漏变量问题，加入稳健标准误消除数据自相关和异方差。估计结果如表4.2所示：

表4.2　需求模型估计结果

解释变量	模型（1）	模型（2）Ⅳ	模型（3）Ⅳ	模型（4）Ⅳ
价格	-0.0102*** (-9.46)	-0.0258*** (-9.36)	-0.0258*** (-9.37)	-0.0260*** (-8.10)
嵌套组一	0.9898*** (308.59)	0.9875*** (304.63)	0.9870*** (304.90)	0.9914*** (213.74)
嵌套组二	0.9040*** (70.25)	0.9276*** (64.39)	0.9350*** (65.28)	0.8891*** (40.87)
最高时速	—	—	0.0006 (0.51)	—
加速时间	—	—	0.0011 (0.56)	—
长度	—	—	0.0002 (0.71)	—
宽度	—	—	-0.0001 (-0.12)	—

续表

解释变量	模型（1）	模型（2）Ⅳ	模型（3）Ⅳ	模型（4）Ⅳ
重量	—	—	0.0005 （1.35）	—
第一主成分	—	—	—	0.1751*** （8.44）
第二主成分	—	—	—	0.1057*** （8.59）
截距	-6.9180*** （-264.18）	-6.6836*** （-109.04）	-8.2947*** （-4.36）	-6.7099*** （-120.40）
固定效应	否	否	否	是
稳健标准误	否	否	否	是
观测值	7632	7632	7632	7632
拟合优度	0.9287	0.9291	0.9291	0.9403

注：括号内数字表示 t 统计量；*** 代表拒绝概率为 0.01，** 代表拒绝概率为 0.05，* 代表拒绝概率为 0.1；Ⅳ代表工具变量。

资料来源：笔者根据 Stata14 估计得出。

当仅考虑价格因素，不引入工具变量和控制变量，同时不考虑固定效应和稳健标准误时，对价格估计系数为-0.01，明显低于肖俊极和谭诗羽（2016）、陈立中（2013）对价格系数的估计，这可能是内生性问题导致估计出现偏差。嵌套组一估计系数为 0.99，嵌套组二估计系数为 0.90，满足嵌套 Logit 模型要求的假定，证明消费者对车型级别以及品牌所属国家具有较大敏感性，消费者在选择汽车时具有明显的组别特征。中国乘用车市场对品牌和车型级别具有刚性需求，消费群体呈现固定的组别特征。以上中国消费市场需求特性为车企实施竞争策略提供基础。模型（2）引入工具变量并用两阶段最小二乘法（2SLS）进行回归，对主要变量的估计值上升到-0.03，显著提高，并与陈立中（2013）对价格估计 0.02 较为接近。拟合优度也由 0.9287 上升到 0.9291，说明工具变量消除了内生性问题。模型（3）进一步加入产品特征控制变量，发现对价格估计依然为-0.03，结果稳健，但产品特征各系数不显著。通过做产品特征相关系数检验发现其存在严重的共线性问题，采用代表汽车性能的第一主成分，代表舒适度的第二主成分表征车型特征消除共线性问题。模型（4）结果表明对价格估计为-0.03，与模型（2）和模型（3）相似，估计稳健，表明价格每提高1%，产品市场份额下降0.03%，进一步证明中国消费者对车型价格变化缺乏敏感性，市场需求表现为刚性。第一主成分、第二主成分估计值为正，说明汽车性能、舒适度与消费者效用正相关，这与陈立中（2013）等估计结果一致。第一主成分系数大于第二主成分系数，表明国内消费者更看重性能因素。根据以上分析，选择模型（4）估计值作为供给分析的参考。

二、中资议价势力估计

根据 Rey 和 Whinston（2013）对议价能力的理论性分析，议价能力主要由博弈双方讨价还价决定，因此，议价势力可能随着讨价还价双方变动而变动，那么不同合资企业、不同中资集团是否具有不同的议价势力。为了对以上观点进行检验，需要在式（4.16）的基础上估计出不同合资企业内、不同中资集团的议价势力，为此通过加入不同中资议价势力个体效应来体现以上分析。回归结果①如表 4.3 所示：

表 4.3　中资议价势力估算

解释变量	模型（1）	模型（2）	模型（3）
第一主成分（*zhu*1）	6.5567*** （128.48）	6.5574*** （130.16）	6.5528*** （10.86）
第二主成分（*zhu*2）	2.8918*** （56.40）	2.8893*** （57.09）	3.1714*** （5.83）
中资利润	1（受限）	1（受限）	1（受限）
外资利润	1.8648*** （22.40）	1.8735*** （22.79）	2.600*** （5.33）
个体效应	否	否	是

① 根据第二部分理论推导，中资利润参数估计值要限定为 1。本章在中资利润不进行约束时对式（4.18）进行调整后的计量模型进行回归，结论与表 4.3 一致，因此带约束回归并未对估计结果产生影响。

续表

解释变量	模型（1）	模型（2）	模型（3）
北汽集团议价势力	—	—	0. 2777 *** （5. 33）
昌河集团议价势力	—	—	0. 1367 *** （2. 06）
东风集团议价势力	—	—	0. 8958 *** （-8. 11）
广汽集团议价势力	—	—	0. 3853 *** （-4. 54）
华晨集团议价势力	—	—	0. 1693 *** （12. 25）
上汽集团议价势力	—	—	0. 8986 *** （-24. 48）
一汽集团议价势力	—	—	0. 3716 *** （-2. 71）
长安集团议价势力	—	—	0. 5791 *** （-2. 92）
福建戴姆勒议价势力	—	—	0. 0680 *** （5. 03）
时间趋势项	否	-0. 0507 *** （-14. 18）	-0. 0537 *** （-8. 30）
稳健标准误	否	否	是
观测值	6576	6576	6576
拟合优度	0. 7467	0. 7698	0. 7914

注：括号内数字表示 t 统计量；*** 代表拒绝概率为 0. 01，** 代表拒绝概率为 0. 05，* 代表拒绝概率为 0. 1。

资料来源：笔者根据 Stata14 估计得出。

模型（1）为简单回归，模型（2）在模型（1）的基础上考虑时间趋势项来把握随时间变化固定效应，减少遗漏变量问题。模型（3）加入不同中资议价势力个体效应，考虑不随时间变动固定效应，反映不同合资企业内不同中资议价势力异质性，进一步减少遗漏变量问题，并加入稳健标准误减少不同企业不同车型异质性导致的异方差与自相关问题。

整体来看，三个模型对主要变量回归结果都比较稳健。主要解释变量、时间趋势项、不同中资议价势力个体效应回归系数均显著。从模型拟合结果来看，模型（3）拟合系数最高，为0.7914，表明时间趋势项和个体效应的加入提高了模型解释力度。模型（1）的估计结果表明，当不对企业进行区分时，中资整体议价势力为0.35①，表明中国乘用车合资企业内中方议价势力明显不足，确实存在中方股权占优，但议价势力底气不足的现象。

当加入不同中资议价势力个体效应后，回归结果表明，议价势力并不是某一行业的固有特征，议价势力会随着讨价还价双方变动而变动，不同合资企业内中资集团具有不同的议价势力。模型（3）估计结果表明，北汽集团议价势力是0.28；昌河集团议价势力为0.14；东风集团议价势力为0.90；广汽集团议价势力为0.39；华晨集团议价势力为0.17；上汽集团议价势力为0.90；一汽集团议价势力为0.37；长安集团议价势力为0.58；福建戴姆勒议价势力为0.07。回归结论表明不同中资集团在合资企业内具有不同的议价势力且差异很大，从最低的福建戴姆勒0.07到最高的上汽集团0.90。根据以往对中国乘用车合资企业利润分配研究结果，本章对上汽、东风中资集团议价势力估算结果可能偏高。后文将通过按时间分组回归，重新估计中资集团议价势力，发现确实高估了上汽、东风集团的议价势力。本章对其他中资集团议价势力估计结果相差不大，表明并不存在偏差。

从经济学直觉来看，议价势力较低的中资集团具有一些共同特征：一是合资企业内合作外方仅为一家且知名度、品牌效应高，例如，华晨宝马合资公司合作外资为宝马集团，福建戴姆勒合资企业合作外资为奔驰集团；二是合资企业内中资自主品牌车型亏损，对外资依赖性大，例如，华晨集团旗下生产中华、金杯等自主品牌乘用车，销量、售价明显低于合资车宝

① 根据式（4.18），中资议价势力为0.5-λ，λ计算公式为1.8735=(1-2λ)/(1-2λ)，计算出λ=0.1519，议价势力为0.35。后文其他中资议价势力计算公式与之一致。为了节省篇幅，本章直接给出个体效应下其他中资集团议价势力计算后结果。

马，甚至需要合资车宝马补贴亏损。议价势力高的中资集团具有与之相反的特征：一是市场份额巨大，如议价势力最大的上汽集团市场份额为24%，表明中国乘用车行业兼并重组确实有利于中资议价势力的提高，但意外的是，一汽集团市场份额为22%，仅次于上汽集团，但其议价势力仅为0.37，明显低于市场份额不如一汽的东风集团和长安集团，表明市场份额也许并不是影响中资议价势力的主要因素。二是合资公司中外资并不唯一，例如，上汽集团合作外资包括通用、大众，东风集团合作外资包括马自达、日产、起亚等，长安集团合作外资包括福特、铃木、马自达等。三是自主品牌车型销量较高，对外资依赖性较弱。

三、中资议价势力变动趋势

为了展现不同中资集团议价势力随时间变动情况，同时为了对上汽、东风集团议价势力进行修正，本章给出按时间分组回归得到的不同中资议价势力在不同时间的变动情况，其变动趋势如图4.1所示。

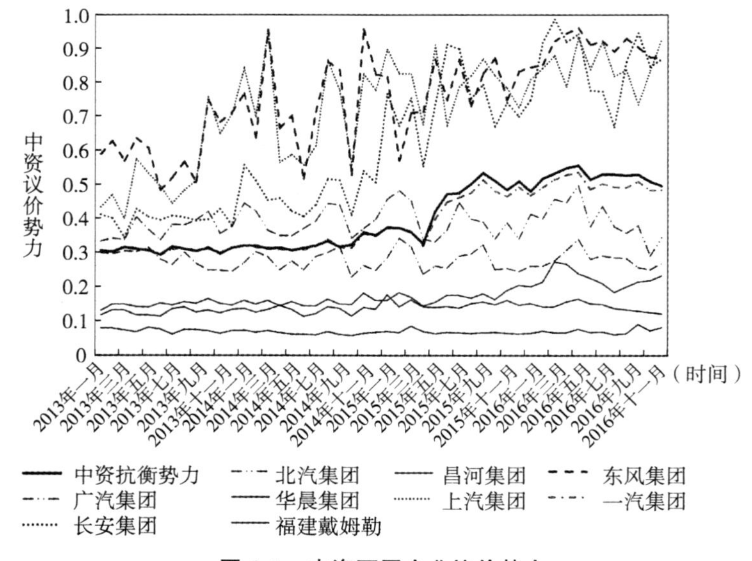

图4.1 中资不同企业议价势力

资料来源：笔者根据收集到的车型销量数据计算所得。

图中粗线表示中资集团议价势力平均变动情况，整体来看中资议价势力呈现上升趋势，表明本章对中国乘用车经验研究得出与 Galbraith（1993）提出的“抗衡势力假说”类似结论，即买方势力趋于提高。平均来看，中资议价势力从 2013 年的 0.31 提高到 2016 年的 0.49。

分不同中资企业来看，按议价势力变动趋势可将不同中资集团大致分为三组：第一组是华晨集团、昌河集团、福建戴姆勒集团，其议价势力较低，均在 0.2 以下且在所考察年份变动不大；第二组由北汽集团、广汽集团、一汽集团组成，其变动趋势与中国乘用车中资整体变动趋势大致一样，议价势力变动范围在 0.2~0.5；第三组由上汽集团、东风集团、长安集团组成，其议价势力在考察时间范围内上升较快，明显快于平均趋势，同时议价势力在 0.5~0.9。

四、异质性分析

为了更细致地研究不同中资集团议价势力情况，同时探讨合资企业内外资势力，有必要进行进一步分析。本章给出表 4.4 和表 4.5，表 4.4 主要给出 7 个主要合资乘用车企业中资议价势力情况、利润情况、市场份额、自主品牌车型平均售价等信息。表 4.5 主要介绍合资乘用车企业内主要大型外资集团势力、市场份额以及利润情况。

表 4.4　中资集团议价势力

变量	上汽	东风	长安	一汽	广汽	北汽	华晨
议价势力	0.7580	0.7251	0.6181	0.3885	0.3871	0.2774	0.1742
利润分成	0.6903	0.7352	0.5940	0.3585	0.3893	0.2849	0.1559
市场份额（%）	24.69	15.19	8.88	22.66	7.27	8.82	5.24
合资价格（万元）	15.2001	13.5914	13.5036	21.6424	14.9383	18.1387	33.9481
自主价格（万元）	8.0486	7.1903	6.7789	8.4138	13.4687	/	8.3138
自主市场份额（%）	10.49	4.63	31.52	4.82	14.25	/	5.94
平均价格（万元）	14.0082	12.7654	9.7677	18.5897	14.8158	18.1387	19.2999

资料来源：以上数据为供给部分估计结果以及笔者通过原始数据整理所得。

表 4.5 外资品牌势力

变量	大众	丰田	通用	福特	现代	本田	奔驰	宝马
外资势力	0.4431	0.6122	0.2571	0.4966	0.6669	0.4278	0.8269	0.8257
市场份额（%）	22.36	6.08	10.55	6.00	10.25	4.79	0.83	1.80
价格（万元）	17.973	20.153	17.655	15.391	12.365	16.792	36.443	33.948
利润（万元）	1.1315	2.6754	0.3754	0.9365	1.4081	0.8225	6.0434	4.3115

资料来源：以上数据为供给部分估计结果以及笔者通过原始数据整理所得。

与表 4.3 中模型（3）对中资不同集团议价势力估计结果相比，采用按时间分组回归估计方法得到的不同中资集团议价势力平均值更符合实际。上汽集团、东风集团议价势力分别为 0.76、0.73，其议价势力依然最高。分组回归后，长安、一汽等中资集团议价势力与表 4.3 中模型（3）估计结果相差不大。不同中资集团议价势力与其在合资企业内利润分配一致，例如，上汽集团议价势力为 0.76，在合资企业获得利润分成为 69.03%；华晨集团议价势力 0.17，其利润分成为 15.59%，这也表明本章对中资议价势力估算的正确性。

整体来看，市场份额与中资议价势力存在正相关关系，但市场份额不能解释中国乘用车合资企业内部中资议价势力来源的全部。上汽、东风、一汽集团虽然市场份额都在 15%以上，但一汽集团议价势力明显不足。同时，广汽、北汽、华晨市场份额相似，但广汽议价势力明显高于北汽、华晨等中资集团。从合资品牌价格与自主品牌价格来看，合资品牌平均价格大致是中国自主品牌平均价格的两倍，表明中国乘用车自主车型多为微型、小型、紧凑型车。广汽集团凭借广汽传祺高端 SUV 自主品牌车型的成功发展，自主品牌车型平均价格几乎与合资品牌乘用车平均价格相当。

从自主品牌产值占企业总产值来看，中国乘用车合资企业内自主品牌产值明显不足，平均占比仅为 11.94%，表明中国乘用车合资模式下中资对外资依赖性较大，自主品牌乘用车对总利润贡献不足。华晨、一汽自主产值占比仅分别为 5.94%、4.82%，表明对外资的过度依赖可能是造成合资企业内部中资议价势力不足的原因。

有意思的是，长安集团市场份额仅为 8.88%，与北汽、华晨市场份额类似，但长安集团议价势力为0.62，明显大于北汽、华晨，更显著大于市场份额为22.66%、议价势力为0.39的一汽集团。这种现象可以从自主品牌产值占比做出解释，长安集团自主品牌产值占比最高，为31.52%，表明长安集团与外资组建的合资公司中，自主品牌对合资企业总产值贡献达到三成，自主品牌车型产值比例的提高减少了合资企业内部中资对外资的依赖性，从而提高了中资议价势力。

本章对合资车企内部外企势力做简单介绍。合资模式下，外资势力平均为0.65①，其中势力最大的为奔驰和宝马集团，分别为0.83、0.83，大众、丰田、通用等外资集团势力大致相同。从外资势力与车型平均价格、利润关系来看，奔驰、宝马平均售价、平均利润明显高于其他外资品牌，其势力也最高。奔驰、宝马主要生产C级、D级中高端乘用车，其过高的势力与品牌溢价、车型级别不无关系。外资市场份额占比方面，奔驰、宝马市场份额虽然不高，分别为0.83%、1.80%，但势力最大，表明单纯从外资市场份额判断外资势力是存在严重偏差的，一方面会高估大众、通用等外资势力；另一方面会低估奔驰、宝马势力。本章以上结论为唐要家等（2016）、甄艺凯（2016）针对奔驰、宝马等高端外资品牌利用势力在最终销售市场和售后市场植入纵向控制手段造成的高零整比及搭售等不正当竞争相关研究提供证据，也为反垄断部门针对外资滥用势力等不正当竞争相关调查提供参考与借鉴。

五、中资议价势力影响因素分析

以上分析部分表明合资乘用车企业内中资相对于外资议价势力较弱，同时不同中资集团具有不同的议价势力，那么造成中资议价势力较弱的原因有哪些。根据已有研究结论以及本章前文分析结论，中资集团议价势力主要受中资市场份额、合资企业内中资对外资依赖性和自主品牌三种因素影响。下面将对此进行实证检验。本部分重新将中国自主品牌企业乘用车

① 一汽丰田合资公司内，中资议价势力为0.3885，外资丰田议价势力为0.6115；广汽丰田合资公司内，中资议价势力为0.3871，外资丰田议价势力为0.6129，那么丰田整体议价势力为0.6122，其他外资议价势力计算如上。

数据纳入研究样本，例如，吉利、长城等自主独资车企，探讨其对合资模式下中资议价势力的影响。基本回归模型如式（4.19）所示：

$$lamda_{it} = \alpha_0 + \alpha_1 shareprod_{it} + \alpha_2 eproportion_{it} + \alpha_3 prod \times eproportion_{it} + \alpha_4 brand \times eproportion_{it} + \alpha_5 t + \alpha_6 duzi + \alpha_7 all + \alpha_8 CR8 + \varepsilon_{it} \tag{4.19}$$

其中，$lamda_{it}$ 表示不同合资企业内中资在不同时间的议价势力，用式（4.16）估计结果表示。$shareprod_{it}$ 表示不同中资在不同时间的产值份额，$eproportion_{it}$ 表示不同中资在不同时间对合资企业内外资依赖性，以上两个变量计算参照第二部分相关指标构建。*brand* 表示合资企业内中资自主品牌虚拟变量分组，分组标准参照第二部分相关指标构建。$brand \times eproportion_{it}$ 表示自主品牌与对外资依赖性交互项。同时加入时间趋势 t 控制趋势效应对中资议价势力的影响。根据 Dobson 和 Inderst（2007）的研究结论，下游企业规模对其自身议价势力具有双向效应，一方面通过自身规模扩大提高议价势力，另一方面通过自身规模扩大减弱对方外部性选择进而间接提升自身议价势力。为了体现以上效应，引入中资方总产值与对外资依赖性的交互项 $prod \times eproportion_{it}$。加入取对数后的自主品牌独资企业产值数据 *duzi* 控制吉利、长城等自主独资企业产值增长对合资企业内中资议价势力影响。加入 *CR8* 和取对数后的中国乘用车市场规模控制行业结构变动和规模变动对中资议价势力影响。估计结果如表 4.6 所示。

表 4.6　中资议价势力影响因素分析

解释变量	模型（1）	模型（2）	模型（3）
中资市场份额	0.2391** （2.34）	0.2266** （2.22）	0.2266*** （131.53）
对外资依赖性	−0.5108*** （−8.17）	−0.5186*** （−8.35）	−0.5186*** （−38.34）
中资产值与对外资依赖性交互项	0.0116*** （4.19）	0.0125*** （4.56）	0.0125** （6.70）
时间趋势项	0.0041*** （11.72）	0.0041*** （7.80）	0.0041 （1.44）

续表

解释变量	模型（1）	模型（2）	模型（3）
自主品牌与外资依赖性交互项	是	是	是
组一	0.1545*** （12.27）	0.1529*** （12.03）	0.1529*** （37.18）
组二	0.5270*** （29.45）	0.5259*** （29.30）	0.5259*** （143.64）
自主品牌企业产值	—	0.1975 （0.47）	0.1975** （4.18）
中国市场总产值	—	-0.2562 （-0.63）	-0.2562** （-8.70）
*CR*8	—	0.0282 （0.52）	0.0282** （7.00）
截距项	-7.8062*** （-10.94）	-9.0813*** （-2.24）	-9.081 （-1.56）
聚类稳健标准误	是	是	是
观测值	432	432	432
拟合优度	0.8727	0.8736	0.8736

注：括号内数字表示 t 统计量；*** 代表拒绝概率为 0.01，** 代表拒绝概率为 0.05，* 代表拒绝概率为 0.1。

资料来源：笔者根据 Stata14 估计得出。

模型（1）仅考虑中资市场份额、中资对外资依赖性以及自主品牌对外资依赖性交互项对议价势力的影响。模型（2）在模型（1）的基础上加入自主品牌企业产值、中国乘用车市场规模、行业集中度控制变量。模型（3）通过改变回归设计降低行业控制变量共线性问题。模型（1）、模型（2）、模型（3）都考虑时间趋势项来把握时间趋势固定效应，考虑稳健标准误消除数据自相关与异方差影响。

比较来看，三个模型对主要研究变量估计结果稳健。模型（2）除自主品牌企业产值、中国乘用车市场总产值、行业集中度估计结果不显著外，其他变量估计结果均显著。通过做模型（2）共线性检验，除企业层面主要解释变量方差膨胀因子在 3 以内，行业层面控制变量方差膨胀因子都大于

100，表明行业控制变量存在共线性问题。通过改变模型设计，采用模型（3）回归，减轻共线性对估计结果影响，除截距项和时间趋势项外，其他解释变量均显著。整体来看企业层面主要变量回归系数值显著大于行业层面控制变量系数值，表明合资模式下中资议价势力主要受企业层面市场份额、对外资依赖性、自主品牌因素影响，较少受行业规模、结构变动因素影响，说明议价势力更多地表现为企业层面的微观现象，而不是行业固有特征。

从回归结论来看，中资市场份额每提高 1 单位，中资议价势力提高 0.23 单位，表明市场份额对中资议价势力确实具有正向影响。同时，中资产值规模的扩大有利于减轻对外资依赖性，从而间接提高中资议价势力，证明中资企业规模对自身议价势力提高具有双重效应（Dobson and Inderst, 2007）。中资对外资依赖性每提高 1 单位，中资议价势力降低 0.51 单位，表明合资企业内中资对外资依赖性越大，议价势力越弱，以上分析揭示了一汽、华晨、昌河等中资集团议价势力较低的内在原因。从中资自主品牌与对外资依赖性交互项系数回归结果来看，自主品牌的提高有利于减小合资车企内中资对外资依赖性，从而提高中资议价势力。合资企业内自主品牌发展主要通过两个途径提高中资议价势力：一是增加中资自身外部性选择；二是减小对合资车的过度依赖提高中资议价势力。分组来看，对于北汽、昌河、福建戴姆勒组成的对照组“对外资依赖性”回归结果为-0.51，东风、华晨、一汽组一自主品牌与对外资依赖性交互项系数为-0.36（0.1529-0.5186），对外资依赖性明显降低，表明自主品牌能够通过降低对外资依赖性来提高中资议价势力，减弱对外资依赖性的不利影响。上汽、广汽、长安组成的组三回归系数为 0.01，表明以上三个中资集团自主品牌效应对中资议价势力贡献度已经超过对外资依赖性对议价势力的影响。

从行业控制变量回归结果来看，自主品牌独资企业规模增长，例如，长城、吉利等企业规模扩大有利于提升合资模式下中资议价势力，其影响机制在于自主独资车企产值的增长是通过抢占外资市场份额的方式削弱外资规模扩张效应，从而提升合资企业内中资议价势力，但影响明显小于企业层面因素对议价势力影响。奇怪的是中国乘用车总产值规模与中资议价势力负相关，本章认为主要是因为合资车在中国乘用车占比过高，中国乘用车总产值增长大部分由合资车增长驱动（王保林，2013），这反而会增强中资对外资依赖性，降低中资议价势力。中国乘用车市场集中度对议价势力影响最小，仅为0.02，这主要是因为本章考察时期为2013~2016年，自2009年大规模行业兼并重组后中国乘用车行业垄断程度、市场结构变化变动不大。

以上回归结论证明了胡洪力（2004），王宛秋等（2012），李晓钟、张小蒂（2011），王保林（2013），田鑫（2015）等文献观点，即中资市场份额、对外资依赖性、自主品牌确实对中资议价势力产生影响。本章实证研究进一步证明，市场份额并不是提高和影响中资议价势力的主要因素，合资企业内中资对外资依赖性以及自主品牌效应对中资议价势力具有更重要的影响。相比于市场份额对中资议价势力的影响，减小中国乘用车合资企业内中资对外资依赖性、发展和壮大自主品牌车型、抢占中高端乘用车市场才是进一步提高中资议价势力的关键。

第五节　本章小结

本章通过构建一个"纳什讨价还价模型"，从纵向视角考察中国乘用车合资企业内中资与外资议价势力问题。相比于用集中度、勒纳指数、企业数量衡量议价势力，本章构建的衡量合资模式下中资议价势力方法更接近相对于上游讨价还价这一抗衡问题的本质。通过建立新实证产业组织范式下需求、供给模型，使用价格、销量等数据，对中资和外资的利润计算根据供给部分经典产业组织理论模型推导实现，避免了数据不可得对估算议价势力的影响。本章构建在新实证产业组织范式下衡量议价势力的方法为产业组织纵向关系上衡量其他行业买方、卖方势力提供了有益借鉴，为相关理论性文献提供了经验证据。

实证分析得出几个有意思的结论。整体来看中国乘用车合资企业内中资议价势力平均为0.35，确实存在合资企业内中资股权占优，但在与外资"讨价还价"过程中底气不足的现象。本章从合资企业内中资议价势力视角揭示出我国合资整车制造模式存在的一些问题，即合资模式下中资议价势力“底气不足”成为制约中国乘用车行业进一步发展的桎梏。在考察时期内，中资议价势力呈现上升趋势，从2013年的0.31提高到2016年的0.49。根据不同中资议价势力变动趋势，可将其分为三组：第一组，议价势力较强、增长趋势快于中资整体变动趋势，包括上汽集团、东风集团、长安集团；第二组，议价势力较弱、增长趋势与中资整体趋势大致相同，包括一汽集团、广汽集团、北汽集团；第三组，议价势力明显不足、增长趋势在考察期变动不大甚至出现下降趋势，包括华晨集团、昌河集团、福建戴姆勒集团。

本章对外资整车制造商势力估计为0.65，其中奔驰、宝马势力最高，分别为0.83、0.83。目前针对外资品牌售后市场高零整比、利用市场势力在终端销售和售后市场植入纵向约束等反竞争现象及行为成为中国乘用车行业反垄断关注的重点。根据Tirole（1988）、Rey和Stiglitz（1988）的理论分析，市场势力是厂商实施纵向约束的前提。如何衡量外资品牌市场势力，特别是衡量纵向产业链中势力成为以上反垄断调查的关键。根据本章研究结论，单纯按市场份额衡量外资议价势力会过高估计大众、通用等外资品牌，严重低估奔驰、宝马等外资品牌势力。本章构建的从纵向视角衡量市场势力的方法，特别是对合资模式下外资势力的估计为中国针对外资反垄断工作的开展提供了有益的借鉴和参考。

本章发现的一个有意思的现象是，议价势力并不是行业固有特性，不同合资企业内不同中资集团具有不同的议价势力且差异很大，即不同的讨价还价对象会导致不同的抗衡结果。进一步实证分析证明，议价势力作为一种合资企业内讨价还价现象与行业结构、规模变动等宏观经济因素相关性较弱，更多地受企业层面市场份额、对外资依赖性、自主品牌因素影响，表现为企业内部的讨价还价微观现象。市场份额并不是影响合资整车制造模式下中资议价势力的主要原因。相对于市场份额对中资议价势力的影响，合资模式下中资对外资的过度依赖是造成中资“大而不强”的更重要原因。企业层面中资市场份额、自主品牌都通过双重效应提高中资议价势力。本章以上结论为今后中国乘用车行业产业政策的制定带来以下启示：

第一，中资议价势力作为一种企业层面讨价还价微观现象，更多地受企业市场份额等内部因素影响，较少受行业因素影响。因此，相关政策部门应认识到行业层面刺激政策对提高中资议价势力的局限性，应更多地使用企业层面刺激手段，根据不同合资整车制造企业内不同中资议价势力水平和发展趋势以及其内在形成原因制定不同的应对措施。相关部门应实施微观层面差别性刺激政策，例如，采取区别性兼并重组政策，对于市场份额较低造成议价势力不足的中资集团，如广汽、长安集团，应通过鼓励其进行区域内或全国范围内的兼并重组，通过兼并重组方式提高议价势力；对于市场份额已经很高，但议价势力较弱的中资集团，如一汽集团，进一步提高市场份额对增强其议价势力贡献不大，应更多地采用相关措施提升自主品牌发展，减小对外资依赖性。

第二，本章结论表明，合资模式下中资议价势力“底气不足”成为制约中国乘用车行业进一步发展的桎梏。盲目扩大中国乘用车规模甚至会通过增大合资车比重和规模，进一步增强合资模式下中资对外资依赖性，不利于中资议价势力提升，因此，产业发展政策应从“量的提高”转向“质的提升”。本章认为相比于市场份额对中资议价势力的影响，减少中国乘用车合资企业内中资对外资依赖性、发展和壮大自主品牌车型、抢占中高端乘用车市场才是进一步提高中资议价势力的关键。目前阶段，中国合资模式下自主品牌乘用车在合资企业总产值占比过低，部分车企甚至出现“合资反哺自主”的恶性现象，同样，除广汽集团外，中国自主车型平均售价仅为合资车的一半不到，且自主车型多为低端级别。发动机、变速箱等关键零部件尚需进口。特别是合资企业内中资自主创新能力甚至不如吉利、长城、奇瑞等独资企业。究其原因主要是合资企业内中资集团缺乏自主创新动力，坐享合资车带来的丰厚利润。为此应改变相关公司运营模式，推广合资自主模式，即将合资模式内自主品牌车型独立出来，成立在研发、制造、财务、销售上与合资企业相独立的集团，同时能够与合资车共享研发平台，通过以上方式提升中资集团整体自主创新能力，提高议价势力，改变其“大而不强”的局面。

第五章 基于新实证产业组织方法的企业实施纵向控制策略识别分析

第一节 引言

近年来，中国乘用车市场整车制造与销售流通环节中出现的纵向价格限制、横向价格垄断行为引起反垄断部门的重视。其中最具代表性和争议的纵向合约就是转售价格维持。中国反垄断部门对企业实施的转售价格维持进行了必要的查处和处罚，有效规范了市场竞争秩序。但在司法实践过程中也出现了许多困难和争议，其中最为基础和关键的就是转售价格维持识别问题。企业往往为了躲避调查销毁证据，转售价格维持合约的隐蔽性也直接影响反垄断部门的取证工作。即使在反垄断部门掌握相关事实做出相应裁决后，裁决结果也备受争议。

理论上，转售价格维持既具有激励下游经销商提供服务（Mathewson and Winter，1998）、消除双重加价（Spengler，1950）等福利提高效应，又可能带来便利企业间合谋（Julien and Rey，2007）、弱化企业间竞争（O'Brien and Shaffer，1992）等竞争损害效果。转售价格维持经济效应的复杂性也使其成为学术研究和政策实践中的热点问题，特别是转售价格维持的限制竞争问题。近年来，国内学者也对中国相关产业背景下转售价格维持引发高价格的内在机理进行了深入探讨（唐要家等，2016；甄艺凯，2016）。然而，对合资模式下企业实施转售价格维持可能引发的横向竞争弱化，国内学者和相关部门并未给予足够的重视。相比于转售价格维持引发高价格的纵向渠道，转售价格维持的横向竞争弱化效应并不需要企业签订约束条款，是企业策略行为的战略互动结果，具有一定的隐蔽性，产生的影响也更大。

那么，在中国现实产业背景下，如何识别转售价格维持引发的横向竞争弱化效应？这一策略行为对行业产品价格、市场集中度和社会福利产生哪些影响？鉴于此，本章以近年来中国乘用车市场合资模式下整车制造与销售流通环节中出现的纵向价格垄断现象为背景，旨在对合资模式下整车制造商实施转售价格维持可能引发的弱化下游横向竞争进行识别和经济效应分析。本章结构如下：首先，对合资模式下整车企业实施转售价格维持引发的横向竞争弱化理论机制进行说明；其次，介绍计量模型设计与数据处理；再次，分析并给出实证结果；最后，对本章进行总结。

第二节　合资模式下中国乘用车市场纵向结构分析

伴随合资带来的中国乘用车市场对外开放，市场化资源配置方式替代了原有计划经济时期汽车产业中的行政控制方式（李晓卿，2013）。合资模式下的整车企业具有自主定价权以及产品决策权。合资模式的推进也使得上下游企业间的合约形式日益复杂，这既催生出许多具有活力的企业组织形式，也产生了许多纵向合约关系（李凯和赵伟光，2018a）。近年来，乘用车市场出现的纵向控制垄断问题引起了国家反垄断部门的密切关注。反垄断执法的重点主要集中在汽车产业围绕纵向价格限制形成的汽车最终售价和零部件的高价格问题（李世杰和蔡祖国，2015）。理解合资模式下中国乘用车市场纵向结构特征，是探究企业实施纵向控制策略引发竞争损害的关键。

合资模式对中国乘用车市场纵向组织结构的影响首先体现在“整车—经销商”构成的纵向关系中。合资模式的确立使得中国乘用车产量出现了“井喷式增长”（王皓和周黎安，2007）。为了配合乘用车的销售和流通，建立现代化的乘用车流通体系就显得尤为必要。2005 年，商务部、国家发改委和国家工商总局联合发布《汽车品牌销售管理办法》（以下简称《办法》），确定了整车制造商对下游经销商品牌专营授权的流通管理办法。[①] 该《办法》在成立之初保障了消费者的合法权益、整顿了不规范的流通体系、促进了中国乘用车市场的健康发展（唐要家等，2016）。2014 年和 2017 年颁布实施的《工商总局关于停止实施汽车总经销商和汽车品牌授权经销商备案工作的公告》以及《汽车销售管理办法》进一步规范了中国乘用车市场流通体系（见表 5.1）。至此之后，中国乘用车市场逐渐建立起现代化的乘用车销售流通模式。围绕品牌专营模式形成的汽车卖场模式、汽车工业园区、汽车连锁以及汽车网络营销模式[②]丰富了消费者选择的多样性（李世杰和蔡祖国，2015）。2018 年，中国乘用车市场经销商数量达到 29578 家，百强经销商集团销量占比为 30%[③]，说明乘用车流通行业市场竞争结构为竞争型市场。

表 5.1　中国乘用车市场流通管理办法

时间	管理办法	主要内容
2005 年	《汽车品牌销售管理办法》	1. 整车制造企业授权专一品牌给下游独家经销商，经销商在授权范围内从事乘用车销售、售后服务及配件供应活动； 2. 乘用车品牌的网络规划由整车制造企业实施，或者授权总经销商实施
2014 年	《工商总局关于停止实施汽车总经销商和汽车品牌授权经销商备案工作的公告》	自 2014 年 10 月 1 日起，停止实施汽车总经销商和汽车品牌授权经销商备案工作

① 2005 年《汽车品牌销售管理办法》确立起品牌专营的授权流通模式，即一家下游经销商仅能获得一个整车品牌的授权。2014 年，国家工商行政管理总局发布《工商总局关于停止实施汽车总经销商和汽车品牌授权经销商备案工作的公告》，宣布自 2014 年 10 月 1 日起，停止实施汽车总经销商和汽车品牌授权经销商备案工作。2017 年，商务部发布新的《汽车销售管理办法》，新版《汽车销售管理办法》打破了汽车销售品牌授权单一体制。

② 从目前汽车市场来看，4S 店销售模式以 82.5%的市场份额占据主流地位且将会持续很长时间。

③ 《2018 中国汽车流通行业发展报告》。

续表

时间	管理办法	主要内容
2017 年	《汽车销售管理办法》	1. 终止专营品牌授权模式，允许经销商销售多种品牌； 2. 发展汽车卖场、汽车工业园区、汽车连锁以及汽车网络营销等多种乘用车销售流通型模式

资料来源：根据 2007 年《汽车品牌销售管理办法》、2014 年《工商总局关于停止实施汽车总经销商和汽车品牌授权经销商备案工作的公告》以及 2017 年新版《汽车销售管理办法》整理所得。

中国乘用车市场“整车—经销商”纵向组织结构突出表现为：整车企业在授权经销模式下建立“总经销商”制度统一管理全国乘用车经销网络，即整车企业从全国范围内选择并授权品牌经销商，并通过纵向销售协议对下游经销商进行必要管理。相对于下游经销商，整车企业在经销渠道中天然处于强势地位。为了实现企业间纵向管理的高效率，整车企业往往与下游经销商签订纵向销售协议。围绕纵向销售协议形成的纵向约束合约，特别是转售价格维持合约是中国乘用车市场纵向组织关系的显著特征。近年来，中国乘用车市场频繁出现的整车企业向下游 4S 店植入“区域价格通知”“价格管理办法”“考核制度”和“价格指导公告”等口头或书面协议已经成为行业内“公开的秘密”并引起反垄断部门的重视（甄艺凯，2016）。这种围绕转售价格维持形成的纵向价格形成机制损害了下游企业绩效和消费者福利。合资模式下的“整车—经销商”纵向组织结构如图 5.1 所示。

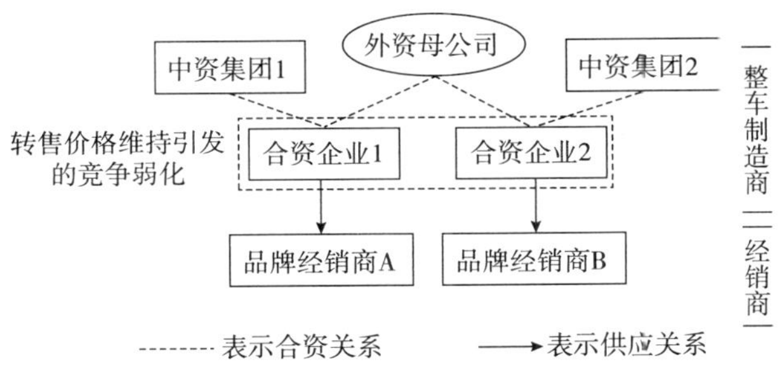

图 5.1　合资模式下“整车—经销商”纵向组织结构

资料来源：笔者根据中国乘用车销售关系整理所得。

在由图 5.1 表示的中国乘用车市场合资模式下“整车—经销商”纵向组织结构中①，合资整车企业向下游品牌经销商植入纵向控制策略，以便于纵向关系的管理。例如，大众母公司分别与一汽集团和上汽集团合资组建一汽大众以及上汽大众合资整车制造企业，一汽大众以及上汽大众分别通过品牌授权建立独立的下游经销商网络，负责乘用车的销售和流通。在这种由合资模式所决定的“整车—经销商”纵向关系中，整车企业实施纵向控制策略可能引发竞争损害。本章将构建一个简单的理论机制模型，对整车企业实施转售价格维持弱化同一外资参股的合资整车企业间竞争效应进行说明。

第三节　纵向控制策略横向竞争弱化效应理论说明与假说

本书在第三章对中国乘用车市场合资模式下“整车—经销商”纵向组织结构进行了介绍，并初步指出，合资模式下整车企业对下游经销商实施转售价格维持，可以有效消除同一外方母公司的两家合资整车企业间的横向竞争。本章将在“整车—经销商”纵向组织结构框架下，构建一个简单的理论机制模型，并在此基础上提出待检验的研究假说。

一、竞争弱化效应理论机制说明

在这部分，本章借鉴并改进 Fabrizi 等（2012）的理论模型，构建一个合资模式下同一外方母公司参股的两家合资整车企业，对各自的下游品牌经销商实施转售价格维持，引发横向竞争弱化的理论模型。假设两家合资整车企业 U_1 和 U_2 通过下游两家 4S 店 R_1 和 R_2 售车。整车企业具有完全的市

① 在现实中的乘用车市场中，整车制造企业下游往往存在很多经销商。在图 5.1 中，为了表示“整车—经销商”纵向组织结构中的品牌专营模式，本章仅用与每个合资整车企业对应的一个代表性品牌经销商表示这种关系。在后续的理论模型构建和实证分析中，将考虑更现实的情况。

场势力，具体表现为：整车企业从众多候选经销商中指定4S店，不同4S店存在服务或地理位置的差别。整车企业与4S店进行Stackelberg序贯博弈，4S店之间进行伯川德价格竞争。基于车型间的差异化特性，最终需求函数为标准的“差异化产品线性需求系统”（Standard Linear Demand System for Differentiated Varieties）：

$$q_i = \frac{1}{2}\left[1 - \left(1 + \frac{\gamma}{2}\right)p_i + \frac{\gamma}{2}p_j\right] \tag{5.1}$$

其中，γ 表示下游两家4S店的横向差异程度，其值趋近于0，表示差异越大，趋近于正无穷，表示无差异，下游竞争激烈；p 表示车型价格，q 表示车型产量；i，$j=1$，2 表示两家经销商各自销售的不同车型。

博弈顺序如下：首先，合资整车企业向下游经销商提供转售价格维持纵向合约；其次，下游4S店在已知纵向约束后决策车型售价；最后，消费者做出购买决策。

在转售价格维持策略下，合资整车制造商不仅决策批发价格 w，还直接决策最终价格水平 p。由于中国乘用车市场合资模式下特有的品牌特许经营模式，合资整车制造企业利润决策函数需满足下游经销商的参与约束。因此，任意合资整车制造商利润可表示为：

$$\max \prod^{U}(p,\ w) = (w_i - c_i)\,q_i$$

$$\text{s.t.}\ (p_i - w_i - \mu_i)\,q_i \geqslant 0 \tag{5.2}$$

在转售价格维持纵向策略下，合资整车企业通过设定最终售价与批发价格最大化自身利润，这就决定了下游经销商的参与约束总为紧。因此，式（5.2）等同于如下形式（Rey and Verge，2010）：

$$\max \prod^{U}(p,\ w) = (p_i - w_i - c_i)\,q_i \tag{5.3}$$

为了简便起见，假定整车制造和经销商的边际成本 $c=\mu=0$，式（5.3）可以进一步表示为：

$$\max \prod^{U}(p,\ w) = (p_i - w_i - c_i) \times \frac{1}{2}\left[1 - \left(1 + \frac{\gamma}{2}\right)p_i + \frac{\gamma}{2}p_j\right] \tag{5.4}$$

对式（5.4）求解价格 p 的一阶导数，可以得到如下的一阶最大化条件：

$$d\prod_i/dp_i=\frac{-2(2+\gamma)p_i+\gamma p_j+2+(2+\gamma)w_i}{4}=0,\ (i,\ j=1,\ 2) \tag{5.5}$$

重新调整以上两个一阶条件，可以将反应函数写为 $p_i=R_i(p_i)$ 形式，从而得到：

$$R_1:\ p_2=\frac{2(2+\gamma)p_1-2-(2+\gamma)w_1}{\gamma}\qquad R_2:\ p_2=\frac{\gamma p_1+2+(2+\gamma)w_2}{2(2+\gamma)} \tag{5.6}$$

按照逆向归纳法，合资整车制造商 U_1 和 U_2 在做出最终售价决策时，面临式（5.6）两个反应函数。合资整车制造商 U_1 在决策前一期的批发价格时，将批发价格提高，不仅有利于自身最终售价的提高，也会为合资整车企业 U_2 带来好处，刺激竞争对手提高批发价格。因此，均衡时双方制造商会将批发价格与最终售价设为相等，并实现弱化整车制造企业间竞争的战略效果：

$$p_i^{RPM}=w_i^{RPM}=\frac{4(2+\gamma)}{(16+12\gamma+\gamma^2)} \tag{5.7}$$

合资模式下整车企业实施转售价格维持实现横向竞争弱化的关键在于，转售价格维持纵向策略下，批发价格 w 不再对最终利润产生影响。因此，合资整车制造企业通过提高批发价格，不仅可以提高自身车型的最终售价，也会对竞争对手的利润产生正向影响，即价格竞争的战略互补性。

实际上，无论是“整车—经销商”1×2 还是 2×2 的市场竞争结构，合资整车企业实施转售价格维持，都能够实现消除横向竞争的战略效果，区别在于市场竞争结构与策略构成存在差别（李凯和赵伟光，2018a）。即使是在“双重共同代理”的纵向结构下，根据 Rey 和 Verge（2010）的理论机制模型，转售价格维持的竞争弱化效应依然存在。

二、待检验假说

基于以上理论模型，得出本章要检验的核心研究假说 1：

假说 1：合资模式下，同一外资参股的两家合资整车制造企业实施转售价格维持，可以达到弱化两家合资整车企业间横向竞争的策略效应。

上述理论机制模型表明，合资模式下的中国乘用车市场，同一外方母公司参股的两家合资整车制造企业对下游实施转售价格维持，可以实现弱化两家合资整车制造企业间竞争的效果。因此，在假说1的理论框架下，存在四个竞争弱化集团：分别是一汽大众与上汽大众形成的竞争弱化集团、一汽丰田与广汽丰田形成的竞争弱化集团、东风本田与广汽本田形成的竞争弱化集团、一汽马自达与长安马自达形成的竞争弱化集团。这四个竞争弱化集团之间彼此竞争，也与其他整车制造企业之间相互竞争。实际上，已有研究文献表明，中国乘用车市场确实存在合资整车企业间的隐性共谋现象（王皓和周黎安，2007；肖俊极和谭诗羽，2016）。但已有文献并未探究合资模式下整车企业实施纵向控制策略可能引发的横向竞争弱化效应。假说1是本章待验证的核心假说，为了验证假说1的正确性，按照新实证产业组织研究方法，引入一些备择假说与之对比。

实际上，假说1下的转售价格维持横向竞争弱化效应也可能存在于其他整车制造企业之间。合资模式下，不仅同一外方母公司参股的两家合资整车制造企业间可能存在转售价格维持引发的横向竞争弱化效应，而且竞争弱化效应也可能存在于同一中方母公司参股的合资整车制造企业间。因此，理论上也可能存在以下竞争弱化集团：一汽集团参股的整车制造企业间的竞争弱化集团、上汽集团参股的整车制造企业间的竞争弱化集团、东风集团参股的整车制造企业间的竞争弱化集团、广汽集团参股的整车制造企业间的竞争弱化集团、长安集团参股的整车制造企业间的竞争弱化集团。实际上，已有针对中国乘用车市场竞争结构的实证研究文献（王皓和周黎安，2007；Hu et al.，2014；肖俊极和谭诗羽，2016）都对围绕中资企业可能形成的隐性共谋予以关注。为此，本章引入备择假说2：①

假说2：合资模式下，同一中资企业参股的合资整车制造企业实施转售

① 实际上，为了使假设检验更加充分，本章也构建了另外两种市场竞争结构研究假说，即假说6：所有外资企业间存在联合使用转售价格维持引发的横向竞争弱化；假说7：所有中资企业存在联合使用转售价格维持引发的横向竞争弱化。假说6与假说7仅作为备择假说与假说1进行对比，由于这两种市场竞争情境在现实中很难发生，因此本章不对其进行详细介绍。另外，中国乘用车市场所有整车企业存在转售价格维持引发横向竞争弱化的市场竞争结构在现实中很难存在，因此本章并未将其设定为待检验的研究假说。

价格维持，可以达到弱化合资整车企业间横向竞争的策略效应。

现实中对于企业实施转售价格维持的实证检验较困难，主要在于中国反垄断法禁止整车企业干预下游企业定价决策。为了对转售价格维持的存在性进行检验，借鉴 Rey 和 Verge（2010）以及李世杰和蔡祖国（2015）建模思想，将转售价格维持与两部收费制进行比较并得到转售价格维持对社会福利影响的研究，是一个信度较高的研究范式。本章将合资模式下中国乘用车市场整车企业实施转售价格维持与实施两部收费制情境下的竞争弱化效应进行对比，进而实证分析转售价格维持引发横向竞争弱化效应的存在性。其判别核心是，合资模式下，转售价格维持与两部收费制可以实现相同的弱化竞争效果，区别在于零售商是否具有最终售价决定权，两部收费制下最终产品售价由下游企业决定，而转售价格维持策略下整车企业直接决策最终售价（Tirole，1988）。如果基于实际车型成交价数据的实证分析结论表明，转售价格维持与两部收费制引发横向竞争弱化没有统计上的差异，则说明实际成交价确实在统计上表现为整车企业实施转售价格维持。新实证产业组织确实可以采用“模拟”的方式，对转售价格维持和两部收费制进行实证比较分析。为此，本章引入备择假说 3：[①]

假说 3：合资模式下，整车企业实施两部收费制，可以达到与转售价格维持策略相同的横向竞争弱化效应。

本章假设检验的关键在于识别转售价格维持引发的横向竞争弱化效应。假说 1 至假说 3 都是在合资模式下模拟整车企业向下游提供纵向约束合约，这实际上假定了纵向策略已经存在。为了检验是否是纵向合约引起的横向竞争弱化，引入假说 4，即在与假说 1 相同的合资模式市场结构下，模拟整车企业和下游不存在纵向约束，即“整车—经销商”间采用线性定价合约下的产业链总利润。通过将假说 4 与假说 1 至假说 3 比较，如果假说 1 依然成立，那么表明相对于不存在纵向约束的横向弱化竞争效应，存在转售价格维持的竞争弱化效应更符合实际。这样就通过“排除法”完成了对转售

① 本章并未考虑排他性经营区域以及排他性合约的横向竞争弱化效应。这样处理的原因在于以下两点：一是本章的样本数据是全国层面的分车型价格以及销量数据，无法对排他区域可能引发的竞争弱化进行实证检验；二是根据 Rey 和 Verge（2010）的研究结论，在双重共同代理的纵向结构下，排他性经营区域无法实现竞争弱化效应。

价格维持引起横向竞争弱化的检验。为此，本章引入备择假说4：

假说4：合资模式下，中国乘用车市场存在整车制造企业间的竞争弱化现象，整车企业与下游4S店进行线性定价合约。

通过对以上研究假说与备择假说的比较，可以对假说1的存在性进行实证检验。进一步的问题是，转售价格维持引发横向竞争弱化的程度有多大？为了使研究分析更加完善，本章进一步引入备择假说5，即假定中国乘用车市场不存在竞争弱化，所有整车企业之间和下游4S店之间都进行伯川德价格竞争。产业组织理论表明，竞争激烈的市场很难形成企业间的策略协同（Tirole，1988）。针对中国乘用车市场的相关实证研究也表明，中国乘用车市场企业间竞争状态正趋向于全行业竞争格局（Hu et al.，2014）。通过将假说5与假说1对比，不仅可以以假说5为基准衡量转售价格维持引发竞争弱化的程度，而且也可以进一步验证假说1的正确性。为此，本章引入备择假说5：

假说5：合资模式下中国乘用车市场不存在竞争弱化，所有企业之间进行伯川德价格竞争。

总体来看，本章假设检验思路是，从“中国乘用车市场合资模式下整车企业实施转售价格维持引发弱化企业间横向竞争”的可能性出发，将假说1与假说2至假说5的市场竞争结构对比，运用结构式的新实证产业组织研究方法，判断哪种假说下模拟的市场结构更好地拟合中国乘用车市场定价行为①。

第四节　模型构建

现实中，很难对合资整车企业实施转售价格维持的竞争弱化进行实证，因为这类合约多具有隐蔽性，是企业战略互动的结果。庆幸的是，借助新

① 本章的主要目的是对假说1的存在性进行验证，而不是对中国乘用车市场竞争结构进行探讨。假说2至假说5只是作为备择假说来验证假说1的正确性。因此，本章未对假说2至假说5进行更深入的讨论。

实证产业组织研究方法，利用可观测到的中国乘用车价格、销量和产品特征数据，可以对转售价格维持的弱化竞争效应进行检验。按照新实证产业组织分析方法，首先，介绍需求模型；其次，给出供给模型设计；最后，遵循非嵌套模型选择性检验选择出最符合现实的纵向约束合约。

一、需求模型

参照 Berry 等（1995），本章使用实证产业组织中的随机系数离散 Logit 模型对中国乘用车市场中消费者针对特定整车企业的车型偏好进行估计。相比于标准 Logit 模型，随机系数离散 Logit 模型通过引入居民人口分布统计特征数据，使得模型估计的回归系数成为服从一定分布的随机变量，因此可以有效识别消费者的随机偏好异质性。为了进一步测量消费者的系统偏好异质性，本章在 Berry 等（1995）的模型基础上引入先验的消费者嵌套分组，从而实现对随机偏好异质性与系统偏好异质性的测算。具体地，在第 t 月，消费者 i 购买任意企业产品线内任意车型 j 的间接效用为：

$$U_{ijt} = \beta_0 + \beta_1 p_{jt} + \beta_i X_{jt}^d + \xi_{jt} + \beta_2 \varepsilon_{igt} + (1 - \beta_3)\, \varepsilon_{iht} \tag{5.8}$$

其中，U_{ijt} 表示消费者 i 在时间 t 购买特定车型 j 的效用，效用最大时为 1，否则为 0；β_0 表示车型的固定效用，p_{jt} 表示车型售价；X_{jt}^d 表示可被消费者和研究者观察和计量的车型性能、马力和重量等特征向量。由于品牌声誉、广告等不可观测的车型特征也会影响消费者购买效用，本章加入研究者忽视的车型特征 ξ_{jt} 。但 ξ_{jt} 与价格 p_{jt} 存在内生性，会导致对价格系数的估计出现偏差，需要引入合适的工具变量来消除内生性问题。

式（5.8）中，ε_{igt}表示消费者 i 对嵌套组 g 中所有组内产品都一样但是对不同组产品不一样的效用，ε_{iht}表示消费者 i 对嵌套组 h 中所有组内产品都一样但是对不同组产品不一样的效用，σ_h和 σ_g 表示两次嵌套分组，残差项 $\beta_2\varepsilon_{igt} + (1 - \beta_3)\, \varepsilon_{iht}$ 整体服从极值分布。如果不在残差项引入嵌套分组，那么式（5.8）退化为标准 Logit 模型，无法有效测量消费者对车型的系统性偏好异质性。借鉴 Besanko 等（2003）有关乘用车市场消费者偏好识别的研究结论，本章将样本车型按照所属品牌进行第一层嵌套分组σ_g，再对每种品牌下的车型按照车型级别进行第二层嵌套分组 σ_h ①，通过两次嵌套分组识别消费者购车过程中的系统偏好差异。其中品牌嵌套分组识别消费者对不同品牌车型的偏好差异，级别嵌套分组具体包括小微型、紧凑型、中型车和中大型车，进一步识别消费者对不同级别车型的偏好差异。β_2 和 β_3 估计值越趋近于 1，表示消费者对不同组别的偏好相关性越高，反之则表示不同组别的车型对消费者带来异质偏好。

区别于标准 Logit 模型，式（5.8）中车型特征估计系数 β_i 为服从特定分布的随机变量，以识别消费者对不同车型特征的随机性偏好。具体地，β_i 可表示为 $\beta_i=\beta+\sum_d d_i$，β 表示消费者对车型特征的平均偏好，d_i 表示消费者偏好相对于平均水平的偏差，具体表现为不同收入的消费者对车型特征的偏好存在异质性，其中城镇居民家庭收入分布数据（F）来源于 2014~2017 年的《中国统计年鉴》。产品特征系数 β 和矩阵 $\sum_d$ 中元素组成的向量 σ 是待估计系数。由此，可以把 U_{ijt} 分解为两部分：

$$U_{ijt}=\delta_{jt}(p_{jt},\ X_{jt},\ \xi_{jt};\ \beta_1,\ \beta,\ \beta_2,\ \beta_3)+\mu_{ijt}(d_i;\ \sigma)+\varepsilon_{ijt} \qquad (5.9)$$

其中，$\delta_{jt}(p_{jt},\ X_{jt},\ \xi_{jt};\ \beta_1,\ \beta,\ \beta_2,\ \beta_3)$ 为消费者平均效用，可表示为线性形式；$\mu_{ijt}(d_i;\ \sigma)$ 表示消费者 i 相对于平均效用的偏差，为非线性形式。经过“蒙特卡洛模拟”以及“压缩映射”(Berry et al.，1995)，可由式（5.9）转换为用车型 j 的加总销量数据表示的服从 Logit 分布的可计量需求模型：②

---

① 参考 Mcfadden（1974），U_{ijt} 中线性部分 δ_{jt} 可转化为如下的可计量形式：

$$\delta_{jt}=\beta_0+\beta_i X_{jt}+\beta_1 p_{jt}+\beta_2\ln(s_{jt}/s_{hgt})+\beta_3\ln(s_{ht}/s_{gt})+\xi_{jt}+\xi_{jt}$$

其中，$\sigma_g=\ln(s_{jt}/s_{hgt})=\ln\left(\frac{q_{jt}}{\sum_{j\in H_{hg}}q_{jt}}\right)$，$\sigma_h=\ln(s_{ht}/s_{gt})=\ln\left(\frac{\sum_{j\in H_{ht}}q_{jt}}{\sum_{h=1}^{H_{hg}}\sum_{j\in H_{hg}}q_{jt}}\right)$，$q_{jt}$ 表示车型销量。

② 为了方便表述，简化式（5.9）为 $U_{ijt}=\delta_{jt}+\mu_{ijt}$。显然消费者 i 当且仅当购买车型 j 带来的效用大于其他车型带来的效用时才会购买特定车型，因此消费者选择车型的概率可表示为 $p(U_{ijt}\geqslant U_{ikt})=p(\delta_{jt}+\mu_{ijt}\geqslant\delta_{kt}+\mu_{ikt})$。当 ε_{ijt} 服从 I 型极值分布时，可证明：

$$p(U_{ijt}\geqslant U_{ikt})=\int\frac{\exp(\delta_{jt}+\mu_{ijt})}{1+\sum_{k=1}^{J}\exp(\delta_{kt}+\mu_{ikt})}dF(d)$$

从而实现式（5.9）到式（5.10）的转换。

$$s_{jt}(p) = \int \frac{\exp(\delta_{jt} + \mu_{ijt})}{1 + \sum_{j=1}^{J} \exp(\delta_{jt} + \mu_{ijt})} dF(d) \tag{5.10}$$

其中，s_{jt} 表示车型在时间 t 的市场份额。由于待估计系数包含随机部分，式（5.10）没有封闭的解析形式，故只能通过统计模拟的方式进行计算，即先按照密度函数 $F(d)$ 对 β_i 进行抽样，然后把这些随机数代入式（5.10），得到一系列的函数值，最后对这些函数值进行平均得到 s_{jt} 的模拟值。根据需求模型估计出的系数 β_i 以及两个嵌套组系数 β_2 和 β_3，可以计算出考虑消费者随机偏好异质性和系统偏好异质性的需求价格弹性、交叉价格弹性：

$$\frac{\partial s_{jt}}{\partial p_{kt}} \frac{p_{kt}}{s_{jt}} = \begin{cases} \int_D^l \beta_i \, s_{jt}(1 - s_{jt}) f(\beta_2, \beta_3) dF(d), & j = k \\ \int_D^l \beta_i \, s_{jt} \, s_{kt} f(\beta_2, \beta_3) dF(d), & j \neq k \end{cases} \tag{5.11}$$

其中，$l = 1, 2, \cdots, L$ 表示服从 $F(d)$ 分布的“蒙特卡洛模拟”次数，$f(\beta_2, \beta_3)$ 具体计算参考 Mcfadden（1974）。通过以上需求系统，可以完成对消费者偏好特征的测算。从以上需求模型构建可以看出，车型需求价格弹性和交叉价格弹性不仅反映消费者对车型的系统性偏好，而且也反映了随机性偏好。

二、供给模型

对供给模型的构建是本章假设检验的关键。本章构建三类供给模型：一是整车企业对下游实施转售价格维持的供给模型，对应假说 1、假说 2 和假说 5；二是整车企业对下游实施两部收费制的供给模型，对应假说 3；三是整车企业与下游线性契约模型，对应假说 4。三类模型的区别在于：一是“整车—经销商”纵向合约不同；二是“整车—经销商”市场竞争结构不同。本章用 T_f 表示中国乘用车市场整车企业竞争结构，用 T_r 表示下游 4S 店竞争结构。

借鉴 Bonnet 等（2013）的建模思想，先给出整车企业向下游提供转售价格维持加两部收费制合约的供给模型。通过增加限定条件可以分别求出企业仅实施转售价格维持与企业仅实施两部收费制合约下的纵向关系利润。

假定整车企业与4S店进行Stackelberg竞争，整车企业之间和4S店之间分别进行伯川德价格竞争。

转售价格维持加两部收费制策略下，整车企业直接决策最终车型售价 p_j，4S店为销售品牌车型，需支付批发价格 w_j 和特许经营费① F_j，这里为了表述方便省略时间 t。那么，4S店 r 为其销售的所有车型设定最终价格来最大化自身利润：

$$\prod{}^{r} = \sum_{j \in s_r} (M(p_j - w_j - c_j^r)\, s_j(p) - F_j) \tag{5.12}$$

其中，M 表示市场规模，c_j^r 表示每种车型的销售成本，$j \in s_r$ 表示4S店 r 销售的所有车型，$s_j(p)$ 表示经销商销售车型 j 的市场份额。

整车企业 f 为其生产的所有车型设定批发价格最大化自身利润：

$$\prod{}^{f} = \sum_{b \in s_f} \left[M(w_b - c_b^f)\left(\sum_{r=1}^{R} s_{br}(p)\right) + \left(\sum_{r=1}^{R} F_{br}\right)\right] \tag{5.13}$$

其中，c_b^f 表示整车制造成本，$b \in s_f$ 表示整车企业生产的所有车型。整车企业最大化自身利润的同时，需要满足4S店参与约束（$\prod^r \geqslant \overline{\prod}$），$\prod$ 为4S店保留效用。由于制造商可以调节特许经营费，4S店参与约束总能得到满足。制造商利润函数可重新表示为：

$$\prod{}^{f} = \sum_{k \in s_f} M(w_k - c_k^f)\left(\sum_{r=1}^{R} s_{kr}(p)\right) + \sum_{r=1}^{R} \sum_{b \in s_f} M(p_{br} - w_b - c_{br}^r)\, s_{br}(p) - \sum_{r=1} \overline{\prod} + \sum_{b \in s_f} \sum_{r=1}^{R} F_{br} \tag{5.14}$$

当允许转售价格维持时，整车企业选择零售价格，批发价格 w 对利润没有直接影响，其利润最大化一阶条件为：

$$\sum_{r=1}^{R} \sum_{k \in s_f} (w_k - c_k^f) \frac{\partial s_{kr}(p)}{\partial p_j} + s_{jr}(p) + \sum_{r=1}^{R} \sum_{b \in s_r} (p_{br} - w_b - c_{br}^r) \frac{\partial s_{br}(p)}{\partial p_j} = 0 \tag{5.15}$$

由于整车企业利润和4S店利润均未知，任意一组批发价格都能得到一组

① 在授权专营模式下，下游经销商需要向整车企业缴纳建店费等特许经营费（李世杰和蔡祖国，2015）。

均衡解，模型无法识别。这里增加一个限制条件：4S 店利润为 0（$p_{br}^{*}(w_j^{*})-w_b^{*}-c_{br}^{r}=0$）。那么式（5.15）可转化为如下矩阵形式：

$$\Gamma_1^{RPM}=-(T_{f1}\times\Delta_r)^{-1}s(p) \tag{5.16}$$

式（5.16）由于增加了下游 4S 店利润为零的限制性条件，特许费取值为 0，意味着整车企业通过控制最终售价和批发价格实现自身利润最大化。实际上，仅为整车企业向下实施转售价格维持情形。式（5.16）中，T_{f1} 代表车型 $J\times J$ 所有权矩阵，车型属于企业则为 1，否则为 0。$s(p)$ 为 $J\times 1$ 的列矩阵，计算公式如式（5.10）所示。J 表示每个月的每个车型，对应本章的研究样本就是 48 个月的 159 种车型，因此 $J\times J$ 为 7632 × 7632 矩阵。Δ_r 为 $J\times J$ 需求对价格导数矩阵，其中矩阵中每个元素可表示为：

$$\Delta_{jkr}=\begin{cases}-\partial s_{jt}/\partial p_{kt}, & j\in s_j\\ 0, & 其他\end{cases} \tag{5.17}$$

其中，Δ_{jkr} 中每个元素 $\partial s_{jt}/\partial p_{kt}$ 的计算参考式（5.11）。因此，利用需求模型估计出的车型层面的需求价格弹性和交叉价格弹性，结合 Δ_{jkr} 以及式（5.16）可以测算出整车企业对下游 4S 店实施转售价格维持纵向策略时的纵向关系边际成本加成。进一步地，通过将表示整车层面市场竞争结构的 T_{f1} 车型所有权矩阵设置为合资模式下同一外方母公司参股的两家合资整车企业竞争弱化，即将车型矩阵 7632 × 7632 中，由同一外方母公司参股的两家合资整车企业所有车型设置为 1，将其他车型设置为 0，就可以测算出假说 1 情境下的“整车—经销商”边际成本加成。

同理，将整车层面市场竞争结构的 T_{f2} 车型所有权矩阵设置为合资模式下同一中资企业参股的合资整车制造企业间竞争弱化，即车型矩阵 7632 × 7632 中由同一中方母公司参股的合资整车企业所有车型设置为 1，将其他车型设置为 0。就可以运用式（5.18）测算出假说 2 情境下的“整车—经销商”边际成本加成。

$$\Gamma_2^{RPM}=-(T_{f2}\times\Delta_r)^{-1}s(p) \tag{5.18}$$

在不允许转售价格维持的情况下，即两部收费制，整车企业设置批发价格和特许费实现利润最大化，下游 4S 店决策最终售价并拥有剩余索取权，整车企业利润最大化一阶条件为：

$$\sum_{r=1}^{R}\sum_{k\in s_f}(w_k - c_k^f)\frac{\partial s_{kr}(p)}{\partial w_j} + \sum_{r=1}^{R}\sum_{b\in s_r}\frac{\partial p_{br}}{\partial w_j}s_{br}(p) + \sum_{r=1}^{R}\sum_{b\in s_r}(p_{br} - w_b - c_{br}^r)\frac{\partial s_{br}(p)}{\partial w_j} = 0 \quad (5.19)$$

在两部收费制下，整车企业利润是关于零售利润和需求参数的函数，一阶条件可表示为如下形式：

$$\Gamma^{Traiff} = -(T_{f1}\Delta_w)^{-1}[T_{f1}\Delta'_p s(p) + T_{f1}\Delta_w\gamma] \quad (5.20)$$

式（5.20）为两部收费制下整车企业利润。其中，Δ_w 为 $J\times J$ 的制造商对价格反应矩阵①，Δ'_p为 $J\times J$ 的最终售价相对于批发价格导数矩阵，γ 为 $J\times1$的下游 4S 店利润矩阵。利用需求模型估计出的价格弹性矩阵以及式（5.20）可以测算出假说 3 情境下的“整车—经销商”边际成本加成：

$$\Gamma^{Linear} = -(T_r\Delta_r)^{-1}s(p) - (T_{f1}\Delta_w)^{-1}s(p) \quad (5.21)$$

其中，Γ^{Linear} 表示线性定价合约下的产业链利润，T_r为 $J\times J$ 经销商所有权矩阵，车型属于经销商销售则为 1，否则为 0。利用上式可以测算出假说 4 情境下的“整车—经销商”边际成本加成。同理，参考式（5.16）将 $f1$ 替换为 $f3$ ②，可以利用式（5.22）测算出假说 5 情境下的所有整车企业间进行伯川德价格竞争的“整车—经销商”边际成本加成。

$$\Gamma_3^{RPM} = -(T_{f3}\times\Delta_r)^{-1}s(p) \quad (5.22)$$

根据式（5.16）、式（5.18）、式（5.20）、式（5.21）和式（5.22），每种情境下的车型边际成本进一步可分别表示为 $mc_{jt}^{H1} = p_{jt} - \Gamma_1^{RPM}$、$mc_{jt}^{H2} = p_{jt} - \Gamma_2^{RPM}$、$mc_{jt}^{H3} = p_{jt} - \Gamma^{Traiff}$、$mc_{jt}^{H4} = p_{jt} - \Gamma^{Linear}$、$mc_{jt}^{H5} = p_{jt} - \Gamma_3^{RPM}$。参照肖俊极和谭诗羽（2016），假定每种情境下的边际成本形式如下所示：

$$mc_{jt}^{Hi} = \alpha_0 + \sum \alpha_i X^s + \omega_t + \omega_f + \upsilon_{jt} \text{ 其中} H_i \text{ 对应不同假说} \quad (5.23)$$

其中，j 表示车型，t 表示月份，mc_{jt}^{Hi} 表示不同情境下分别模拟出的边际成本。与式（5.8）相似，X^s 代表车型特征。为了反映下游 4S 店销售成本对供给模型的影响，进一步在 X^s 中加入经销商库存指数（*inventory*）、车型销

① $\Delta_w = \Delta'_p\Delta_r$，其中 $\Delta_p = G^{-1}H$，G 和 H 计算参考 Villas-Boas（2007）。

② 在 $f3$ 表示的 7632×7632 产品所有权矩阵中，所有矩阵元素为 0。

量（*sales*）作为解释变量，并加入时间 ω_t 和企业 ω_f 双向固定效应，υ_{jt} 为随机误差项。至此，完成对不同假说下的供给模型构建。从上述推导可以看出，不同假说下的纵向合约会产生不同的利润最大化组织形式 T_f 和 T_r，以及不同的利润最大化公式，进而得到不同的 Δ_r 和 Δ_w 并计算不同的边际成本 mc_{jt}^{Hi}。

三、假设检验

运用 Rivers 和 Vuong（2002）给出的非嵌套模型选择性检验，可以对上述5种假说进行两两检验。这一假设检验的判别核心在于，通过对式（5.23）不同假说情境下的供给模型进行估计以及比较，可以判断哪个研究假说构建的合资模式下中国乘用车市场竞争结构更符合现实中的样本数据。为了方便说明，假设有两种待检验的市场竞争结构 M_1 和 M_2，根据式（5.23）可以计算出如下两个矩条件：

$$E(m_1(\epsilon_1)) = 0,\ E(m_2(\epsilon_2)) = 0 \tag{5.24}$$

其中，$m(\epsilon) = (\ln(p + \Delta^{-1}s) - X^s\epsilon) Z^s$。$X^s$ 表示式（5.23）中的车型产品特征向量，Z^s 表示供给模型工具变量组。估计出 $\widehat{\epsilon_i}$ 后，构建目标方程 $\widehat{Q}_i = \widehat{G}_i' W \widehat{G}_i$，其中 $\widehat{G}_i = [\sum m_i(\widehat{\epsilon_i})]/n$，$W = [(Z^{s\prime} Z^s)/n]^{-1}$。通过比较 $\widehat{Q}_1$ 和 $\widehat{Q}_2$ 大小可以判断哪种市场竞争结构更好地被供给模型式（5.23）刻画。为此，构建如下统计量：

$$T_n = \frac{\sqrt{n}}{\widehat{\sigma}}(\widehat{Q}_1 - \widehat{Q}_2) \tag{5.25}$$

上述统计量服从标准正态分布，$\widehat{\sigma}$ 为两个目标方程之差的样本方差。在具体假设检验过程中，原假设（H_0）为 M_1 和 M_2 是渐进等价的；第一个备择假设（H_1）为 M_1 渐进优于 M_2；第二个备择假设（H_2）为 M_2 渐进优于 M_1。

四、福利效应分析

依据不同研究假说估计的需求模型式（5.10）和供给模型式（5.23），

可以进一步计算出相对于不存在转售价格维持引发竞争损害（假说 5 构建的市场竞争结构），转售价格维持引发竞争损害对消费者剩余变动的影响：

$$CS = \int \frac{\ln\left[\sum_{j=0}^{J} V_{ij}\right] - \ln\left[\sum_{j=0}^{J} V'_{ij}\right]}{\beta_i} dF(d) \quad (5.26)$$

其中，V 表示式（5.8）中消费者效用去除扰动项部分，β_i 为式（5.10）估算的价格系数。V'_{ij}表示不存在转售价格维持引发竞争损害的消费者效用（假说 5）；V_{ij}表示存在转售价格维持引发竞争损害的消费者效用（假说 1）。加总全部消费者剩余可得到市场总体消费者福利。根据厂商在不同情境的车型市场份额变化情况，也可以计算出不同情境的生产者剩余变化。同理，可以估算出存在竞争弱化和不存在竞争弱化的表示市场竞争结构变化的赫芬达尔—赫希曼指数（HHI）以及市场集中度指数（CR4 和 CR8）。

第五节　数据来源与描述性分析

本章选取 2013 年 1 月到 2016 年 12 月共计 48 个月的中国乘用车市场 159 种车型销量数据、价格数据和表征车型特征的最高车逭（千米/小时）、百公里加速时间（秒）、实测油耗（升/100 千米）、长度（毫米）、宽度（毫米）、整车质量（千克）、轴距（毫米）、油箱容积（升）、行李箱容积（升）、排量（毫升）、最大马力（匹）、最大功率（千瓦）、最大扭矩（牛·米）数据。车型销量数据来源于“中国汽车工业协会”，车型月度价格数据来源于“广州威尔森咨询有限公司汽车数据交易平台数据库”，车型产品特征数据来源于“汽车之家”网站。本章同样收集了反映经销商成本的代理变量“经销商库存指数”，这一指数由“中国汽车流通协会”发布，反映经销商库存、经营风险和压力相关信息，可以作为经销商成本的替代变量。主要数据描述性统计如表 5.2 所示。

表 5.2 数据描述性统计

变量	均值	标准差	最小值	最大值	分车型均值		
					低端车	中端车	高端车
销量（辆）	7735.60	8014.50	22	82543	6716.12	8864.68	5792.99
价格（万元）	13.81	8.94	3.08	59.55	6.93	15.76	36.10
轴距	2690.33	165.40	2334	3430	2581.75	2738.57	2933.01
最大扭矩	198.08	66.67	87	400	146.64	217.55	334.16
最大功率	106.53	30.71	45	206	82.24	116.79	164.13
最大马力	144.66	41.21	60	281	112.10	158.88	218.91
排量	1703.27	336.82	990	3077	1480.11	1811.86	2143.03
油耗	6.82	1.34	3.13	12.63	6.19	7.18	7.74
时速	190.53	19.24	135	248	177.55	195.38	225.21
加速时间	11.16	1.98	4.67	16.98	12.40	10.68	8.02
重量	1395.18	259.52	812	2146	1193.55	1495.42	1779.18
长度	4547.38	322.46	3399	5371	4344.81	4656.25	4882.29
宽度	1785.24	67.95	1573	1930	1728.21	1820.11	1853.17
油箱	55.41	9.46	29	88	48.00	59.23	68.72
行李箱	498.07	145.05	138	989	444.76	535.32	532.51
经销商库存指数	52.96	6.00	40	67.50	52.96	52.96	52.97
样本量	7632	7632	7632	7632	3120	3889	623

注：企业变量1~16依次代表北汽集团、比亚迪集团、东风集团、观致集团、广汽集团、华晨集团、华泰集团、江淮集团、力帆集团、奇瑞集团、上汽集团、一汽集团、长安集团、长城集团、众泰集团、吉利集团。品牌变量1~47依次代表日产、大众、别克、丰田、福特、现代、起亚、雪佛兰、比亚迪、斯柯达、本田、奥迪、宝马、标致、长安、荣威、奔驰、雪铁龙、奔腾、海马、铃木、凯迪拉克、长城、奇瑞、中华、众泰、启辰、江淮、夏利、东风风神、观致、宝骏、MG、华泰、菲亚特、力帆、纳智捷、马自达、传祺、哈弗、江铃、陆风、三菱、沃尔沃、福田、金杯、五菱。

资料来源：笔者根据Stata14估计得出。

整体来看，数据包括中国乘用车市场16家整车企业的47种品牌的159种车型，几乎包含中国乘用车市场在售的全部车型。2013~2016年是中国汽车行业反垄断案件最为集中的几年。因此对于本章的研究问题而言，无论是车型样本还是时间选取都具有很强的代表性。本章将48个月作为时间跨度，将159种车型作为截面，每一款车型在每个月的数据作为一个样本单元，组成包含 7632 个观测值的面板数据。下面给出本章实证数据处理。

为了估计需求模型式（5.10），需要得到每款车型在每月的销量份额数据（s_{jt}）：参照肖俊极和谭诗羽（2016）的做法，用 2010 年“国家统计局第六次人口普查城镇家庭数量”表征中国乘用车市场潜在规模，假定这一数值没有变化，并用车型销量数据比上市场潜在规模得到对应的车型市场份额数据。车型价格数据（p_{jt}）：不同于陈立中（2013）用整车制造商“厂商指导价”代理价格变量，本章选择“成交价”[①] 代理价格。现实中，经销商为了完成销售任务往往根据“厂商指导价”进行售价调整，因此使用“厂商指导价”会导致实证结果不准确。车型特征（X^c）：用车型最高时速、加速时间、车型长度、宽度和重量表示。

为了处理式（5.10）中的价格内生性问题，需要引入工具变量，引入的工具变量要与残差项不相关且与车型价格相关。根据 Berry 等（1995）和 Nevo（2000），本章设置三组工具变量（Z^d）：第一组为中间投入品工具变量，引入“钢铁价格指数（CUSPI）”[②] 作为车型价格的工具变量，因为钢铁价格的变动会直接影响整车制造成本进而影响整车售价，但消费者在购车时并不关心钢铁价格，满足工具变量选取标准。第二组为其他车型产品特征工具变量，用中国乘用车市场与每辆车型相对应的其他 158 种车型产品特征分别的加总数据作为工具变量，这样设置的理由在于其他车型产品特征会通过替代效应间接影响消费者购车价格，但其他车型产品特征并不影响消费者购车效用。第三组为车型自身产品特征向量。

根据乘用车品牌所属国家将 159 种车型划分为三大类（h）：欧美系、日韩系和国产车。根据车型级别将 159 种车型划分为 4 种（g）：小微型、紧凑型、中型和大中型。式（5.10）中每种车型按所属国家进行第一层分组计算其市场份额（σ_g），又在此基础上按照车型级别进行第二层分组计算市场份额（σ_h），通过两次嵌套分组来捕捉消费者异质性，处理不可观测因素带来的遗漏变量问题。

为了对供给模型式（5.23）进行估计，本章计算了每种假说情形下的

① “车型成交价格数据”已根据 2013 年价格指数进行平减。

② 钢铁价格指数（CUSPI）数据来源为中国钢铁联合网（http：//index.custeel.com/）。

边际成本数据作为被解释变量。解释变量如下：车型销量（*sales*），用每月每个车型销量数据表示；经销商库存指数（*inventory*）；车型特征（X^s），包括每个月份每款车型的轴距、最大马力、排量、最高时速、重量、长度和油箱容积数据。

第六节　实证结果分析

一、需求模型估计结果

表 5.3 给出了需求模型式（5.10）的估计结果。其中模型（1）为仅包括价格变量的 Logit 估计结果；模型（2）加入工具变量并使用广义矩估计来解决价格内生性问题；模型（3）进一步加入车型特征控制变量；模型（4）在此基础上引入运用因子分析降维后的车型特征控制变量，并加入月份和企业层面固定效应减少遗漏变量问题，加入稳健标准误消除数据自相关和异方差问题。

表 5.3　需求模型估计结果

	模型（1）	模型（2）IV	模型（3）IV	模型（4）随机嵌套 Logit 模型	
				均值	随机系数
价格	-0.0102*** (-9.46)	-0.0258*** (-9.36)	-0.0269*** (-10.49)	-0.0252*** (-7.86)	0.0008*** (17.26)
嵌套组一	0.9898*** (308.59)	0.9875*** (304.63)	0.9901*** (306.56)	0.9915*** (214.04)	—
嵌套组二	0.9040*** (70.25)	0.9276*** (64.39)	0.8994*** (64.47)	0.8894*** (41.53)	—
第一主成分	—	—	—	0.1727*** (8.58)	—

续表

	模型（1）	模型（2）Ⅳ	模型（3）Ⅳ	模型（4）随机嵌套 Logit 模型	
				均值	随机系数
第二主成分	—	—	—	0.1036*** （8.78）	—
常数项	-6.9180*** （-264.18）	-6.6836*** （-109.04）	-9.3524*** （-14.45）	-6.7207*** （-122.48）	
车型特征	否	否	是	否	
月份效应	否	否	否	是	
企业效应	否	否	否	是	
稳健标准误	否	否	否	是	
样本量	7632	7632	7632	7632	
调整 R^2	0.9287	0.9291	0.9434	0.9417	

注：括号内数字表示 t 统计量，*** 代表拒绝概率为 0.01，** 代表拒绝概率为 0.05，* 代表拒绝概率为 0.1，Ⅳ代表工具变量，下表同此。

资料来源：笔者根据 Stata14 估计得出。为了节约篇幅，其他车型特征控制变量系数从略。

当仅考虑价格因素时，对价格系数的估计为-0.01，为负且显著。但明显低于肖俊极和谭诗羽（2016）以及陈立中（2013）对价格系数的估计，这可能是内生性问题导致估计出现偏差。嵌套组一估计系数为 0.99，嵌套组二估计系数为 0.90，满足嵌套 Logit 模型要求的 $1 > \sigma_g > \sigma_h > 0$ 的假定，证明消费者对不同品牌的不同级别车型具有异质性偏好、消费者在选择车型时具有明显的组别特征。模型（2）引入工具变量并采用广义矩估计（GMM）进行回归，对价格系数的估计为-0.03，系数值显著提高，并与陈立中（2013）对价格估计结果相近。R^2 也由 0.9287 上升到 0.9291，说明工具变量的引入消除了内生性偏差。同时，工具变量的过度识别检验结果表明，引入的工具变量不存在过度识别问题。模型（3）进一步加入车型特征控制变量，发现对价格估计依然为-0.03，为负且显著，但车型特征各系数不显著。车型特征相关系数检验结果表明，变量之间存在严重共线性问题。本章采用因子分析将 13 个车型特征降维到两个主成分：第一主成分代表车型性能，主要由发动机排量、加速时间和功率等组成；第二主成分包括长度、宽度、重量和行李箱容积等，表征舒适度主成分。模型（4）在模型（2）的基础上加入代表车型特性的两个主成分，同时加入企业和月份固定效应，加入稳健标准误消除自相关和异方差问题。模型对价格系数的估计为-0.03，与模型（3）相似，结果稳健，表明价格每提高1%，车型市场份额下降0.03%。第一主成分和第二主成分估计值为正，说明车型性能、舒适度与消费者效用正相关，这与陈立中（2013）等的估计结果一致。第一主成分系数大于第二主成分系数，表明国内消费者更看重性能因素。车型价格随机系数估计结果为0.0008且显著，表明中国消费者对车型特征偏好服从N（-0.03，0.0008^2）的正态分布，说明中国消费者对车型价格具有明显的异质性偏好，忽视消费者对车型价格的随机偏好，很可能造成对消费者偏好估计的偏差。根据以上分析，选择模型（4）估计值作为供给分析和假设市场竞争模拟的参考。

基于需求模型式（5.10）回归结果，利用 Stata 14 估计可得中国乘用车市场中车型的需求价格弹性和交叉弹性，结果见表5.4。表5.4第2行给出了中国乘用车市场车型的平均需求价格弹性为-3.176，说明价格变动1%，消费者对车型的平均需求下降3.176%，表明中国消费者对乘用车具有刚性需求。从车型需求弹性的标准差来看，弹性最小值为-0.732，最大值为-11.841，表明不同车型间的需求价格弹性差异较大，这也证明了中国消费者对车型具有异质性偏好。第3行给出了同一品牌内的相同级别车型间替代弹性为0.146，表明中国乘用车市场相同品牌内的相同级别车型间替代性较弱，最小值与最大值相差3.974。值得注意的是，相同品牌的相同级别车型间替代弹性为0.146，大于相同品牌的不同级别间车型的替代弹性0.030，而不同品牌间的不同级别车型间的替代弹性最小，几乎接近于0，说明消费者对不同品牌、不同级别车型，特别是不同品牌下的不同级别车型间具有明显的偏好异质性。基于以上需求模型估计出的车型价格弹性和替代弹性，可以用于供给模型的测算。下面介绍供给模型计量结果。

表 5.4　需求的价格弹性及交叉弹性估计

车型价格弹性值	平均值	标准差	最小值	最大值
E_{ejj}	-3.176	1.988	-0.732	-11.841
E_{ejk}	0.146	0.287	0.000	3.974
E_{ejl}	0.030	0.030	0.000	0.261
E_{ejm}	0.000	0.000	0.000	0.000

注：E_{ejj}表示企业产品线内车型的平均需求价格弹性，E_{ejk}表示相同品牌的相同级别车型间的平均替代弹性，E_{ejl}表示相同品牌的不同级别车型间的平均替代弹性，E_{ejm}表示不同品牌的不同级别车型间的平均替代弹性。

二、不同市场结构假说竞争模拟

利用需求模型估计出的产品价格系数、自弹性和替代弹性估计值，可测算出不同假说情境下的边际成本（mc_{jt}^{Hi}）。进而可利用式（5.23），将不同假说下的边际成本作为被解释变量，将实际收集的车型销量（*sales*）、经销商库存指数（*inventory*）和车型特征（X^s）作为解释变量，估计不同研究假说情境下的中国乘用车市场竞争结构供给模型。每种假说情境下的供给函数估计结果如表 5.5 所示。

表 5.5　供给函数估计结果

	假说 1	假说 2	假说 3	假说 4	假说 5
销量	-0.0000 *** (-7.11)	-0.0000 *** (-7.16)	-0.0000 *** (-7.16)	-0.0000 *** (-6.05)	-0.0000 *** (-7.00)
经销商库存指数	-0.0304 *** (-12.51)	-0.0306 *** (-12.62)	-0.0304 *** (-12.51)	-0.0302 *** (-12.43)	-0.0303 *** (-12.46)
轴距	0.0071 * (1.81)	0.0069 * (1.77)	0.0071 * (1.81)	0.0061 (1.53)	0.0063 (1.56)
最大马力	0.0516 *** (5.01)	0.0519 *** (5.04)	0.0516 *** (5.01)	0.0517 *** (4.94)	0.0519 *** (4.97)
排量	0.0051 *** (4.24)	0.0051 *** (4.20)	0.0051 *** (4.24)	0.0055 *** (4.44)	0.0054 *** (4.40)

续表

	假说 1	假说 2	假说 3	假说 4	假说 5
其他车型特征	是	是	是	是	是
月份效应	是	是	是	是	是
企业效应	是	是	是	是	是
稳健标准误	是	是	是	是	是
样本量	7632	7632	7632	7632	7632
调整 R^2	0. 7495	0. 7472	0. 7495	0. 7425	0. 7435
成本加成率（%）	10. 7057	9. 7702	10. 7056	11. 2529	7. 6798
边际成本（万元）	12. 6638	12. 7741	12. 6638	12. 7045	13. 0482

注：成本加成率计算公式为：（策略后价格-边际成本）/策略后价格。

资料来源：笔者根据 Stata14 估计得出。为了节约篇幅，其他车型特征控制变量系数从略。

从整体来看，五种合资模式下的中国乘用车市场竞争结构假说中，整车企业成本加成率在 7%～11%，这与“中国汽车工业协会”公布的 2013～2016 年乘用车行业平均利润率 8. 3%相近，也在一定程度上证明模型对中国汽车行业市场竞争情况和企业可变利润估计的正确性。其中，假说 4 情境下企业成本加成率最高，为 11. 25%，其次是假说 1，为 10. 71%，最低的是假说 5，为 7. 67%，假说 1 模拟的转售价格维持引发横向竞争弱化情境下企业成本加成率为 10. 71%。同样，表 5. 5 也给出了每种假说下的车型平均边际成本，究竟哪种情境中估算的边际成本、可变利润率更符合现实，还要进行进一步检验。从估计系数来看，所有系数显著并稳健，与肖俊极和谭诗羽（2016）的估计结果相同，本章对销量估计系数为负，说明中国整车制造表现为规模报酬递增的生产特性。值得注意的是，中国乘用车市场整车制造商成本与产业链总成本正相关，而下游经销商成本与产业链总成本负相关。这种负相关关系可能是整车制造商向下游经销商转移产品库存压力，降低了整车制造成本，却抬高了下游经销商成本压力和经营风险引发的。

根据供给模型估算结果，运用 Rivers 和 Vuong（2002）给出的非嵌套模型选择性检验，对五种待检验研究假说进行两两检验，结果如表 5. 6 所示。每一行对应一个原假说，每一列对应一个备择假说。经过两两对比，总计 10 对检验，并给出每对检验的 t 统计量。如果 t 统计量显著为正，则说明模型 1 的解释能力更强；如果显著为负，则说明模型 2 的解释能力更强；如果不显著，则无法区分两个模型的解释能力。

表 5.6　非嵌套假设检验结果

	假说 2	假说 3	假说 4	假说 5
假说 1	2.5479**	0.9194	10.1269***	9.5640***
假说 2	—	-2.5478**	13.8189***	11.5060***
假说 3	—	—	10.1269***	9.5640***
假说 4	—	—	—	-14.2290***

资料来源：笔者根据 Stata14 估计得出。

综合来看，假说 1 显著优于假说 2，假说 1 与假说 3 渐进等价，假说 1 显著优于假说 4 和假说 5。这说明相比于其他假说情境下模拟的边际成本，合资模式下的同一外方母公司参股的两家合资整车制造商，采用转售价格维持引发合资整车企业间竞争弱化情境模拟出的成本，更好地拟合了真实数据，即相比于其他假说，假说 1 发生的可能性更大。对比假说 1 与假说 3 的检验结果可以看出，与下游 4S 店决策车型售价的两部收费制横向竞争弱化相比，整车企业实施转售价格维持，即固定车型售价引发的横向竞争弱化没有统计上的差异（回归系数也近乎相似）。这说明现实中的车型实际成交价即为整车厂商固定售价，转售价格维持确实存在。虽然 4S 店可以在厂商发布的建议售价基础上进行价格调整，但车型成交价以建议售价为参照点（Fabrizi et al.，2012），从而使得整车企业发布的建议零售价与 4S 店售价几乎相同。中国乘用车市场 4S 店新车销售毛利润率极低的客观现实，也证明了整车企业管控最终销售价格的现象确实存在。授权经营模式下，4S 店更多地依赖整车企业的“返点”与售后维修来获利（李世杰和蔡祖国，2015）。因此，支持假说 1，即合资模式下的中国乘用车市场，存在同一外方母公司参股的两家合资整车制造企业实施转售价格维持消除弱化两家合资整车制造企业横向竞争现象。实际上，肖俊极和谭诗羽（2016）实证研究发现，围绕外资形成的纵向一体化，也会使得同一外方母公司参股的两家合资整车企业间竞争弱化。王皓和周黎安（2007）的实证研究结果也支持中国乘用车市场存在围绕外资企业形成的价格合谋现象。相对于已有文献，本章发现的转售价格维持纵向控制策略引发的横向竞争弱化效应更具隐蔽性，需要引起相关部门的重视。

三、社会福利分析

运用 Berry 等（1995）和 Nevo（2000）的研究方法，结合需求与供给分析中得到的企业实施转售价格维持价格、销量和成本信息，运用式（5.26）可以计算出转售价格维持引发竞争弱化对消费者福利、生产者福利、市场均衡价格以及市场集中度的影响，结果如表 5.7 所示。

表 5.7　转售价格维持横向竞争弱化对社会福利影响

	不存在转售价格维持竞争弱化	存在转售价格维持竞争弱化	变动（存在—不存在）
HHI	332.27	1596.27	1264
CR4（%）	51.61	72.38	20.77
CR8（%）	84.85	93.61	8.76
均衡价格水平（万元）	13.8175	14.0482	0.2307
企业成本加成率（%）	7.6798	10.7057	3.0257
消费者剩余（亿元）	—	—	-9.71
生产者剩余（亿元）	—	—	10.19

注：以上信息基于实际与模拟的车型价格、销量份额变化数据计算所得。存在竞争弱化的 HHI、CR4、CR8、均衡价格水平、成本加成率为真实值，不存在竞争弱化的 HHI、CR4、CR8 等为模拟值。其中，模拟值等于真实值减模拟的变化。新实证产业组织根据市场需求计算的成本为可变成本，即边际成本。因此，这里估计的成本加成率仅表示企业新车销售的可变利润（Variable Profits）。

资料来源：笔者根据 Stata14 估计得出。

表 5.7 给出了相比于不存在竞争弱化情境下，转售价格维持引发横向竞争弱化对中国乘用车市场社会福利的影响。从结果来看，行业赫芬达尔指数由不存在竞争弱化的 332.27 提高到 1596.27，表征市场集中度的 CR4、CR8 分别从 51.61%、84.85%提高到存在竞争弱化的 72.38%和 93.61%，表明转售价格维持引发的企业间策略协同相当于进一步提高了中国乘用车市

场集中度。相比于不存在竞争弱化的价格水平，转售价格维持引发横向竞争弱化促使中国乘用车市场车型平均价格由13.82万元提高到14.05万元，提高了1.64%。以上结论从转售价格维持影响价格的横向渠道解释了中国乘用车价格过高现象（唐要家等，2016）。整车企业成本加成率也由不存在竞争弱化的7.68%，提高到存在竞争弱化的10.71%。竞争弱化效应也会对社会福利产生显著影响，生产者福利提高了10.19亿元，消费者福利降低了9.71亿元。总体来看，转售价格维持引起的横向反竞争效应致使中国整车制造商赚取垄断利润并损害了消费者福利。

四、异质性分析

以上部分从整体上论证了合资模式下的中国乘用车市场中，整车制造企业实施转售价格维持引发的横向竞争弱化效应确实存在，并对其福利效应进行了分析。但这与中国乘用车市场价格变化似乎不相符，转售价格维持引发的价格提高效应可能过高。相关文献表明，转售价格维持引起的横向竞争弱化效应受市场竞争程度、产品差异性影响（Mathewson and Winter，1998）。为此，本章根据车型级别分类，将中国乘用车市场划分为低、中、高端细分市场，对每一个细分市场分别进行需求估计、供给分析和假设检验，通过对比探讨市场竞争程度和产品异质性对转售价格维持横向竞争弱化效应的影响，结论如表5.8所示。

表5.8　分车型需求估计与加价能力

	（1）低端细分市场	（2）中端细分市场	（3）高端细分市场
价格系数	−0.0262*** (−6.06)	−0.0160*** (−4.93)	−0.0159*** (−4.36)
品牌数量（个）	31	28	5
车型数量（个）	65	81	13
不存在竞争弱化价格	9.3097	15.7697	36.1074
存在竞争弱化价格	9.5206	15.7933	36.1076
边际成本（万元）	8.4691	14.7400	24.7253

续表

	（1）低端细分市场	（2）中端细分市场	（3）高端细分市场
加价能力（万元）	1.0515	1.0533	11.3822
成本加成率（%）	12.6893	7.2585	30.3924
规模报酬递增	是	是	是
样本量	3120	3889	623
支持假说	假说 1	假说 1	假说 1

资料来源：笔者根据 Stata14 估计得出。

表 5.8 第 2 行给出了不同细分市场价格系数回归结果。从价格估计结果来看，不同乘用车细分市场价格回归系数为负且显著，但不同细分市场价格回归系数值具有明显差异，低端车型价格系数为-0.026，中端车型价格系数为-0.016，高端车型价格系数为-0.016。根据勒纳指数定义，车型价格弹性越大，厂商提价能力越低。总体来看，低端车型相对于中端和高端细分市场中的车型更具有弹性，最缺乏弹性的是高端车型。其产生原因可能是，低、中端乘用车市场中，企业主打车型性价比优势，致使细分市场内产品同质性和替代弹性较高；高端乘用车市场车型间异质性较强致使产品间缺乏弹性，消费者对高端乘用车的品牌忠诚度也是造成高端车型价格弹性不敏感的原因。

第 3 行至第 9 行给出了不同细分市场的竞争弱化效应比较静态分析。研究结论依然支持假说 1，即中国乘用车市场存在同一外方母公司参股的两家合资整车制造企业实施转售价格维持实现竞争弱化的研究假说。但各细分市场企业平均加价能力却存在显著差异：低端车型细分市场品牌数量为 31、车型数量为 65、平均价格为 9.52 万元；中端车型细分市场品牌数量为 28、车型数量为 81、平均价格为 15.79 万元；高端车型细分市场品牌数量为 5、车型数量为 13、平均价格为 36.10 万元。以上结论表明，低、中端细分市场进入壁垒低、竞争激烈并形成较低的竞争弱化效应；高端乘用车市场进入壁垒较高，缺乏竞争形成较高的横向竞争弱化效应。从加价能力来看，高端乘用车最高，为 11.38 万元，中端次之，为 1.05 万元，低端乘用车最低，为 1.05 万元，表明市场竞争程度与产品需求弹性确实会降低企业实施转售价格维持引起的价格提高效应。以上结论解释了市场中企业实施转售价格维持引发竞争弱化未造成车型价格过度提高的内在原因。

值得注意的是，2014 年国家工商行政管理总局发布《工商总局关于停止实施汽车总经销商和汽车品牌授权经销商备案工作的公告》（以下简称《公告》），宣布自 2014 年 10 月 1 日起，废除“品牌专营授权”的乘用车流通模式，这意味着中国乘用车市场车型销售流通模式出现变动。为了考察《公告》是否影响转售价格维持引发的竞争弱化效应，本章按 2015 年 1 月将数据分为两部分，分别对两组数据进行比较分析，考察以上结论的稳健性，结果如表 5.9 所示。

表 5.9　分时段比较分析

	2013~2014 年	2015~2016 年
价格系数	−0.0108*** （−6.04）	−0.0204*** （−4.99）
低端乘用车销量占比（%）	35.84	40.91
不存在竞争弱化价格	14.4254	13.2095
存在竞争弱化价格	14.6545	13.4420
边际成本（万元）	13.5074	12.2817
加价能力（万元）	1.1470	1.1603
成本加成率（%）	10.1520	11.2593
规模报酬递增	是	是
样本量	3816	3816
支持假说	假说 1	假说 1

资料来源：笔者根据 Stata14 估计得出。

表 5.9 回归结论表明，分时段后中国乘用车市场均衡价格呈明显下降趋势，均衡价格水平由 2015 年之前的 14.65 万元下降到 2015 年之后的 13.44 万元。那么《公告》实施是否对企业实施转售价格维持造成影响？从分时段假设检验结果来看，无论是《公告》实施前，还是实施后，均支持假说 1，即合资模式下的中国乘用车市场，表现出同一外方母公司参股的两家合资整车制造商实施转售价格维持引发横向竞争弱化效应的特征。导致这一结果的可能原因是，《公告》虽然废除了“品牌专营授权”模式，但下游流

通企业需经整车制造商授权的纵向关系没有发生实质性变动。以4S店为代表的“品牌专营”模式依然是中国乘用车市场的主流形式。实际上，授权经营模式是欧美等国家乘用车流通管理的普遍做法，授权流通模式兼具效率与公平，是流通途径最短、最有利于保护厂商和消费者福利的经销模式。转售价格维持策略引发竞争弱化的原因并不在于授权流通模式，而是整车企业在授权经营模式下滥用市场支配地位的结果。从分时段的企业加价能力和企业成本加成率比较情况来看，《公告》实施前，企业加价能力为1.15万元、成本加成率为10.15%；《公告》实施后企业加价能力为1.16万元、成本加成率为11.26%。2015年中国乘用车市场价格的下降，可能是政府实施购置税优惠政策的结果。购置税政策会促使消费者和厂商倾向于购买、销售小排量乘用车。这一点从表5.9中的分时段低端乘用车占比变化可以得到验证，中低端细分市场在总体规模的结构性增长自然会压低平均乘用车售价。但无论是《公告》还是购置税政策，都没有从根本上改变中国乘用车市场整车制造企业与下游经销商授权的纵向关系，因此假说1依然成立。

第七节　本章小结

本章对中国现实产业背景下的中国乘用车市场合资模式下整车企业实施转售价格维持引发的横向竞争弱化效应进行实证识别。通过运用新实证产业组织研究方法，克服了实证分析中企业策略行为难以衡量的难题，并对中国情境下企业实施转售价格维持的经济效应进行识别与社会福利分析。为此，本章首先构建了一个简单的合资模式下整车企业实施转售价格维持，引发横向竞争弱化的理论机制模型。其次在此基础上提出待检验的研究假说，并按照新实证产业组织研究方法构建需求计量模型和供给计量模型。最后基于中国车型层面的微观数据进行具体的实证识别。研究结论如下：

第一，相比于线性契约、两部收费制和下游完全竞争情形，合资模式下的中国乘用车市场确实存在整车企业对下游4S店实施转售价格维持引发的横向竞争弱化。第二，相对于不存在竞争弱化情形，转售价格维持引发的竞争弱化致使车型平均价格由 13.82 万元提高到 14.05 万元，提高了 1.64%，本章从企业实施纵向策略的横向竞争弱化视角解释了中国乘用车市场的高价格现象。第三，从社会福利变化来看，转售价格维持引发的竞争弱化使得消费者福利降低 9.71 亿元，生产者福利提高 10.19 亿元，竞争弱化促使中国整车制造商赚取超额垄断利润并损害了消费者福利。第四，进一步研究表明，低、中端乘用车细分市场由于市场进入壁垒低、竞争程度高以及产品同质性强的特点，企业实施转售价格维持的加价能力较低，竞争弱化效应不具有可维持性，市场竞争机制将自发消除竞争弱化效应。第五，高端乘用车细分市场由于进入壁垒高、竞争不充分和产品替代性弱等特点，存在过高的加价能力，竞争弱化效应具有可维持性，需要反垄断介入。

本章不仅从企业实施纵向控制策略的横向竞争弱化视角补充了有关纵向控制策略的理论研究文献，还为中国现实产业背景下识别和实证分析企业实施纵向控制策略的竞争效应提供了一个有效的“行为性识别方法”。这既深化并拓展了已有研究，也为理解和解释中国现实产业情境下的纵向控制研究增添了新的理论洞察力。

第六章 基于新实证产业组织方法的企业劳动力市场势力识别分析

第一节 引言

营造更加公平的市场竞争环境，是当前以及未来我国社会主义市场经济改革的重要内容之一，关系到新动能的培育以及经济运行效率的进一步提高。2020 年 12 月 11 日中央政治局会议要求，“强化反垄断和防止资本无序扩张，提升反垄断工作效能”。自《反垄断法》实施以来，执法机构对奶粉、汽车、原料药等行业中出现的企业竞争损害行为进行查处和处罚，有效规范了产品市场秩序（王彦超和蒋亚含，2020）。与此同时，近年来在劳动力市场也出现企业将经营压力转变为工作强度和劳动者工作强度过大等企业侵蚀员工利益现象。那么劳动力市场中出现的企业侵蚀员工利益现象是否与产品市场存在联系？进一步地，竞争政策在这样的关联市场环境中执行效力如何？

实际上，企业市场势力不仅体现在产品市场，其在劳动力市场也具有一定的势力（简泽等，2016）。这就决定了企业可以根据市场竞争环境自发调节其在产品与劳动力市场中的势力分配，从而使得双边市场中的市场势力存在关联性。在这样的市场环境中，竞争政策的执行效果具有天然复杂性：企业可以向劳动力市场扩展势力来规避产品市场规制的影响。一方面，这就使得建立在劳动力市场完全竞争假设基础上的市场势力评估出现偏误，进而影响对企业行为引发竞争损害程度的判断。另一方面，在市场势力关联的假定下，政府机构在产品市场中的竞争促进政策会使得企业向劳动力市场扩展势力来抵消产品市场规制对其自身垄断势力的影响。这不仅使得竞争政策的实施效果大打折扣，也会进一步引发企业侵蚀员工利益、劳资冲突等一系列社会问题。有学者研究表明，1996~2010 年，中国劳动报酬比重从 53.4%下降到 37.6%。简泽等（2016）基于中国工业企业数据的研究也表明，存在企业利润侵蚀工资的现象。如果上述机制真的存在，那么意味着反垄断执法在很大程度上应当重视产品与劳动力市场势力的关联问题。

从理论层面来看，当前国内执法实践对于竞争行为发生场景的界定往往框定于产品市场，对于诸如劳动力市场中发生的竞争行为予以忽视，实践中亟须突破对于反竞争行为存在领域范围的认知（Berger et al.，2022）。近年来，欧美国家出现的企业固定薪资协议、“互不挖角”协议等侵蚀员工利益现象，促使反垄断执法视域逐渐向劳动力市场扩展（Benmelech et al.，2018；Azar et al.，2020）。在政策实践上，美国司法部、联邦贸易委员会也于 2016 年联合颁布《针对人力资源专业人士的反垄断指南》，引导雇主在雇用劳动力过程中恪守反垄断界限，切实维系劳动力市场良性竞争秩序。然而，从政策实践结果来看，相应诉讼鲜有成功（Hafiz，2020）。究其原因，从表面来看是竞争政策在劳动力市场中的执法经验不足。但实际上，最根本的原因还在于，已有建立在芝加哥学派基础上的竞争政策理论及其形成的消费者福利执法标准，天然割裂了产品与劳动力市场的关联性，即现实执法实践与“产品—劳动力”市场监管理论分离之间的矛盾引发政策执行的偏失（Steinbaum，2021）。就当前我国经济发展过程中出现的过劳现象和“996”加班文化而言，虽然有学者从劳动者自我实现（吴要武，2020）和员工忽视健康问题（杨河清和王欣，2015）等社会学视角分析过劳的成因，但是已有文献并没有从产品与劳动力市场关联的视角对这一现象进行深入研究。

那么，企业向劳动力市场扩展势力来规避产品市场反垄断规制的现象是否存在？进一步地，产品与劳动力市场势力的内在关联机理如何？呈现哪些关键特征？对上述问题的深入探析，不仅可以补充中国竞争政策研究领域有关产品与劳动力市场势力关联理论研究的不足，从而为竞争政策进一步优化提供理论与经验参考，也可以有效缓解劳资冲突等一系列社会问题，提升政府社会治理能力。为此，本章尝试构建劳动者与企业进行单独议价的理论模型，揭示产品与劳动力市场中企业市场势力的关联机理。基于2008~2013年的反垄断诉讼数据、工业企业数据和员工数据的合并样本，对企业在产品与劳动力市场中的市场势力进行测算。在此基础上，实证考察竞争政策在市场势力关联市场中的政策执行效果。如果上述机制真的存在，那么将意味着只有构建起反垄断法与劳动法之间的监管协同体系，才能达到最优的政策监管效果。

第二节　理论模型与研究假说提出

一、理论模型

本部分在谢申祥等（2019）构建的产品市场垄断竞争模型基础上，通过引入劳动力市场竞争不完全，建立企业与员工进行单独议价的理论模型，对企业产品与劳动力市场势力关联关系进行说明。

假定企业 f 在 t 时刻雇用一组劳动者 L_{ft}，每个劳动者 j 提供 L_{ftj} 的劳动投入，企业 f 的总劳动投入则可表示为 $L_{ft}=\sum_{j\in Lft}L_{ftj}$。假定每个劳动者与企业进行单独谈判，企业在生产过程中的要素投入由资本 K 和劳动 L 组成。

企业在生产过程中的总利润函数可以表示为：

$$\pi_{ft}=P_{ft}(Q_{ft})\,Q_{ft}-r_t\,K_{ft}-\sum_{j\in L_{ft}}w_{fjt}(L_{fjt})\,L_{fjt} \tag{6.1}$$

其中，P_{ft}、Q_{ft} 分别表示企业 f 在 t 时刻生产的产品价格和产量；r_t、K_{ft} 表示企业在 t 时刻投入的资本价格和数量；$\sum_{j\in L_{ft}}w_{fjt}(L_{fjt})\,L_{fjt}$ 表示企业支付给员工的总报酬。值得注意的是，由于假定劳动力市场具有竞争不完全性，因此企业可以影响工资水平。根据式（6.1），企业不雇用员工 j 的总利润可以表示为：

$$\pi_{ft}(-j)=R_{ft}(-j)-\sum_{j\in L_{ft}/j}w_{fjt}(L_{fjt})\,L_{fjt} \tag{6.2}$$

其中，$R_{ft}=P_{ft}(Q_{ft})Q_{ft}-r_tK_{ft}$，$R_{ft}(-j)=P_{ft}((Q)(-j))Q_{ft}(-j)-r_tK_{ft}(-j)$。

企业最优化决策过程可分解为两个步骤：企业 f 先决策资本投入 K_{ft}，再与员工 j 进行谈判，决定 L_{fjt} 和 w_{fjt}。按照逆向归纳原则，在第二阶段的工资谈判中，员工 j 获得的工资收入为：

$$w_{fjt}L_{fjt} = \min\left\{\begin{aligned}&\frac{\beta_{fjt}}{1-\beta_{fjt}}\left(R_{ft} - \sum\nolimits_{j\in L_{ft}} w_{fjt}(L_{fjt})L_{fjt}\right) + w_{afjt}(L_{fjt})L_{fjt},\\ &\beta_{fjt}(R_{ft} - R_{ft}(-j)) + (1-\beta_{fjt})w_{afjt}(L_{fjt})L_{fjt}\end{aligned}\right. \tag{6.3}$$

其中，β 是员工 j 与企业 f 进行工资谈判时的议价能力，w_{afjt} 表示员工 j 的保留工资。假定信息完全，保留工资等于员工实际工资。由于所有员工与企业之间的谈判都是独立进行的，没有一个员工具有足够的讨价还价能力来影响企业决策。因此，员工的工资必定满足：

$$\begin{aligned}&\frac{\beta_{fjt}}{1-\beta_{fjt}}\left(R_{ft} - \sum\nolimits_{j\in L_{ft}} w_{fjt}(L_{fjt})L_{fjt}\right) + w_{afjt}(L_{fjt})L_{fjt} >\\ &\qquad\beta_{fjt}(R_{ft} - R_{ft}(-j)) + (1-\beta_{fjt})w_{afjt}(L_{fjt})L_{fjt}\end{aligned} \tag{6.4}$$

在私人议价模式下，员工 j 接受或者拒绝合约都不会影响均衡条件下其他劳动者的工资。给定企业最优的工资与雇用数量 $\{w^*_{fkt}\}_{k\in L_{ft}/j}$ 和 $\{L^*_{fkt}\}_{k\in L_{ft}/j}$，企业利润可以表示为：

$$\begin{aligned}&\pi_{ft}(w_{fjt}L_{fjt},\ \{w^*_{fkt}L^*_{fkt}\}_{k\in L_{ft}/j}) = (1-\beta_{fjt})R_{ft} + \beta_{fjt}R_{ft}(-j) -\\ &\qquad\sum_{k\in L_{ft}/j} w^*_{fkt}L^*_{fkt} - (1-\beta_{fjt})w_{fjt}(L_{fjt})L_{fjt}\end{aligned} \tag{6.5}$$

由一阶最大化条件可得：

$$\frac{\partial\pi_{ft}}{\partial L_{fjt}} = \frac{\partial P_{ft}}{\partial Q_{ft}}\frac{\partial Q_{ft}}{\partial L_{fjt}}Q_{ft} + P_{ft}\frac{\partial Q_{ft}}{\partial L_{fjt}} - w_{fjt} - L_{fjt}\frac{\partial w_{fjt}}{\partial L_{fjt}} = 0 \tag{6.6}$$

进一步可得：

$$1 + \frac{1}{\epsilon^{Lw}_{fjt}} = \frac{P_{ft}}{w_{fjt}}\frac{Q_{ft}}{L_{fjt}}\left|\left(1 + \frac{1}{\epsilon^{p}_{ft}}\right)\right|\frac{\partial Q_{ft}}{\partial L_{fjt}}\frac{L_{fjt}}{Q_{ft}} \tag{6.7}$$

其中，$\epsilon^{Lw}_{fjt} = (\partial L_{ftj}/\partial w_{ftj})\times(w_{fjt}/L_{fjt})$ 表示劳动供给弹性；$\epsilon^{p}_{ft} = (\partial Q_{ft}/\partial P_{ft})\times(P_{ft}/Q_{ft})$ 表示需求价格弹性。式（6.7）等号左边是企业在劳动力市场中势力（*Markdown*）的倒数；等号右边 $|1 + 1/\epsilon^{p}_{ft}|$ 是企业在产品市场中势力（*Markup*）的倒数。参照 De Loecker 和 Warzynski（2012），企业整体市场势力（*Markpower*）可以表示为劳动产出弹性 θ^{L}_{ft} 与可变要素产出份额 α^{L}_{ft} 的比

值，则式（6.7）可以进一步表示为：

$$Markpower_{ft} = \frac{\theta_{ft}^{L}}{\alpha_{ft}^{L}} = \frac{Markup_{ft}}{Markdown_{ft}} \tag{6.8}$$

其中，$\theta_{ft}^{L} = (\partial Q_{ft}/\partial L_{fjt}) \times (L_{fjt}/Q_{ft})$ 为劳动产出弹性；$\alpha_{ft}^{L} = (w_{fjt} \times L_{fjt})/(P_{ft} \times Q_{ft})$ 为劳动报酬在产值中的份额。从式（6.8）可以看出，企业产品与劳动力市场势力取值大小分别取决于产品市场中的需求价格弹性，以及劳动力市场中的劳动供给弹性。具体而言，产品需求价格弹性越小表示企业间的产品替代性越低，则企业产品市场势力越强；劳动供给越缺乏弹性表示员工对现有工作的依赖性越强，则企业在劳动力市场中的势力越强。式（6.8）进一步表明，企业市场势力可以表示为产品市场势力与劳动力市场势力的比值。这意味着企业可以根据市场竞争环境的变化，通过调整其在产品与劳动力市场中的市场势力分配，以维持企业整体势力不变。根据上述模型推导，提出本章待检验的研究假说。

二、研究假说提出

当企业在产品市场面临反垄断处罚时，企业可以向劳动力市场扩展势力以规避竞争政策对其势力的影响。

企业实现市场势力向劳动力市场扩展的机制在于，当企业在产品市场面临反垄断处罚时，为了应对行政处罚导致的产品市场势力（*Markup*）下降，企业可以根据式（6.8）揭示的“产品—劳动力”市场势力关系式，通过向劳动力市场扩展势力（*Markdown*）的方式来维持企业整体市场势力（*Markpower*）不变。值得注意的是，由于劳动力市场势力是工资与劳动边际产出价值之比，因此理论上企业在劳动力市场中势力的扩大表现为 *Markdown* 系数值变小。企业向劳动力市场扩展势力的必要条件在于以下两点：一是在劳动力市场中劳动供给缺乏弹性，即员工对企业提供的工作岗位具有依赖性；二是在“企业—职工”私人议价模式下，企业具有较强的议价能力。在后面的实证检验部分，本章也会进一步证明，相对于直接降低工资而言，企业主要通过增加工时的方式实现向劳动力市场扩展势力。

第三节　实证模型设计与典型事实

一、政策背景

作为竞争政策的重要组成部分，《中华人民共和国反垄断法》于 2008 年正式实施。自实施以来，执法部门查结垄断协议案 163 件、滥用市场支配地位案 54 件，累计罚款金额超过 110 亿元，有效维护了市场公平。[①] 但是，当前我国《反垄断法》在推动和实施过程中仍存在多元目标权衡不当、制度设计不完善等问题（王彦超和蒋亚含，2020）。这其中，忽视企业产品与劳动力市场势力的关联性，很可能造成企业向劳动力市场扩展势力来规避产品市场规制的现象发生。实际上，即使确实存在竞争政策实施导致的企业向劳动力市场扩展势力行为，实证检验产品市场势力与劳动力市场势力的关联机制也并非易事。这主要在于难以寻找到合适的识别方法，测度企业市场势力对劳动力市场的影响。一些影响产品市场的因素，可能也会影响劳动力市场，从而引发内生性问题造成的识别偏误。

《反垄断法》实施为识别产品与劳动力市场势力的关联机制提供了一个准自然实验窗口。《反垄断法》作为产品市场的外生冲击，旨在对产品市场中的垄断行为进行规制，其政策初衷并不涉及劳动力市场。理论上，当企业在产品市场面临反垄断规制时，其产品市场势力会趋于下降，为了规避竞争法对其自身势力的影响，企业会倾向于向劳动力市场扩展势力，从而维持企业整体市场势力不变。《反垄断法》作为国家层面的法治顶层设计，也使得劳动力市场因素不能反向影响产品市场中的竞争政策执行，即互为因果引发的内生性问题不存在。此外，双重差分法估计结果的准确性还依赖于合适的对照组的选取。为此，本章手工收集了 2008~2015 年反垄断执

① http://www.xinhuanet.com/finance/2018-08/02/c_1123212270.htm.

法机构发布的行政处罚和垄断民事诉讼决定书、公告等反垄断执法信息，发现反垄断行政处罚仅在中国某些省份发生。[①] 实际上，2008 年以来，中国形成了反垄断执法事权归属中央，再由中央执法部门根据相应情况和条件，授权省级政府执法部门在本行政区划范围内进行反垄断执法的权力架构（王彦超和蒋亚含，2020）。这就使得中国的反垄断执法在省域层面具有自主性和独立性。2008~2015 年中国反垄断行政处罚情况统计如表 6.1 所示。

表 6.1　2008~2015 年中国反垄断行政与民事诉讼案件汇总

年份	行政诉讼案件（件）			民事诉讼案件（件）
	国家商务部（反垄断局）	国家发改委（价格监督检查司）	国家工商总局（反垄断与不正当竞争执法局）	中央及地方反垄断执法部门
2008~2009	—	—	94	6
2010	7	2	118	23
2011	1	5	185	24
2012	22	3	188	49
2013	20	52	212	69
2014	17	43	246	79
2015	34	85	338	116
案件合计	101	190	1381	366
罚金合计（亿元）	0.43	103.97	5.57	0.2

注：国家商务部（反垄断局）负责非价格垄断协议、非价格滥用市场支配地位、滥用行政权力排除限制竞争行为的反垄断执法案件审查；国家发改委（价格监督检查司）负责价格垄断案件审查；国家工商总局（反垄断与不正当竞争执法局）负责经营者集中案件审查。2018 年，原国家发改委、商务部、工商总局等反垄断执法职责进行整合，新组建国家市场监管总局负责反垄断统一执法。

二、实证模型设计

本章参照并改进王彦超和蒋亚含（2020）的思路，构建如下双重差分

① 截至 2015 年，出现反垄断处罚的省份包括内蒙古、辽宁、北京、江苏、浙江、江西、宁夏、河南、湖北、湖南、广东、四川、重庆、云南、海南。未出现反垄断处罚的省份包括黑龙江、吉林、河北、天津、山东、陕西、山西、甘肃、安徽、上海、广西、贵州、福建、青海、新疆、西藏。

法识别系统：

$$mulp_{ft} = \alpha_1 AAC + X'_{ft}\delta + \overline{\omega}_r + \overline{\omega}_t + \varepsilon_{ft} \tag{6.9}$$

具体而言，构建式（6.9）用来检验企业产品市场势力在《反垄断法》实施前后的变化。下标 f 表示企业，t 表示时间；$mulp_{ft}$ 表示企业在产品市场中的市场势力，测算方法如第三部分所示；$AAC = Post \times treat$，为产品市场的外生冲击，即《反垄断法》实施，$Post$ 为时间虚拟变量，当 $t \geqslant 2008$ 时取值为 1，否则为 0；$treat$ 为虚拟变量，如果自《反垄断法》实施以来被行政诉讼或处罚的省份企业所在行业为 1①，未被反垄断行政诉讼或处罚的其他省份企业为 0。这样设置实验分组的理由在于《反垄断法》主要通过执法威慑力对行政区划范围的企业竞争行为进行规范。这既会对涉事企业产品市场势力造成影响，也会通过竞争效应对所在辖区内除该企业之外的行业内其他企业产品市场势力带来影响。

在式（6.9）的基础上，构建式（6.10）以检验《反垄断法》实施造成的企业产品市场势力下降，是否促使企业向劳动力市场扩展势力来规避竞争法的影响：

$$mdlp_{ft} = \beta_1 \Delta mulp_{ft} + \beta_2 AAC \times \Delta mulp_{ft} + X'_{ft}\delta + \overline{\omega}_h + \overline{\omega}_r + \overline{\omega}_t + \varepsilon_{ft} \tag{6.10}$$

其中，$\Delta mulp_{ft}$ 表示企业所在行业市场势力的下降程度，以《反垄断法》执行年份 2008 年为分界点，计算每个企业所在行业在 2008 年前后产品市场势力均值差。核心变量为 AAC 和 $\Delta mulp_{ft}$ 的交乘项，β_2 是本章关注的重点。X 是影响劳动力市场势力的其他因素。$\overline{\omega}_h$、$\overline{\omega}_r$、$\overline{\omega}_t$ 分别表示行业、区域和时间固定效应，ε_{ft} 为随机扰动项。

进一步地，本章对控制变量的设定说明如下：企业规模（*scale*），用企业工业总产值的对数值衡量；技术距离（*tfpgap*），用企业 TFP 与所在行业效率最高企业的 TFP 差值衡量，全要素生产率衡量采用半参数 LP 方法；劳动生产率（ln*lv*），用对数形式的劳均增加值衡量；融资约束（*fin*），用企业总

---

① 2008~2013 年，反垄断处罚行业包括盐加工（1494）、白酒制造（1512）、烟草制品（16）、乳制品制造（144）、医药制造（27）、水泥和建筑材料制造（30）、眼镜制造（3587）、汽车制造业（36）。

负债与总资产之比衡量；企业年龄（ln*age*），用企业年龄对数值衡量；职称特征变量（*pro*），用企业内部中级及以上技术人员占比衡量；学历特征变量（*edu*），用高中及以上学历员工占比衡量。为了控制市场竞争环境的影响，本章还加入了行业层面的赫芬达尔指数（*hhi*）和樊纲市场化指数（*market*）。

三、核心指标测度

测度产品与劳动力市场中的企业市场势力是实证研究的关键。实际上，式（6.8）已经给出了企业市场势力（*Markpower*）的测度公式，其等于劳动投入的产出弹性（θ_{ft}^{L}）与劳动收入占企业增加值的份额（α_{ft}^{L}）之比。其中 α_{ft}^{L} 可以根据工业企业数据库直接计算[①]，θ_{ft}^{L}可以通过估计企业层面的生产函数获取其系数值。为了体现企业异质性，本章采用 LP 半参数法估算具有超越对数生产技术的生产函数。[②] 关键在于如何根据式（6.8）测度企业在产品与劳动力市场中的势力。本章参照 Tortarolo 和 Zarate（2018）建立在 De Loecker 和 Warzynski（2012）基础上的扩展模型，在统一的框架下，对企业在产品与劳动力市场中的势力进行测度。根据产品与劳动力市场势力的定义，可以将产品与劳动力市场势力表示为如下形式：

$$Markup_{ft} = \frac{p_{ft}}{mc_{ft}} = \left| \frac{\epsilon_{ft}^{p}}{\epsilon_{ft}^{p} + 1} \right| \quad (6.11)$$

$$Markdown_{ft} = \frac{w_{ft}}{MRPL_{ft}} = \frac{|\epsilon_{ft}^{Lw}|}{|\epsilon_{ft}^{Lw}| + 1} \quad (6.12)$$

其中，p_{ft}表示价格，mc_{ft}表示边际成本；w_{ft}表示企业支付给员工 1 的真实工资，$MRPL_{ft}$表示劳动的边际产出收益；ϵ_{ft}^{p}表示产品需求弹性，ϵ_{ft}^{Lw}表示劳动供给弹性。从式（6.11）可以看出，企业产品市场势力表现为价格与边际成本之比，该比值越大表示企业在产品市场中的势力越大。从式（6.12）可

① 工业企业数据库给出了分企业的劳动报酬和企业增加值数据，增加值缺失数据利用“工业增加值=工业总产值-工业中间投入+增值税”进行补齐，并根据出厂价格指数进行平减。

② 生产函数的基本形式为 $\ln y_{ft} = \beta_l \ln L_{ft} + \beta_{ll} \ln L_{ft}^2 + \beta_k \ln k_{ft} + \beta_{kk} \ln k_{ft}^2 + \beta_{lk} \ln lk_{ft} + \bar{\omega}_h + \bar{\omega}_r + \bar{\omega}_t + \varepsilon_{ft}$，其中 ln*y* 表示企业总产值，ln*k* 表示资本投入，ln*l* 表示企业劳动投入对数。超越对数生产函数识别出的要素产出弹性可以体现企业异质性。

以看出，企业劳动力市场势力表现为实际工资与劳动边际产出收益之比，该比值越小表示工资与劳动边际产出差距越大，即企业劳动力市场势力越大。

首先，就企业在劳动力市场中的势力测度而言，本章借鉴实证产业组织中的员工对企业具有异质性偏好的择业模型 $\ln s_{ft} = \beta w_{ft} + x_{ft}\gamma + \overline{\omega}_h + \overline{\omega}_r + \overline{\omega}_t + \delta_{jt}$，计算劳动供给弹性 ϵ_{ft}^{Lw} ①，其中 $\ln s_{ft}$ 表示企业 f 在 t 年的对数形式的员工总人数占社会总就业人数的比重，x_{ft} 表示企业特征向量组②，$\overline{\omega}_t$、$\overline{\omega}_h$、$\overline{\omega}_r$ 表示时间、行业、省份哑变量。为了避免不可观测的外部冲击对员工就业选择产生的内生性问题，参考 Card 等（2018）用企业中间投入品以及滞后两期的平均工资作为 w_{ft} 的工具变量。依据工业企业数据库给出的相关数据可以对择业模型进行估计，并得到 β 的系数值。根据 $\epsilon_{ft}^{Lw} = (d\,s_{ft}/s_{ft})/(d\,w_{ft}/w_{ft}) = \beta w_{ft}(1 - s_{ft})$ 可以计算劳动供给弹性 ϵ_{ft}^{Lw}，并根据式（6.12）测算出企业在劳动力市场中的势力（*Markdown*）。

其次，给定 *Markpower* 与 *Markdown*，可以依据式（6.8）计算出企业在产品市场中的势力（*Markup*），从而完成对核心指标的构建。

四、数据说明

本章数据主要来源于以下三部分：①1998~2013 年中国工业企业数据库的全部制造业行业数据。本章参考已有文献对行业代码、企业规模口径、缺失值、明显统计错误及不符合会计准则的样本进行处理。②2008~2013 年

① 假定员工 j 选择在企业 f 工作的效用函数可以表示为：

$$U_{jft} = \beta w_{ft} + x_{ft}\gamma + \delta_{jt} + \varepsilon_{jft}$$

其中，δ_{jt} 表示研究人员无法观测到的影响员工效用的其他因素，如企业特有的文化特征、职位特征。假定 ε_{jft} 服从 I 型极值分布，可将上式转化为服从 Logit 分布的表示员工选择在企业 f 工作概率的回归式：

$$s_{ft} = \frac{\exp(\beta w_{ft} + x_{ft}\gamma + \delta_{jt})}{\sum_k \exp(\beta w_{kt} + x_{kt}\gamma + \delta_{jt})}$$

对上式等号两边取对数可以求出可计量的员工择业模型：

$$\ln s_{ft} = \beta w_{ft} + x_{ft}\gamma + \overline{\omega}_h + \overline{\omega}_r + \overline{\omega}_t + \delta_{jt}$$

② 企业特征向量组 x_{ft} 主要包括企业是否出口、研发投入、所有制性质、企业规模哑变量。本章根据国家统计局 2011 年制定的《中小企业划型标准规定》划分企业规模。

中国反垄断执法机构发布的全部行政处罚和垄断民事诉讼决定书、公告等反垄断执法信息数据。其中，行政处罚数据来源于中国反垄断执法机构官网发布的全部行政处罚决定书、公告和案件新闻；民事诉讼数据来源于中国裁判文书网。本章按照企业名称、法人代表、地址等信息与工业企业数据库匹配。③本章也从《中国统计年鉴》中手工收集了各地区的农村个人劳动收入数据（*l_income*）、最低工资数据（*m_income*）和教育统计数据。值得注意的是，工业企业数据仅在 2004 年给出了企业员工学历构成信息。因此，本章将 1998～2013 年的各企业技能与非技能员工比例固定在 2004 年，并按照不同省份的各阶段教育人数增长情况进行调整，用以计算企业内部低技能与高技能员工面临的企业劳动力市场势力（赵伟光等，2022）。

五、典型事实：产品市场反垄断与企业市场势力演变趋势

本章利用上述构建的核心指标并结合中国工业企业数据库，测算了 1998～2013 年处理组和控制组的制造企业在产品与劳动力市场中的市场势力，结果如图 6.1 所示。总体上中国制造企业不仅在产品市场获取垄断租金，也会通过压低员工收入的方式，进一步获取劳动租金，这意味着企业在产品与劳动力市场都具有一定的市场势力。这与简泽等（2016）的分析是一致的。平均而言，企业在产品市场获取高于边际成本 66.13%的价格加成，在劳动力市场支付低于劳动边际产品收益 24.31%的工资。从时间趋势来看，1998～2008 年，企业产品市场势力呈现上升趋势，从 1998 年的 1.36 上升到 2008 年的 1.82。与之对应的是，企业劳动力市场势力呈现下降趋势，即工资低于劳动边际产品价值率由 1998 年的 35.10%缩小到 2008 年的 19.52%。然而，在 2008 年之后，处理组和控制组企业产品与劳动力市场势力呈现较为明显的变动。具体变现为：没有受到《反垄断法》影响的控制组其产品与劳动力市场势力变动趋势与 2008 年之前基本一致；处理组在受到《反垄断法》影响后，企业产品市场势力呈现明显的下降趋势，与此同时，企业在劳动力市场的势力却呈现增长趋势，即工资低于劳动边际产品价值率由 2008 年的 19.19%扩大到 2013 年的 20.53 %。图 6.1 实际上也给出了企业向劳动力市场扩展势力的两个可能性条件：一是相对于实验组而

言，处理组企业在产品市场更具有势力；二是相对于实验组而言，处理组企业在劳动力市场也更具有势力。这两个特征事实意味着，产品与劳动力市场中势力越大的企业，越可能向劳动力市场扩展势力以规避反垄断处罚的影响。在后面的实证分析部分，本章将采用双重差分法并结合多种稳健性检验对上述典型事实进行更为细致的经验分析。

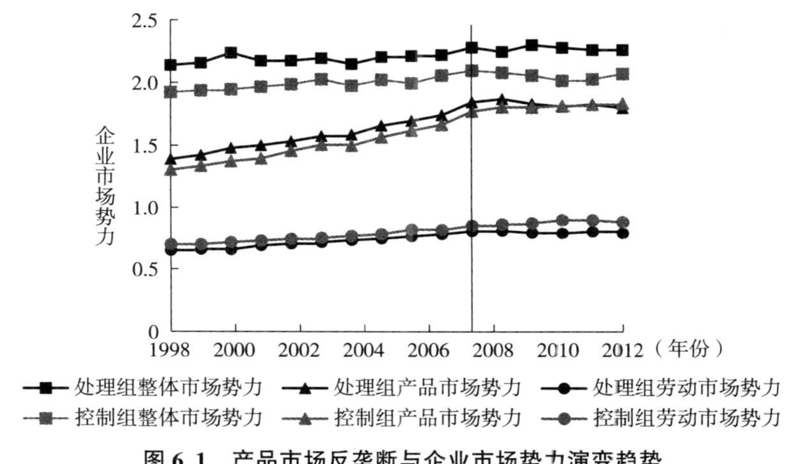

图 6.1　产品市场反垄断与企业市场势力演变趋势

资料来源：笔者根据 Stata14 估计得出。

本章在两位数制造业分类代码基础上，对中国行业层面产品与劳动力市场势力进行了测算，结果如图 6.2 所示。图 6.2（a）报告了中国两位数制造业部门在产品市场中的势力分布情况。统计发现，中国制造业产品市场势力在不同行业间表现出明显的差异，产品市场势力大的行业主要包括农副食品加工业、食品制造业、饮料制造业、石油加工炼焦及核燃料加工业、化学原料及化学制品制造业、医药制造业、化学纤维制造业等部门。与此同时，在同一两位数制造业部门内部，不同企业的产品市场势力也表现出很大的差异。图 6.2（b）报告了中国两位数制造业部门在劳动力市场中的势力分布情况。统计发现，中国制造业劳动力市场势力在不同行业间表现出明显的差异，劳动力市场势力大的行业主要包括烟草制品业、家具制造业、造纸及纸制品业、医药制造业、橡胶制品业和非金属矿物制品业等部门。与此同时，在同一两位数制造业部门内部，不同企业的劳动力市场势力也表现出很大的差异。

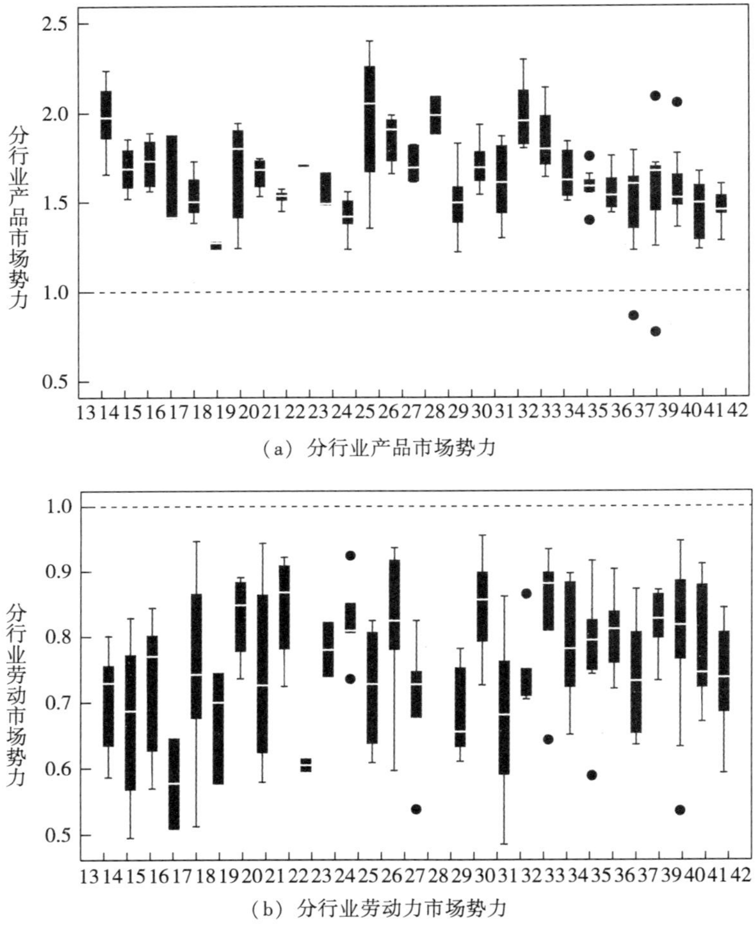

（a）分行业产品市场势力

（b）分行业劳动力市场势力

图 6.2　分行业产品与劳动力市场势力

注：13 为农副食品加工业、14 为食品制造业、15 为饮料制造业、16 为烟草制品业、17 为纺织业、18 为纺织服装鞋帽制造业、19 为皮革毛皮羽毛及其制品业、20 为木材加工及木竹藤棕草制品业、21 为家具制造业、22 为造纸及纸制品业、23 为印刷业和记录媒介的复制、24 为文教体育用品制造业、25 为石油加工炼焦及核燃料加工业、26 为化学原料及化学制品制造业、27 为医药制造业、28 为化学纤维制造业、29 为橡胶制品业、30 为塑料制品业、31 为非金属矿物制品业、32 为黑色金属冶炼及压延加工业、33 为有色金属冶炼及压延加工业、34 为金属制品业、35 为通用设备制造业、36 为专用设备制造业、37 为交通运输设备制造业、39 为电气机械及器械制造业、40 为通信设备、计算机及其他电子设备制造业、41 为仪器仪表及文化办公用机械制造业、42 为工艺品及其制造业。

第四节　计量结果分析

一、基准回归

表6.2第（1）列给出了式（6.9）的回归结果。结果表明反垄断处罚确实使得涉事企业所在省份行业的产品市场势力呈现下降趋势。第（2）至第（6）列给出了式（6.10）的回归结果。其中，第（1）列仅考虑政策处理效应 $AAC \times \Delta mulp$。第（2）列进一步控制影响劳动力市场势力的企业规模、企业间技术距离、劳动生产率、企业年龄、融资约束、职称特征变量、学历特征变量和赫芬达尔指数控制变量，第（3）列在第（2）列的基础上进一步加入时间、省份和行业固定效应，以控制不可观测因素的影响。研究发现，处理效应 $AAC \times \Delta mulp$ 的系数符号和显著性水平没有发生根本性变化，说明回归结果具有较好的稳健性。从第（4）列完整回归结果可以看出，处理效应 $AAC \times \Delta mulp$ 估计系数显著为-0.008，说明平均而言《反垄断法》实施造成的涉事省份行业产品市场势力下降，使得劳动力市场中实际工资低于劳动边际产出价值0.008%。初步表明企业向劳动力市场扩展势力来规避产品市场规制的现象确实存在，意味着仅关注消费者福利的现有反垄断执法体系可能存在执法偏失。第（5）列进一步考察政策效果的时间变动趋势。回归结果显示，政策处理效应在2009~2013年呈现上升趋势，说明《反垄断法》实施引致的企业向劳动力市场扩展势力程度逐年增加。从控制变量回归结果来看，$\Delta mulp$ 估计系数为-0.020且显著，说明企业产品与劳动力市场势力确实存在如理论模型部分式（6.8）揭示出的关联关系，即企业可以通过压低自身产品市场势力并扩展劳动力市场势力的方式来维持企业整体势力不变。$post \times \Delta mulp$ 系数显著为负，说明这种产品市场势力下降引发的企业劳动力市场势力上升现象发生在2008年之后，也可能意味着存在一些潜在因素既作用于企业产品市场势力也作用于劳动力市场势力，

使得两个市场的势力共同出现变动。$treat \times \Delta mulp$ 系数为正，说明在反垄断处罚前，相对于控制组而言，处理组市场势力扩展效应并不明显。本章在稳健性检验部分，将控制金融危机和新《劳动合同法》实施两个发生于2008年的外生事件冲击，检验《反垄断法》实施引致的企业市场势力扩展行为是否依然存在。上述检验结果也进一步证明了处理效应 $AAC \times \Delta mulp$ 表示的反垄断处罚引发的市场势力扩展净效应确实存在。

表 6.2　基准回归结果

	(1)	(2)	(3)	(4)	(5)
	mulp	*mdlp*	*mdlp*	*mdlp*	*mdlp*
AAC	−0.4181 *** (0.0010)				
$AA \times \Delta mulp$		−0.0384 *** (0.0045)	−0.0119 *** (0.0041)	−0.0081 ** (0.0039)	
$pos \times \Delta mulp$		−0.1708 *** (0.0020)	−0.0682 *** (0.0020)	−0.0529 *** (0.0019)	−0.0514 *** (0.0017)
$treat \times \Delta mulp$		0.0542 *** (0.0037)	0.0118 *** (0.0031)	0.0203 *** (0.0029)	0.0330 *** (0.0021)
$\Delta mulp$		−0.0286 *** (0.0010)	−0.0109 *** (0.0010)	−0.0201 *** (0.0009)	−0.0154 *** (0.0009)
*AAC*2009					−0.0474 *** (0.0024)
*AAC*2011					−0.0346 *** (0.0096)
*AAC*2013					−0.1518 *** (0.0040)
控制变量	Yes	No	Yes	Yes	Yes
三项固定效应	Yes	No	No	Yes	Yes
样本量	1747145	2595343	1761132	1761129	1761129
R-squared	0.658	0.006	0.385	0.453	0.453

注：***、**、*分别表示在1%、5%、10%水平上显著；括号中为标准误；限于篇幅，表中没有给出常数项与控制变量结果，下表同。

二、稳健性检验

第一，政策干预外生性假定。双重差分法估计结果的准确性依赖于政策干预的外生性。如果企业是否受到反垄断处罚与企业的劳动力市场势力有关，那么表明劳动力市场因素可以反向影响《反垄断法》的实施，即存在互为因果引发的内生性识别偏差。为此，本章以企业是否受到反垄断处罚为被解释变量，以企业劳动力市场势力作为解释变量。表 6.3 第（1）列回归发现，企业的劳动力市场势力并不显著影响企业是否受到反垄断处罚，估计系数为 0.008，满足政策干预的外生性假定。

表 6.3 稳健性检验结果

	treat	*mplp*	*mdlp*	*mdlp*	*mdlp*	*mdlp_ city*
	(1)	(2)	(3)	(4)	(5)	(6)
mdlp	0.0082 * (0.0043)					
AA×Δ*mulp*		0.0285 (0.1298)	−0.0189 ** (0.0092)	−0.0189 ** (0.0092)	−0.0175 *** (0.0052)	−0.0168 * (0.0089)
*AAC*1			0.0133 *** (0.0031)	0.0121 *** (0.0022)	0.0089 *** (0.0009)	0.0053 *** (0.0012)
*AAC*2				−0.0045 (0.0039)	−0.0026 ** (0.0013)	−0.0050 ** (0.0022)
控制变量	Yes	Yes	Yes	Yes	Yes	Yes
固定效应	No	Yes	Yes	Yes	Yes	Yes
样本量	1761132	1808906	1761132	1761132	186828	1654549
R-squared	0.037	0.123	0.425	0.425	0.507	0.344

第二，企业联合市场势力不变假定。如果确实存在企业向劳动力市场扩展势力以规避产品市场规制的现象，那么企业在产品与劳动力市场中的联合市场势力应该不变或者变动很小。为了检验这一假说，本章将式（6.10）的被解释变量替换为企业的整体市场势力 *mplp*，并进行重新回归。如果这一假说成立，回归结果中的政策处理效应估计系数将不显著。表 6.3

第（2）列报告了回归结果，表明《反垄断法》实施虽然有效削弱了企业的产品市场势力，但对企业整体市场势力的影响则不显著。

第三，剔除4万亿刺激计划的影响。实际上，2008年不仅是《反垄断法》实施的年份，也是次贷危机和4万亿计划的开始年份。为了应对2008年金融危机，中央政府推出4万亿刺激计划，这也会对企业产品与劳动力市场势力的关联机制产生影响。为此，本章将涉及出口、基建、家电和汽车的企业样本设置为实验组，其他企业为对照组，将其与*post*交乘，以此组成政策冲击变量*AAC*1，加入到回归模型式（6.10）中。结果如表6.3第（3）列所示，结论表明，即使在控制次贷危机和4万亿计划后，处理效应估计系数依然显著为负，说明在控制其他政策冲击后，《反垄断法》实施导致的企业向劳动力市场扩展势力现象依然存在。

第四，剔除新《劳动合同法》的影响。2008年不仅爆发了金融危机，新《劳动合同法》也于该年实施。双重差分法需要排除重叠政策的影响。根据已有文献，相对于国有企业和外资企业，私营企业中劳动合同执行效果较差（李波和杨先明，2021）。因此，相比于国有和外资企业而言，受到劳动法约束程度不高的私营企业中，企业市场势力的扩展效应更为显著。本章将私营企业设置为实验组，国有企业和外资企业设置为对照组，将其与*post*交乘，以此组成政策冲击变量*AAC*2，加入到回归模型式（6.10）中。估计结果如表6.3第（4）列所示，结论表明，即使在控制新《劳动合同法》冲击后，处理效应$AAC\times\Delta mulp$估计系数依然显著为负，也在一定程度上表明新《劳动合同法》不能有效阻止企业向劳动力市场扩展势力行为。

第五，剔除省份间差异。虽然授权省级政府执法部门在本行政区划范围内进行反垄断执法的权力架构为构建双重差分法准自然实验创造了条件。但是，各省份间的经济发展程度和法制基础存在较大差异。如果不对其进行控制，必然使得识别的政策处理效应系数有偏差。为此，本章选择跨省份边界的地级市内企业样本对式（6.10）进行重新回归。本章认为位于省份边界的企业在经济发展程度和法制基础等方面面临的差异最小，可以有效排除省份间差异对回归结论的影响。表6.3第（5）列结果表明，处理效应$AAC\times\Delta mulp$系数显著为负，说明在考虑省份间差异后，产品与劳动力市场势力的关联机理依然存在。

第六，劳动力市场势力的其他识别方法。企业劳动力市场势力的测算依赖于劳动力市场范围的界定。为了进一步检验结论的稳健性，本章参照 Azar 等（2020），采用实证产业组织中的嵌套 Logit 模型，在考虑到劳动者对工作区域及行业偏好异质性的基础上，对三位数城市和行业代码层面的企业劳动力市场势力进行测度，并生成劳动力市场势力替代变量 *mdlp_ city*，以检验劳动力市场界定范围变动对研究结论的影响。结论如表 6.3 第（6）列所示，表明即使考虑到劳动力市场范围界定的影响，产品与劳动力市场势力的关联机理依然存在。

第七，平行趋势检验。为了进一步检验结论的稳健性，本章还进行了如下的平行趋势检验。其中，平行趋势检验的时间跨度为 2005～2012 年，以 2008 年为界，2005～2007 年为政策执行前，2009～2012 为政策执行后。平行趋势检验结果如图 6.3（a）所示，可知 2005～2007 年的政策处理效应估计系数不显著，因此趋势一致性假设成立。

第八，安慰剂检验。为了进一步检验 DID 模型是否满足政策干预的独立性，本章进行如下的安慰剂检验。本章通过随机抽样的方式构建虚假实验组与对照组，以此生成虚拟政策处理效应，对式（6.9）回归并记录估计系数，循环 500 次，考察估计系数均值是否为 0。由图 6.3（b）可以看出，安慰剂检验得到的估计系数均值接近于 0，说明《反垄断法》仅对涉事企业及所在细分行业中的其他企业产生影响，满足政策干预的独立性假定。

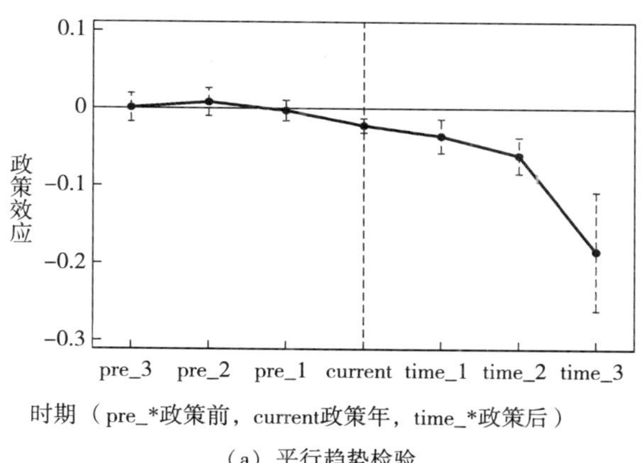

（a）平行趋势检验

图 6.3　平行趋势检验与安慰剂检验

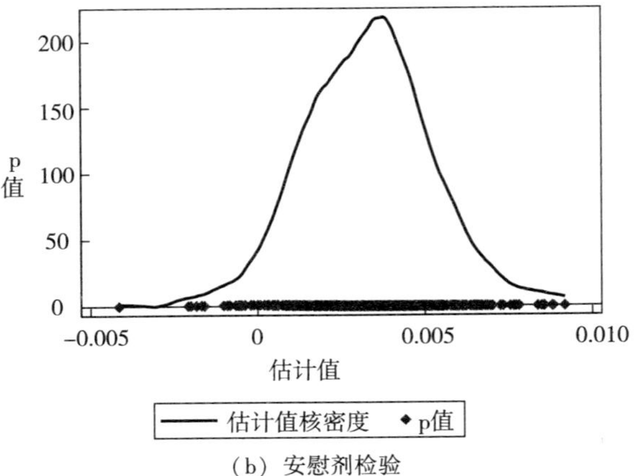

（b）安慰剂检验

图 6.3 平行趋势检验与安慰剂检验（续）

注：笔者根据 Stata14 估计得出。

三、企业向劳动力市场扩展势力的机理分析

本部分进一步对企业向劳动力市场扩展市场势力的内在机理进行实证检验分析。

首先，本章将前文测算的劳动供给弹性 $M\_\epsilon_{ft}^{L}$ 作为被解释变量，将取对数后的平均工资 ln*M_wage* 以及取对数后的周工作小时数 ln*M_time* 作为核心解释变量，以检验劳动供给弹性是否对工资与工时的变动敏感。理论上，如果劳动供给弹性对工资与工时的变动不敏感，则表明企业压低工资以及提高工时的行为不会引发劳动供给弹性的大幅变动，从而实现市场势力向劳动力市场的扩展。工资和工时数据来源于《中国劳动统计年鉴》，为了保持指标的一致性，本章将劳动供给弹性、取对数后的平均工资和取对数后的周工作小时数加总为全国层面均值。回归结论如表 6.4 第（1）列所示。结果表明，相对于压低工资而言，劳动供给弹性对工时的变动更为不敏感。这说明企业可以在保持工资不变的前提下，通过增加工时来提高其在劳动力市场中的市场势力。同时，政策处理效应估计系数为负，说明相对于控制组而言，受到《反垄断法》冲击的处理组劳动供给弹性更低，意味着低劳动供给弹性是企业向劳动力市场扩展势力的必要条件。

表 6.4　企业向劳动力市场扩展势力的机制检验

	$M\_\epsilon_{ft}^{L}$	M_mdlp	$\ln M\_time$	$\ln M\_wage$	M_mdlp
	(1)	(2)	(3)	(4)	(5)
$\ln M\_time$	0.0395 *** (0.0003)				−0.3088 *** (0.0006)
$\ln M\_wage$	2.5625 *** (0.0021)				0.0860 *** (0.0001)
firmbargain		−0.0162 *** (0.0001)	0.0383 *** (0.0010)	−0.0466 *** (0.0001)	−0.0094 *** (0.0001)
$AAC \times \Delta mulp$	−2.6745 *** (0.0097)	−0.0964 *** (0.0007)	0.1410 *** (0.0051)	−0.0108 *** (0.0005)	−0.0765 *** (0.0003)
控制变量	Yes	Yes	Yes	Yes	Yes
样本量	1712978	1973379	1973379	1712978	1712978
R−squared	0.794	0.558	0.603	0.244	0.820

其次，本章以取对数后的平均工资 $\ln M\_wage$ 以及取对数后的周工作小时数 $\ln M\_time$ 作为中介变量，引入式（6.10），以此检验企业是否通过压低工资或者增加工时来实现市场势力向劳动力市场的扩展。本章也在上述中介效应模型中引入企业议价能力与处理效应的交乘项 *firmbargain*①，以检验私人议价模式下企业相对于员工的议价优势是否对企业扩展势力行为具有正向促进作用。中介效应回归结论如表 6.4 第（2）至第（5）列所示。结论表明，反垄断执法引发的企业产品市场势力下降，会使得企业员工平均工资下降约 0.01%，使得员工每周工作时间增加约 0.14%，说明企业主要通过增加员工工时的方式，行使其劳动力市场势力。同时，企业议价能力会正向调节企业通过工资与工时机制向劳动力市场扩展势力。实际上，“十二五”规划纲要提出的“两个同步”政策以及最低工资制度使得中国 2008~2017 年平均工资增加了近 1 倍。企业不大可能通过直接压低工资的方式向劳

① 用企业员工数量占细分行业内劳动总量之比代理企业相对于员工的议价能力。

动力市场行使市场势力。但就增加工时而言，虽然新《劳动合同法》第三十六条规定员工平均每周工作时间不超过 44 小时，中国制造业员工每周工作时间却从 2008 年的 47.9 小时增加到 2019 年的 48.9 小时。[①] 这说明《劳动合同法》没有有效规范企业通过增加工时方式间接压低工资的行为。由于企业通过增加工时间接压低工资行为，本质上是企业在劳动力市场滥用市场势力的表现，其产生及作用机理已经超出劳动法保障范畴，因此需要竞争法的介入。

四、异质性分析

第一，区分员工技能差异。企业向劳动力市场扩展势力行为对于不同技能员工将会呈现怎样的差异呢？为此，本章利用中国工业企业数据库给出的平均工资数据以及企业员工学历构成数据和各省份的农村个人劳动收入数据，按照第三部分指标识别方法计算了企业内部高技能员工与低技能员工的劳动力市场势力。平均而言，企业在高技能劳动力市场势力为 0.82，在低技能劳动力市场势力为 0.77，表明企业在不同技能劳动市场具有不同的市场势力。进一步地，本章以计算的高技能劳动力市场势力 *skillmdlp* 与低技能劳动力市场势力 *uskillmdlp* 作为被解释变量，重新对式（6.10）进行回归，结果如表 6.5 第（1）和第（2）列所示。从回归结果可以看出，在面临产品市场反垄断处罚时，相对于低技能劳动市场，高技能劳动力市场中产品与劳动力市场势力的关联效应更强。这意味着虽然企业支付给高技能员工更高的工资，但企业更倾向于向高技能劳动力扩展势力来规避产品市场规制的影响。可能的原因在于以下两点：一是相对于高技能员工而言，低技能员工更多地受到最低工资政策保护，阻止了企业向低技能劳动力市场扩展势力行为；二是企业对高技能劳动市场势力扩展更多地表现为增加工作任务，而非压低工资。

① 《中国劳动统计年鉴》（2009—2020）。

表 6.5　异质性分析结果

	skillmdlp	uskillmdlp	mdlp	mdlp	mdlp	mdlp	mdlp
	(1)	(2)	(3)	(4)	(5)	(6)	(7)
$AAC \times \Delta mulp$	−0.0301*** (0.0087)	0.0015 (0.0091)	−0.0165*** (0.0023)	0.0013 (0.0021)	0.0282*** (0.0055)	−0.0177*** (0.0024)	−0.0115*** (0.0061)
控制变量	Yes	Yes	Yes	Yes	Yes	Yes	Yes
固定效应	Yes	Yes	Yes	Yes	Yes	Yes	Yes
样本量	1748857	1928910	477486	676317	652301	977599	131232
R-squared	0.341	0.832	0.755	0.677	0.396	0.447	0.563

第二，区分最低工资约束。理论上，受到最低工资政策约束的企业更难将其势力向劳动力市场扩展。为了检验这一假说，本章收集了 1998~2013 年各省份的最低工资标准数据并将其与工业企业样本匹配。参照 Tortarolo 和 Zarate（2018）的做法，构建最低工资标准哑变量（*binding*）：$r_{rt} = minwage_{rt} / w_{ft}$，其中 w_{ft} 表示企业的平均工资，$minwage_{rt}$ 表示最低工资，将 $r_{rt} \geqslant 60\%$ 的企业视为受最低工资标准约束的企业（$binding = 1$），将 $r_{rt} \leqslant 40\%$ 的企业视为不受最低工资标准约束的企业（$binding = 0$）。将两组样本按照式（6.10）进行分样本回归，回归结果如表 6.5 第（3）和第（4）列所示。从回归结果可以看出，受到最低工资政策约束的企业样本，政策处理效应 $AAC \times \Delta mulp$ 系数不再显著。说明在反垄断法执行过程中配合劳动保障政策，可以有效阻止企业市场势力扩展行为，从而达到最优的政策效果。对于没有受到最低工资政策约束的企业样本而言，企业市场势力扩展行为依然存在，需要竞争法的介入，以规范企业在劳动力市场中的滥用势力行为。

第三，区分企业规模差异。本章也按照样本企业的规模差异，进一步对产品与劳动力市场势力的关联机理进行异质性分析，回归结果如表 6.5 第（5）至第（7）列所示。回归结果表明，相对于大中型企业而言，规模小的企业更倾向于向劳动力市场扩展势力来规避产品市场反垄断的影响。实际上，相对于外资企业和国有企业完善的用工制度而言，小型企业中企业与员工私人议价模式更为普遍。因此，上述结论也证明了私人议价模式下企业拥有的议价优势，是影响企业向劳动力市场扩展势力程度的重要因素。

第五节　消除市场势力的效率提高

消除企业产品与劳动力市场势力的政策优化改革会对中国经济运行效率带来多大提升？为此，本章借鉴 Tortarolo 和 Zarate（2018）的研究思路，对这一问题进行探讨。

假定经济体的最终整体产出表现为 CES 的产品组合形式，那么行业 s 的全要素生产率（TFP_s）可以表示为如下形式：

$$TFP_s \equiv \left[\sum_{f=1}^{M_s}\left(\varphi_{sf}^{*}\frac{\overline{TFPR_s}}{TFPR_{sf}}\right)^{\sigma-1}\right]^{\frac{1}{\sigma-1}} \tag{6.13}$$

式（6.13）中，M_s表示在行业 s 中的企业数量，φ^*表示企业 f 的全要素生产率，σ 表示相同行业不同企业间的替代弹性。$TFPR_{sf} \equiv p_{sf}\varphi_{sf}^{*}$表示企业生产率，在资源配置最优时，其在相同行业的企业间取值相同。$\overline{TFPR_s}$表示行业 s 的平均生产效率，当存在产品和劳动力市场势力时，可以将企业层面的总生产效率表示为：

$$TFP_s = \frac{\left[\sum_{f=1}^{M_s}\varphi_{sf}^{*\sigma-1}\left(\frac{Markdown_{sf}}{Markup_{sf}}\right)^{\sigma-1}\right]^{\frac{\sigma}{\sigma-1}}}{\left[\sum_{f=1}^{M_s}\varphi_{sf}^{*\sigma-1}\left(\frac{Markdown_{sf}}{Markup_{sf}}\right)^{\sigma}\right]} \tag{6.14}$$

从式（6.14）中可以看出，企业在产品与劳动力市场中的市场势力也是决定资源配置效率的重要因素。市场势力引致的资源错配主要体现在两个方面：一是市场势力会使得均衡时的价格过高、产量过低从而引发资源错配；二是企业间市场势力的取值差异也会引致要素价格扭曲进而引发资源错配（Tortarolo and Zarate，2018）。假定企业的 $TFPR_{sf}$ 和 φ_{sf}^{*} 服从联合对数正态分布，则全要素生产率可以表示为：

$$\log TFP_s = \gamma - \frac{\sigma}{2}\mathrm{Var}\left(\frac{Markdown_{sf}}{Markup_{sf}}\right) \tag{6.15}$$

其中，γ 是一个跨行业的值，它对行业内的投入要素边际产出价值的方差并不产生影响，因此，设定 $\gamma = 1$。σ 表示产品间的替代弹性，已有文献认为 σ 在竞争性制造业的取值在 3~10，本章设定 σ 为 3。在已知企业产品市场势力（*Markup*）和劳动力市场势力（*Markdown*）的情况下，可以根据式（6.15）测算出消除企业市场势力带来的效率提升。在具体反事实测算时，本章将三位数行业产品市场势力与劳动力市场势力设置为各自的均值，结论如表 6.6 所示。

表 6.6　反事实分析：消除市场势力的生产效率提高

	观测值	Counteltfp1	Counteltfp2	Counteltfp3
全部样本	3487430	4.41%	9.82%	14.87%
国有企业	331624	4.35%	10.03%	14.88%
外资企业	363398	4.47%	9.73%	14.89%
私营企业	1396636	4.41%	9.81%	14.85%
小型企业	1730349	4.42%	9.81%	14.86%
中型企业	1094328	4.39%	9.83%	14.85%
大型企业	662753	4.44%	9.83%	14.90%

注：Counteltfp1 表示消除产品市场势力带来的 TFP 提高，Counteltfp2 表示消除劳动力市场势力带来的 TFP 提高，Counteltfp3 表示消除产品与劳动力市场势力带来的 TFP 提高。

从表 6.6 第（3）和第（5）列可以看出，若仅消除企业产品市场势力会使得中国 1998~2013 年全要素生产率提高约 4.41%。若同时消除企业在产品与劳动力市场中的势力，会使得 1998~2013 年中国全要素生产率提高约 14.87%，平均每年提高约 1.19%。说明只有同时推动消除企业产品与劳动力市场势力的政策改革才能达到最优的政策效果。现有竞争政策仅关注产品市场中的垄断行为、注重维护消费者福利，忽视了企业竞争行为可能对劳动者福利的影响。上述研究结论意味着推动《反垄断法》与《劳动保障法》的协同监管，加快推进竞争法在劳动力市场中的运用，可以实现最优的政策效果。从区分企业性质来看，相对于外资企业与私营企业，国有企业的全要素生产率提升效应更为明显。区分企业规模来看，相对于小型企业，中大型企业的全要素生产率提升效应更为显著。

第六节　本章小结

企业向劳动力市场扩展势力来规避产品市场规制的行为，不仅使得竞争政策的实施效果大打折扣，也会引发劳资冲突等一系列社会问题。本章从产品与劳动力市场势力关联视角出发，以《反垄断法》实施构建准自然实验，对企业向劳动力市场扩展势力以规避产品市场规制这一核心研究假说进行实证检验，并揭示产品与劳动力市场势力的关联机理及关联特征，突破了反竞争行为存在领域之范围的认知。研究结论如下：①本章构建了一个在统一框架下识别企业产品与劳动力市场势力的实证框架，发现企业不仅在产品市场获取垄断租金，也会通过隐性压低员工收入的方式获取劳动租金，结论扩展了有关企业市场势力识别的理论研究；②在现有竞争政策体系下，产品市场实施的《反垄断法》确实使得企业向劳动力市场扩展势力来规避竞争法的影响；③在现有劳动保障体系下，滥用议价优势地位提高工时，是企业向劳动力市场扩展市场势力的主要方式；④从区分员工技能差异来看，企业对不同技能员工具有不同的势力，企业支付给高技能员工更高的工资，并且更倾向于向高技能劳动力扩展市场势力；⑤促进竞争法与劳动保障法的协同监管、加快推进竞争法在劳动力市场中的应用是应对企业向劳动力市场扩展势力的有力举措。

由此，本章可以得到以下三点启示：①竞争政策在实践过程中亟须突破对于反竞争行为存在领域之范围的认知。近年来，劳动力市场中出现的企业将经营压力转变为工作强度和劳动者工作强度过大等企业侵蚀员工利益现象逐渐成为社会各界关注的热点话题。建立在芝加哥学派基础上的传统竞争政策理论体系及其形成的消费者福利执法标准，只关注产品市场中的企业垄断行为，其构建的理论体系天然割裂了产品与劳动力市场的关联性。这就造成在现实执法实践过程中，出现了“产品—劳动力”市场监管理论分离之间的矛盾，并引发政策执行的偏失。针对近年来中国劳动力市场出现的企业侵害员工利益行为，有必要加强关于产品与劳动力市场势力关联的理论研究，并出台针对劳动力市场的反垄断指南。②促进竞争法与劳动保障法的协同监管是应对企业向劳动力市场扩展势力的有力举措。协同监管模式有两点好处：一是竞争法与劳动保障法在职责上的独立保证了各自制度的一致性、可管理性和可预测性；二是竞争法与劳动保障法在职能上的协同既有助于反垄断监管集中于最大化产出以造福消费者，也有利于劳动保障法介入以实现确保职工福利的目标。③加快推进竞争法在劳动力市场中的应用是进一步完善竞争性政策基础地位的应有之义。垄断既折损作为消费者的人，又戕害作为劳动者的人。随着企业势力的不断增强，特别是伴随数字经济和数字平台等非传统商业模式发展出现的企业固定薪资协议和“互不挖角”协议等侵蚀员工利益现象，使得传统劳动保障法在处理类似问题时缺乏违法性判断标准，适应性及可操作性不强。加快推进竞争法在劳动力市场中的应用是进一步完善竞争性政策基础地位的应有之义。

第七章

基于新实证产业组织方法的企业向劳动力市场扩展势力机理识别分析

第一节 引言

实现经济高质量发展的同时，如何缩小收入差距是关乎我国在新时期能否实现全面建成小康社会和保障人民群众共享改革发展成果战略目标的重要议题。党的十八大以来，随着一系列“调结构、惠民生”再分配政策的推进和实施，中国区域间、城乡间居民收入差距逐渐缩小并趋于稳定（李实和朱梦冰，2022）①。但作为收入不平等的另一种表现形式，企业内部员工收入不平等现象正逐渐引起学术界和社会的广泛关注（Katz and Murphy，1992；Acemoglu，1998）。据国家统计局发布的一套不同岗位工资情况调查报告，2016 年，中国企业中层及以上管理人员平均工资为 12. 39 万元，是企业员工平均工资水平的 2. 16 倍，岗位最高与最低工资之比为 2. 65，相比于 2015 年扩大了 0. 04。② 企业内部工资不平等问题的加剧不仅会损害员工积极性，影响企业效率，也会造成内需不足，阻碍经济结构的进一步优化，不利于中国经济的持续发展和社会稳定。

---

① 根据国家统计局公布的全国收入差距基尼系数数据，自 2008 年以来，我国居民收入差距基尼系数呈现下降趋势，2015 年为 0. 462，呈现小幅回升趋势，最新数据显示，2017 年全国收入差距基尼系数为 0. 467。

② http：//www. stats. gov. cn/tjsj/zxfb/201705/t20170527_1498364. html.

针对企业内部收入差距扩大问题，国内研究者分别从国际贸易、偏向型技术进步以及人力资本差异导致的企业对技能员工需求增加视角，论述工资差距的形成机制并对政府如何利用再分配政策实现收入分配均等化建言献策（王湘红和汪根松，2016；陈波和贺超群，2013；陈勇和柏喆，2018）。但值得注意的是，与政府主导的再分配政策相比，在初次分配中如何兼顾公平与效率，亦是理解和改善企业内部工资差距的关键，已有研究文献却较少涉及。同时，相关文献对中国工资差距的讨论大多建立在完全竞争市场的假设下，但作为最大的转型经济体，一方面，竞争不完全在我国普遍存在；另一方面，政府也通过一系列改革来完善市场竞争机制。那么市场竞争不完全如何影响企业内部工资收入差距？中国的市场化进程能否以及如何实现缩小收入差距？进一步地，市场化进程的持续推进能否兼顾公平与效率？对以上问题的深入讨论不仅可以从市场的角度理解初次分配过程中竞争不完全引发工资差距的内在机制，从而补充和深化已有研究，也可以从中国的改革实践中总结出具有一般意义的理论，为政府实现“共享发展”“共同富裕”的发展理念提供参考。

有鉴于此，本章基于1998~2007年中国工业企业数据库，从产品市场和劳动力市场相融合的视角，分析市场竞争不完全对企业内部工资差距的影响。就市场竞争不完全与工资差距的关系而言，将产品市场与劳动力市场相结合，是探析中国企业内部工资差距问题的关键：一方面，产品市场竞争不完全产生的超额垄断租金会削弱企业采取最有效的要素投入比，促使企业过多地使用技能劳动力，进而提高技能员工工资，扩大企业内部工资收入差距；另一方面，劳动力市场竞争不完全导致的技能与非技能员工劳动供给弹性的差异，也会扩大企业内部工资收入差距。更为重要的是，产品市场和劳动力市场竞争不完全对企业内部工资差距的影响存在“联动效应”，即产品市场竞争不完全会正向调节劳动力市场竞争不完全对工资差距的影响。如果基于中国的经验研究证明竞争不完全确实影响收入差距，那么将意味着单一市场的市场化改革并不能有效缩小收入差距，只有产品与劳动力市场的同步改革才能达到最优的政策效果。

相较于已有文献，本章的创新点和边际贡献体现在以下三个方面：第一，不同于已有文献仅从产品或者劳动力市场讨论工资差距（王君斌和王文甫，2010；贾俊雪和孙传辉，2019），本章从产品市场与劳动力市场融合的视角分析企业内部工资差距的形成机制，并指出忽视产品与劳动力市场的联动效应将影响相关政策的实施效果；第二，区别于用事件研究法衡量市场竞争不完全（Bottasso et al.，2013），本章借鉴 Tortarolo 和 Zarate（2018），在统一的框架下对中国产品和劳动力市场不完全竞争程度进行测量，研究发现，平均而言中国制造企业不仅在产品市场获取垄断租金，也会通过压低员工收入的方式，进一步获取劳动租金，在这样的市场结构下，产品市场不完全程度提高 1%，企业内部工资差距扩大 0.096%，劳动力市场不完全程度提高 1%，企业内部工资差距扩大 0.213%，同时，产品市场不完全程度提高 1%，劳动力市场不完全程度对工资差距的影响提高 0.684%；第三，本章的研究结论也论证了在中国的市场化进程中，市场化改革并不一定带来收入差距的扩大（Anwar and Sun，2012），造成市场化改革引起收入差距扩大的原因是不完全的市场化改革形成的产品与劳动力市场势力。实际上，市场化改革可以兼顾效率与公平，本章发现，各地区市场化进程的推进会通过缓解产品与劳动力市场竞争不完全程度的方式，缩小企业内部工资差距，从而实现公平；产品与劳动力市场竞争不完全的消除，也会刺激中国全要素生产率提高约 19.30%，从而增进效率。总的来看，本章的研究结论无论对于从市场竞争不完全视角理解工资差距的形成机制，还是对于如何实现效率与公平并重都具有重要启示。

第二节　理论模型构建与研究假说

在实证分析之前，本章借鉴并改进 Melitz（2003）的分析范式，刻画产品与劳动力市场竞争不完全影响企业内部工资差距的内在机制，兼论竞争不完全带来的效率损失。

一、理论模型

假设代表性消费者的效用表现为常替代弹性（CES）效用：

$$U=\left[\int_{\omega\in\Omega}q(\omega)^{\rho}\mathrm{d}\omega\right]^{1/\rho} \tag{7.1}$$

其中，ω 表示消费者购买总的 Ω 种产品的种类，$q(\omega)$ 为产品 ω 的消费量。$0<\rho=(\sigma-1)/\sigma<1$ 刻画产品市场竞争不完全程度（*Markup*）的倒数，$\sigma>1$ 表示产品间的替代弹性。由于消费者只能是价格的接受者，因此任何一种产品的价格 $p(\omega)$ 都是外生决定的。价格指数可以表示为：

$$P=\left[\int_{\omega\in\Omega}p(\omega)^{1-\sigma}\mathrm{d}\omega\right]^{1/(1-\sigma)} \tag{7.2}$$

其中，$p(\omega)$ 是产品 ω 的价格。在垄断竞争的市场结构下，根据效用与产量之间的对偶关系，即 $U\equiv Q$，需求数量 $q(\omega)$ 和消费支出函数 $r(\omega)$ 可以表示为：$q(\omega)=Q[p(\omega)/P]^{-\sigma}$，$r(\omega)=R[p(\omega)/P]^{1-\sigma}$，其中 $R=PQ$。

为了强调竞争不完全对企业内部工资差距的影响，假定不存在对外贸易，同时技术进步表现为希克斯中性。最终产品的生产为柯布—道格拉斯技术，潜在企业在支付固定成本 f 的同时，需要投入两种生产要素，即技能劳动力（H）和非技能劳动力（L）。那么，代表性企业 i 的生产过程可以表示为：

$$y_i=\varphi_i H_i^{\alpha}L_i^{1-\alpha},\ 0<\alpha<1 \tag{7.3}$$

其中，φ_i 表示特定企业 i 的生产效率。根据劳动力市场的买方垄断学说，企业在产品市场获得溢价后，会根据劳动市场向上倾斜的劳动供给曲线设定技能与非技能劳动力的工资水平。由此，企业支付给技能与非技能劳动力的工资将由两部分组成：一是在进行生产前已经规定好的基本工资 w_h（技术）和 w_l（非技术），以保障劳动力的参与约束；二是企业完成生产后与自身利润相关的绩效工资 w_h^{ν}（技术）和 w_l^{ν}（非技术），这一部分工资同时受产品和劳动力市场的影响。[①] 为简便起见，在不失一般性的情况下将技能与非

① 绩效工资 w_h^{ν}（技术）和 w_l^{ν}（非技术）是企业实现利润最大化后的员工对剩余利润的分享能力，因此并不进入企业利润最大化决策。

技能劳动力的基本工资标准化为 1，也就是说 $w_h = w_l = 1$。因此，具有异质性的绩效工资决定着技能与非技能劳动力的工资差距。当劳动力市场竞争不完全使得技能与非技能劳动力供给弹性存在差异时，二者绩效工资可分别表示为 $w_h^{\nu} = \alpha_h \pi_i$，$w_l^{\nu} = \alpha_l \pi_i$，其中 π_i 是企业利润，α_h 和 α_l 分别是技能与非技能劳动力由于劳动力市场竞争不完全（*Markdown*）导致的不同的利润分享能力。

因此，企业内部技能与非技能劳动力的工资差距为 $s_i = w_h^{\nu} - w_l^{\nu} = \alpha \pi_i$，其中 $\alpha = \alpha_h - \alpha_l$。给定以上生产函数和工资结构，根据柯布—道格拉斯生产函数规模报酬不变的特性，可以将企业的边际成本表示为 $MC_i = k/\varphi_i$，其中 $k = \alpha^{-\alpha}(1-\alpha)^{-(1-\alpha)}$。根据等弹性需求曲线特性，垄断竞争企业的产品价格是其边际成本与市场溢价的乘积，即 $p_i = MC_i/\rho$。那么企业 i 的产品价格可以表示为 $p_i = k/\varphi_i\rho$，进而得到企业的利润函数为：

$$\pi_i = \frac{r_i}{\sigma} - f = \frac{R}{\sigma}\left[\frac{k}{\varphi_i \rho P}\right]^{1-\sigma} - f \tag{7.4}$$

根据以上企业利润函数和工资结构方程，企业内部技能与非技能劳动力工资差距可进一步表示为：

$$s_i = \alpha \pi_i = \alpha \frac{R}{\sigma}\left[\frac{k}{\varphi_i \rho P}\right]^{1-\sigma} - \alpha f \tag{7.5}$$

二、研究假说提出

从以上工资差距方程可以看出，产品市场竞争不完全的提高，会引致企业获取垄断租金，进而扩大技能与非技能劳动力工资差距。劳动力市场竞争不完全产生的技能与非技能劳动力供给差异，也会扩大收入差距。同时，企业垄断租金获取能力越强，劳动力市场竞争不完全产生的工资差距扩大效应就越大。由此，可以得到以下待检验的研究假说：

假说 1：产品市场竞争不完全会引致企业超额利润增加，进而拉大企业内技术与非技术劳动力工资差距。

假说 2：劳动力市场竞争不完全会使得劳动力市场供给弹性呈现差异，进而拉大企业内技术与非技术劳动力工资差距。

假说3：产品市场与劳动力市场竞争不完全对企业内部工资差距的影响具有“交互效应”，表现为产品市场竞争不完全会正向调节劳动力市场竞争不完全对工资差距的影响程度。

第三节　指标构建与典型事实

一、企业内部工资差距测算

企业内部技能与非技能劳动力的工资差距（ln*wagegap*）是本章关注的核心变量，但由于缺乏有效的技能分类工资统计数据，无法对其进行直接计算，需要按照一个科学合理的间接估计方法进行测算。为此，本章借鉴陈波和贺超群（2013）的思路，利用中国工业企业数据库给出的平均工资数据以及企业员工学历构成数据和各省份的农村个人劳动收入数据，从微观层面测算企业内部工资差距（ln*wagegap*）：

$$\ln wagegap_{it} = \ln\left[\frac{\overline{w}_{it} - (1 - \theta_{i2004})\, w_{rt}^{u}}{\theta_{i2004}} - w_{rt}^{u}\right] \tag{7.6}$$

其中，下标 i 、t 、r 分别表示企业、年份和省份；$\overline{w}_{it}$ 表示企业层面的员工平均工资①，w_{rt}^{u}为各省份的农村个人劳动收入，代理非技术劳动力的工资水平；θ_{i2004}表示工业企业数据库给出的2004年技术员工比例（以企业内高中及以上文凭员工占总员工的比例衡量）；w_{rt}^{s}为待测算的技能员工工资，计算公式为：$\overline{w}_{it} = \theta_{i2004}\, w_{rt}^{s} + (1 - \theta_{i2004})\, w_{rt}^{u}$。蔡昉（2010）和孙婧芳（2017）认为，伴随农村劳动力向城市的大规模涌入，城市非技能劳动力市场的竞争更加激烈，同时，在2003~2008年农民工实际工资也迅速上涨。因此，农村个人劳动收入可以在很大程度上代理非技能员工的工资水平。由于中

① 企业平均工资是根据工业企业数据库中工资总额（应付工资与应付福利费总额）除以企业员工总人数得到的，并通过价格平减指数转化为实际值。

国工业企业数据库仅在2004年给出企业员工的学历构成，本章将1998～2007年的各企业技能与非技能员工比例固定在2004年。这样处理虽然忽视了技能员工占比的时间趋势变动，但也产生几点好处：一是2004年大致位于1998～2007年中间靠前，可以近似认为其他年份的技能员工构成与2004年相仿；二是将技能员工占比固定，可以有效避免企业选择不同技能员工引发的内生性问题①（Song et al.，2019）。为了考察结论的稳健性，本章在后续部分也对2004年数据进行单独回归。

二、产品与劳动力市场竞争不完全指标估算

产品市场势力（*Markup*）表示企业将价格提高到边际成本之上的能力，可以有效衡量市场的竞争不完全程度。已有研究大多用企业要素产出弹性与要素产出份额的比值衡量市场势力（De Locker and Warzynski，2011；简泽等，2016），但实际上这种计算方法暗含劳动力市场不存在竞争不完全的假设。实际上，企业在产品市场获取势力后，也会在劳动力市场行使劳动力市场势力（*Markdown*），将工资压低到劳动边际产品收益之下，从而影响员工收入差距。区别于已有文献，本章将企业的市场势力（*Markpower*）进一步分解为产品市场竞争不完全（*Markup*）和劳动力市场竞争不完全（*Markdown*），以更好地探究竞争不完全与工资差距的关系。

本章参照Tortarolo和Zarate（2018）的思路，基于企业层面数据，在统一的框架下，从产品、劳动力市场两个维度，对市场竞争不完全进行测算。根据企业成本最小化的一阶条件，可以得到如下企业势力、产品竞争不完全和劳动力市场竞争不完全的关系式：

$$Markpower_{it} = \frac{Markup_{it}}{Markdown_{it}} = \frac{\alpha_{it}^{L}}{ls_{it}} \tag{7.7}$$

其中，下标i、t分别表示企业、年份；*Markpower*衡量企业的市场势力，其等于产品竞争不完全与劳动力市场竞争不完全之比；α_{it}^{L}表示劳动投入的

① 内生性问题产生原因在于技能员工倾向于选择生产率高的企业，从而引起企业生产效率与员工学历相关（Song et al.，2019）。有关关税与工资差距问题的研究文献也采用固定年份的方式来避免类似的内生性问题。

产出弹性，ls_{it}表示劳动收入占企业增加值的份额，其中 ls_{it} 可以根据工业企业数据库直接计算①，对 α_{it}^{L} 的测算可以通过估计企业层面的生产函数获取其系数值。本章采用 LP 半参数法估算具有超越对数生产技术的生产函数。② 这样处理具有两点好处：一是半参数回归可以有效避免不可观测冲击带来的内生性问题③；二是采用超越对数生产函数形式可以获取随时间和企业变动的 α_{it}^{L} 系数值。④ 给定 α_{it}^{L} 和ls_{it}，可以根据式（7.7）计算企业市场势力（*Markpower*）。同样为了考察稳健性，本章使用最小二乘法、固定效应估计策略，在 C-D 生产技术下对生产函数进行重新估计。

下面转向产品与劳动力市场竞争不完全的测算，根据产品与劳动力市场势力的定义，可以将产品与劳动力市场势力表示为如下形式：

$$Markup_{it} = \frac{p_{it}}{mc_{it}} = \frac{|\epsilon_{it}^{p}|}{|\epsilon_{it}^{p}| - 1} \tag{7.8}$$

$$Markdown_{it} = \frac{w_{it}}{MRPL_{it}} = \frac{|\epsilon_{it}^{L}|}{|\epsilon_{it}^{L}| + 1} \tag{7.9}$$

其中，p_{it}表示价格，mc_{it}表示边际成本；w_{it}表示企业支付给劳动力的真实工资，$MRPL_{it}$表示劳动的边际产出收益；ϵ_{it}^{p}表示产品需求弹性，ϵ_{it}^{L}表示劳动力供给弹性。借鉴 Card 等（2018）构建的员工对企业具有异质性偏好的择业模型 $\ln s_{it} = \beta w_{it} + x_{it}\gamma + \overline{\omega}_h + \overline{\omega}_r + \overline{\omega}_t + \varepsilon_{it}$，可以计算劳动力供给弹

---

① 工业企业数据库给出了分企业的劳动报酬和企业增加值数据，增加值缺失数据按照聂辉华等（2012）的方式，利用“工业增加值=工业总产值-工业中间投入+增值税”进行补齐，并根据出厂价格指数进行平减。同时也按照 Cai 和 Liu（2009）的处理办法，对缺失值和不符合逻辑的数据进行剔除，最后进行截尾处理。

② 生产函数的基本形式为 $\ln y = \alpha_1 \ln k + \alpha_2 \ln l + \alpha_3 \ln m + \overline{\omega}_h + \overline{\omega}_r + \overline{\omega}_t + \varepsilon_{it}$，其中 $\ln y$ 表示企业增加值，$\ln k$ 表示资本投入，本章对资本存量 K 的测算主要参考鲁晓东和连玉君（2012）计算资本存量的方法，$\ln m$ 为企业中间投入品对数。

③ LP 半参数回归通过使用中间投入作为全要素生产率的代理变量，依据投资与不可观测的 TFP 之间严格单调递增的逻辑假设，将生产函数转换成了一个半参数方程，从而控制了 TFP 与要素投入之间的同步性问题，得到劳动投入的弹性系数。

④ 与 C-D 生产函数计算的常弹性不同，超越对数生产函数的产出弹性计算公式为 $\alpha_{it}^{L} = \beta_l + 2\beta_{ll} L_{it} + \beta_{lk} K_{it}$，其中$\beta_l$ 为劳动投入 L 的回归系数，β_{ll}为劳动投入 L 二次项回归系数，L_{it}为企业 i 在 t 年的劳动投入，β_{lk}为劳动投入 L 与资本投入 K 的交互项回归系数，K_{it} 表示企业 i 在 t 年的资本投入。从以上公式可以看出，不同的企业在不同年份都具有不同的劳动产出弹性系数。

性 ϵ_{it}^{L} ①，其中 $\ln s_{it}$ 表示企业 i 在 t 年的对数形式的员工总人数占社会总就业人数的比重，x_{it} 表示企业特征向量组②，$\bar{\omega}_t$ 、$\bar{\omega}_h$ 、$\bar{\omega}_r$ 分别表示时间、行业、省份哑变量。为了避免不可观测的外部冲击对员工就业选择产生的内生性问题，参考 Card 等（2018）用企业中间投入品以及滞后两期的平均工资作为 w_{it} 的工具变量。依据工业企业数据库给出的相关数据可以对择业模型进行估计，并得到 β 的系数值。根据 $\epsilon_{it}^{L} = (d s_{it}/s_{it})/(d w_{it}/w_{it}) = \beta w_{it}(1 - s_{it})$ 可以计算劳动力供给弹性 ϵ_{it}^{L} ，并根据式（7.9）测算出劳动力市场竞争不完全程度（*Markdown*）。

最后，给定 *Markpower* 与 *Markdown*，可以依据式（7.7）在考虑劳动力市场竞争不完全的情况下，计算出产品市场竞争不完全程度（*Markup*），从而完成对核心指标的构建。

三、典型事实

利用以上构建的核心指标并结合中国工业企业数据库与《中国统计年鉴》的合并样本，本章测算了 1998～2007 年中国制造企业内部技能与非技能员工收入差距以及产品和劳动力市场的竞争不完全程度。

从图 7.1 和图 7.2 可以看出，总体上中国制造企业不仅在产品市场获取垄断租金，也会通过压低员工收入的方式，进一步获取劳动租金，意味着

---

① Card 等（2018）假定劳动力 n 选择在企业 i 工作的效用函数可以表示为：

$$U_{nit} = \beta w_{it} + x_{it}\gamma + \varepsilon_{it}$$

假定 ε_{it} 服从 I 型极值分布，那么可将上式转化为表示劳动力选择在企业 i 工作概率的符合 Logit 的函数方程：

$$s_{it} = \frac{\exp(\beta w_{it} + x_{it}\gamma)}{\sum_k \exp(\beta w_{kt} + x_{kt}\gamma)}$$

对上式等号两边取对数可以求出可计量的劳动力择业模型：

$$\ln s_{it} = \beta w_{it} + x_{it}\gamma + \bar{\omega}_h + \bar{\omega}_r + \bar{\omega}_t + \varepsilon_{it}$$

② 企业特征向量组 x_{it} 主要包括企业是否出口、研发投入、所有制性质、企业规模哑变量。本章根据企业是否有出口交货值来识别出口企业；根据企业是否具有新产品识别企业研发；根据三大类资本（国家和集体资本、民营资本和外资资本）在实收资本中的比重区分企业所有制类型；根据国家统计局 2011 年制定的《中小企业划型标准规定》划分企业规模。

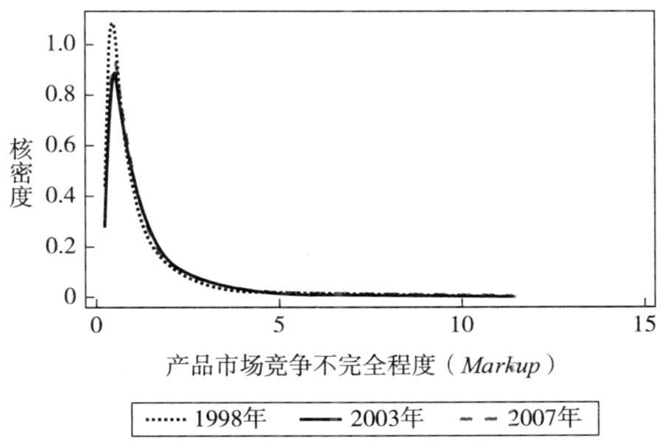

图 7.1　制造企业产品市场竞争不完全

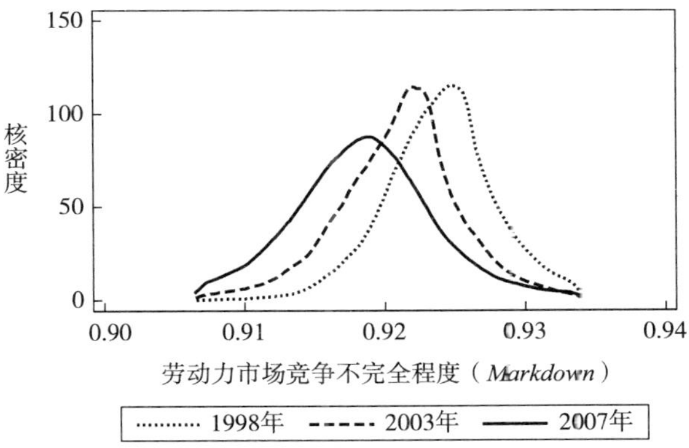

图 7.2　制造企业劳动力市场竞争不完全

中国产品与劳动力市场都呈现不完全竞争的特征，这与简泽等（2016）的分析是一致的。平均而言，企业在竞争不完全的产品市场获取高于边际成本 45.70%的价格加成，在劳动力市场支付低于劳动边际产品收益 7.84%的工资。[①] 同时，一个不容忽视的事实是，产品与劳动力市场竞争不完全程度在样本期都呈现显著的上升趋势，产品市场不完全程度从 1998 年的 1.255

① 本章对 *Markup* 的测算值为 1.457，对 *Markdown* 的测算值为 0.921，根据式（7.8）与式（7.9）有关产品与劳动力市场势力的定义，对 *Markup* 的测算值 1.457 意味着均衡价格超过边际成本的 45.70%；对 *Markdown* 的测算值 0.921 意味着员工获取低于劳动边际产品收益 7.84%的工资。总的来看，本章对于产品市场 *Markup* 的测算与盖庆恩等（2015）、简泽等（2016）相似，也证明了对于市场竞争不完全程度测算的稳健性。

上升至 2007 年的 1.541，劳动力市场不完全程度从 1998 年的 0.923 上升至 2007 年的 0.918。有意思的是，从分布特征来看，产品市场竞争不完全的离散度要显著高于劳动力市场，产品市场竞争不完全标准差为 1.507，劳动力市场竞争不完全标准差仅为 0.004。同时，相对于劳动力市场，产品市场竞争不完全具有明显的右后尾特性，说明企业的异质性更多地来源于产品市场，特别是少数具有极高产品市场势力的大型企业的存在更加剧了企业间异质性。另一个不容忽视的事实是，伴随市场竞争不完全程度的加深，中国企业内部工资差距对数从 1998 年的 2.462 扩大到 2007 年的 2.981，10 年间增长了 21.08%，年均增长率为 1.93%，表明企业内部技能与非技能员工的工资差距也呈现扩大趋势。为了进一步揭示市场竞争不完全与工资差距的关系，本章分析了二者的相关性，其中产品市场竞争不完全与工资差距相关性为 0.156，劳动力市场竞争不完全与工资差距的相关性高达 0.801。值得注意的是，虽然中国产品和劳动力市场竞争不完全程度以及企业内工资差距逐年加深，但增长幅度却逐年递减。总的来看，图 7.1～图 7.3 初步说明伴随中国市场竞争不完全程度的提高，企业内部技能与非技能员工工资差距逐渐扩大。

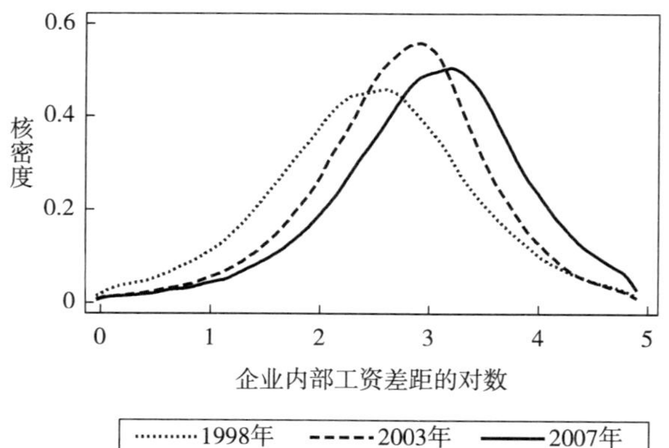

图 7.3　制造企业内技能与非技能工资差距对数

资料来源：笔者根据中国工业企业数据库与《中国统计年鉴》计算得出。

第四节　实证分析

一、计量模型设计

本章关注的核心问题是市场竞争不完全是否会影响中国制造企业内部技能与非技能员工的收入差距，以及通过何种渠道产生影响。为此，本章构建了产品市场竞争不完全、劳动力市场竞争不完全以及二者交互项影响工资差距的计量模型：

$$\ln wagegap_{i,t} = \beta_1 \ln mu_{i,t} + \beta_2 \ln md_{i,t} + \beta_3 \ln mu \cdot \ln md_{i,t} + \beta_x X + \overline{\omega}_h + \overline{\omega}_r + \overline{\omega}_t + \varepsilon_{i,t} \tag{7.10}$$

其中，下标 i、h、r、t 分别表示企业、行业、省份和年份；$\ln wagegap_{i,t}$ 为企业内部工资差距对数，$\ln mu_{i,t}$ 衡量产品市场竞争不完全的对数，$\ln md_{i,t}$ 衡量劳动力市场竞争不完全的对数；$\ln mu \cdot \ln md_{i,t}$ 为产品与劳动力竞争不完全对数的交互项。X 表示其他影响企业内部工资差距的控制变量。为了进一步减少遗漏变量问题，加入行业（$\overline{\omega}_h$）、地区（$\overline{\omega}_r$）和年份（$\overline{\omega}_t$）固定效应，$\varepsilon_{i,t}$ 为随机误差项。

本章对控制变量的设定说明如下：企业规模（*scale*），用企业工业总产值的对数值衡量；技术效率（*tfp_lp*），用半参数 LP 方法计算的全要素生产率衡量；劳动生产率（ln*lv*），用对数形式的劳均增加值衡量；出口（*exp*），用出口交货值与工业销售产值之比衡量；企业年龄（ln*age*），用企业年龄对数值衡量；职称特征变量（*pro*），用企业内部中级及以上技术人员占比衡量；学历特征变量（*edu*），用高中及以上学历员工占比衡量。

二、数据说明

本章所使用的数据主要来源于中国工业企业数据库，样本时间跨度为

1998~2007 年。该数据包含约 33 万家企业的 200 多万个观测值，几乎包含中国工业企业的绝大部分。同时，1998~2007 年数据无论从数据准确性还是指标完全性方面质量都较高，特别是该时间段处于我国市场化改革初期，市场竞争不完全与改革并存，因此，对于本章的研究问题而言具有很强的代表性（赵伟光和李凯，2020）。为了进一步提高后续回归质量，参考聂辉华等（2012）和 Brandt 等（2012）的处理办法对原始数据进行如下处理：①根据企业法人代码、法人名称、电话号码和法人代表序贯交叉匹配各年样本；②统一了 2003 年前后的四位数行业代码；③删除不符合逻辑关系的错误样本；④删除总资产等关键指标缺失的数据并删除从业人员小于 8 的样本；⑤对工业总产值、增加值等缺失数据按照会计规则进行补齐并根据永续盘存法计算资本存量；⑥根据固定资产、出厂以及居民消费平减指数对名义变量进行平减；⑦对关键指标进行前后各 1%的截尾处理。最终形成包含 1553621 个观测值的非平稳制造业（国民经济分类 13~42 类）研究样本。同时，本章也从《中国统计年鉴》中手工收集了各地区的农村个人劳动收入数据（*nchun*）和最低工资数据（*minwage*）进行匹配。

三、基准回归结果

表 7.1 报告了市场竞争不完全影响企业内部工资差距的基准回归结果。其中第（1）列仅考虑产品市场竞争不完全、劳动力市场竞争不完全和二者交互项对工资差距的影响，第（2）列进一步控制企业规模、生产效率、出口、员工学历和职称特征等因素对工资差距的影响，第（3）和第（4）列在此基础上进一步控制时间、行业和区域固定效应。当仅考虑市场竞争不完全对工资差距的影响时，产品市场竞争不完全（$\ln mu$）估计系数为正却不显著，劳动力市场竞争不完全（$\ln md$）估计系数为负，说明劳动力市场竞争不完全程度越高，企业内部技能与非技能员工的工资差距越大。产品与劳动力市场竞争不完全交互项（$\ln mu \cdot \ln md$）估计系数为负，说明产品

与劳动力市场竞争不完全对企业内部工资差距的影响存在关联效应①。当加入更多控制变量并考虑固定效应以减轻遗漏变量偏误时，产品市场竞争不完全回归系数依然为正且显著，劳动力市场竞争不完全系数与交互项系数符号和显著水平没有发生根本性变化，说明回归结果具有经济和统计稳健性。从第（4）列完整回归结果可以看出，产品市场竞争不完全（ln*mu*）提高1%，企业内部工资差距扩大0.096%，表明产品市场竞争不完全程度的提高确实会引发企业内部工资差距扩大，这与Card等（2018）的研究结论一致。这一结果的成因可能在于，一是市场竞争不完全产生的超额垄断租金会削弱企业采取最有效的技能与非技能员工投入要素比例，致使企业过多使用技能员工从而使得工资发散（Bottasso et al.，2013）；二是市场竞争不完全程度的加深也会引发企业间共谋，这会促使企业间为实施策略性行动进行成本削减和产品质量提升的投资，进而提高技能员工工资，扩大收入差距（Bergès-Sennou，2008）。劳动力市场竞争不完全（ln*md*）扩大1%，企业内部工资差距扩大0.213%，说明劳动力市场竞争不完全是导致企业内部工资差距问题的直接影响因素。值得注意的是，产品与劳动力市场竞争不完全交互项（ln*mu*·ln*md*）系数变动1%，企业内部工资差距扩大0.684%，说明产品市场竞争不完全确实会正向调节劳动力市场竞争不完全对工资差距的影响，关联效应确实存在。忽视产品与劳动力市场的关联效应会影响对企业内部工资差距问题形成机制的判断以及相关政策的实施效果。综合来看，在控制企业规模、劳动效率、出口、员工特质差异后，市场竞争不完全对企业内部工资差距的影响为0.993%（0.0964+0.2131+0.6843）。

表7.1　市场竞争不完全对企业内工资差距的影响

解释变量	(1)	(2)	(3)	(4)
ln*mu*	0.0003 (0.0008)	0.0116*** (0.0006)	0.0108*** (0.0006)	0.0964*** (0.0068)

① 表7.1对劳动力市场竞争不完全（ln*md*）的估计虽然为负值，但是根据第四部分的指标构建，ln*md*的取值越小，意味着企业支付给员工的工资越低于劳动的边际产品收益。因此，回归分析得到的劳动力市场竞争不完全与工资差距负相关，实际的经济含义却是劳动力市场竞争不完全程度越高，企业工资差距越大。同理，对交互项（ln*mu*ln*md*）的解释同上。

续表

解释变量	（1）	（2）	（3）	（4）
ln*md*	−0.1749*** (0.0001)	−0.1215*** (0.0005)	−0.1341*** (0.0005)	−0.2131*** (0.0003)
ln*mu*ln*md*	−0.3379*** (0.0182)	−6.2436*** (0.0482)	−5.3684*** (0.0483)	−0.6843*** (0.0796)
scale		−0.1075*** (0.0009)	−0.1066*** (0.0009)	−0.0029*** (0.0006)
tfp_lp		0.2107*** (0.0013)	0.2109*** (0.0014)	0.0034*** (0.0009)
ln*lv*		0.3637*** (0.0032)	0.2841*** (0.0032)	−0.0463*** (0.0023)
exp		0.0001*** (0.0000)	0.0001*** (0.0000)	−0.0000 (0.0000)
ln*age*		0.0005 (0.0005)	0.0006 (0.0005)	0.0027*** (0.0003)
pro		−1.9429*** (0.0030)	−1.9351*** (0.0031)	−2.2665*** (0.0021)
edu		0.2603*** (0.0054)	0.2272*** (0.0057)	0.0340*** (0.0039)
Constant	−158.4874*** (0.1268)	−110.0734*** (0.4431)	−121.3009*** (0.4483)	21.2050*** (0.0367)
时间固定	No	No	No	Yes
行业固定	No	No	Yes	Yes
区域固定	No	No	No	Yes
观测值	943326	754743	754743	754743
adj-R^2	0.643	0.823	0.828	0.926

注：***、**、*分别表示在1%、5%、10%水平上显著；括号中为标准误；限于篇幅，表中没有给出常数项与控制变量结果，下表同。

从控制变量回归结果来看，技术进步（*tfp_lp*）、出口（*exp*）、企业年龄（ln*age*）和员工职称构成（*pro*）与企业内部工资差距正相关，说明偏向型技术进步以及出口确实会扩大工资差距，这与已有研究文献结论一致，企业内部员工受教育程度的提高（*edu*）有利于缩小收入差距。

在表 7.1 回归结果的基础上，本章还进一步比较了市场竞争不完全对不同行业中企业内部工资差距影响的差异性，结果如表 7.2 所示。其中，产品市场竞争不完全对工资差距影响最大的前四位行业是食品制造业（行业代码 14），烟草制品业（行业代码 16），石油加工、炼焦及核燃料加工业（行业代码 25）和有色金属冶炼及压延加工业（行业代码 33），表明具有自然垄断性质和国有控股比重大的行业其产品市场竞争不完全对工资差距的影响较大。产品市场竞争不完全对工资差距影响最小的前四位行业是纺织服装、鞋、帽制造业（行业代码 18），文教体育用品制造业（行业代码 24）、橡胶制品业（行业代码 29）和金属制品业（行业代码 34）等轻工行业。有意思的是，虽然轻工业行业企业其产品市场竞争不完全对工资差距影响不大，但却形成劳动力市场竞争不完全对工资差距的较大影响。与已有研究不同，本章发现：一方面，在中国工业企业中，产品市场势力大的企业并未将其势力扩展到劳动力市场，即劳动力市场竞争不完全并未显著影响这类企业内部员工工资差距，例如烟草制造业产品市场竞争不完全对工资差距的影响为 0.128%，但劳动力市场竞争不完全对工资差距的影响仅为 -0.181%；另一方面，一些在产品市场不具有势力的企业却向劳动力市场扩展其市场势力，从而形成劳动力市场竞争不完全对企业内部工资差距的较大影响，例如，橡胶制造业等轻工行业虽然产品市场竞争不完全对工资差距的影响不明显，但却形成劳动力市场竞争不完全对工资差距的较大影响。造成这一现象的可能原因是，政府对国有企业以及自然垄断行业企业内部工资差距上限实施严格管控，例如，2002 年、2009 年和 2015 年，国家分别推出《关于进一步规范中央企业负责人薪酬管理的指导意见》《中央管理企业负责人薪酬制度改革方案》等规章制度，规定国企高管薪资不得高于员工薪酬的 8 倍。

表 7.2 产品与劳动力市场竞争不完全影响工资差距的行业差别

	行业名称	产品市场竞争不完全	劳动力市场竞争不完全
产品市场竞争不完全影响工资差距最大的行业	食品制造业（行业代码 14）	0.1111***	−0.2065***
	烟草制品业（行业代码 16）	0.1281***	−0.1810***
	石油加工、炼焦及核燃料加工业（行业代码 25）	0.1270***	−0.2006***
	有色金属冶炼及压延加工业（行业代码 33）	0.1091***	−0.2063***
产品市场竞争不完全影响工资差距最小的行业	纺织服装、鞋、帽制造业（行业代码 18）	0.0763***	
	文教体育用品制造业（行业代码 24）	0.0727***	
	橡胶制品业（行业代码 29）	0.0880***	
	金属制品业（行业代码 34）	0.0875***	
劳动力市场竞争不完全影响工资差距最大的行业	纺织服装、鞋、帽制造业（行业代码 18）		−0.2240***
	皮革、毛皮、羽毛（绒）及其制品业（行业代码 19）		−0.2228***
	文教体育用品制造业（行业代码 24）		−0.2283***
	金属制品业（行业代码 34）		−0.2218***

四、市场化改革与企业内部工资差距

以上分析有助于理解市场竞争不完全影响企业内部技能与非技能员工工资差距的内在形成机制。本章更为关心的是，伴随计划经济向市场经济转轨，政府在产品和劳动力市场实施的消除市场进入壁垒、破除行政垄断和促进劳动要素流通等一系列市场化改革是否会通过缓解产品与劳动力市场竞争不完全的方式，改善企业内部工资不平等？为了考察这一问题，本章在基准回归模型基础上引入各地区市场化程度变量（*market*）以及它与产品和劳动力市场竞争不完全指标的交互项，得到拓展模型式（7.11）：

$$\ln wagegap_{i,t}=\beta_1\ln mu_{i,t}market_{r,t}+\beta_2\ln md_{i,t}market_{r,t}+\beta_3\ln mu\cdot\ln md_{i,t}+\beta_x X+\bar{\omega}_h+\bar{\omega}_r+\bar{\omega}_t+\varepsilon_{i,t} \tag{7.11}$$

其中，$market_{r,t}$ 表示地区 r 的市场化程度，参考张杰等（2010）的做法，将市场化程度刻画为 $market_{r,t}=MKP_{r,t}\times(1-SEGM_{r,t})$，其中 MKP 表

示樊纲等（2003）测算的各地区市场化指数，*SEGM* 表示市场分割指数，其计算方法参考陆铭和陈钊（2009）提出的价格指数法。表 7.3 报告了各地区市场化程度对企业内部工资差距的影响。第（1）列仅考虑各地区市场化进程对产品和劳动力市场竞争不完全影响工资差距的交叉项，但回归结果中劳动力市场系数估计符号却与预期相反。第（2）列加入企业规模等控制变量，核心变量回归系数（ln*mumarket* 和 ln*mdmarket*）与预期相符，其中市场化改革的推进会缓解产品市场竞争不完全，从而促使产品市场竞争不完全对工资差距的影响减弱 0.026%；市场化进程的推进也会缓解劳动力市场竞争不完全，从而使得劳动力市场竞争不完全对工资差距的影响缩小 2.388%。这说明各地区市场化进程的推进会通过缓解产品与劳动力市场竞争不完全的方式，改善企业内部员工收入差距。第（3）列和第（4）列进一步考察市场化进程影响工资差距的时间趋势，从回归结果来看，随着时间的推移，市场化进程会逐渐缓解产品与劳动力市场竞争不完全程度，进而缩小企业内部工资差距。以上回归结论不仅具有统计显著性，也具有经济显著性。与已有文献研究市场化进程影响工资差距的结论不同，本章认为市场化进程的推进并不必然导致工资差距的扩大，实际上，在由计划经济向市场经济转轨的过程中，不完善的市场化改革形成的产品与劳动力市场竞争不完全是引发企业内部工资差距扩大的不可忽视因素。因此，在深化改革的过程中，有针对性地消除产品与劳动力市场进入壁垒、打破要素流通阻碍可以在初次分配中发挥市场的基础性作用，缓解收入分配差距。

表 7.3　市场竞争不完全、制度环境与企业内工资差距

解释变量	(1)	(2)	(3)	(4)
ln*mumarket*	-0.0052*** (0.0005)	-0.0260*** (0.0002)		-0.0261*** (0.0002)
ln*mdmarket*	-0.1051*** (0.0058)	2.3889*** (0.0112)	2.4062*** (0.0113)	
ln*mu*ln*md*	1.8460*** (0.0528)	15.1867*** (0.0220)	15.1498*** (0.0267)	14.9167*** (0.0221)

续表

解释变量	(1)	(2)	(3)	(4)
1998ln*mumarket*			-0.0221*** (0.0006)	
2003ln*mumarket*			-0.0276*** (0.0003)	
2007ln*mumarket*			-0.0272*** (0.0002)	
1998ln*mdmarket*				3.4921*** (0.0270)
2003ln*mdmarket*				2.3830*** (0.0130)
2007 ln*mdmarket*				2.5787*** (0.0117)
控制变量及常数项	No	Yes	Yes	Yes
三类固定效应	No	Yes	Yes	Yes
观测值	942160	753821	753821	753821
adj-R^2	0.031	0.892	0.892	0.893

第五节　异质性分析

一、区分企业所有制的差异

在前文分析中，本章从整体层面对中国制造企业产品与劳动力市场竞争不完全影响企业内部工资差距机制以及各地区市场化进程改善工资差距的影响渠道进行了详细讨论，但并未区分企业所有制差异。实际上，中国作为一个转型经济体，不同所有制企业在产品与劳动力市场生产经营方面都存在显著区别，同时，不同所有制企业面临的市场化进程也存在较大差异。那么，不同所有制企业内部技能与非技能员工收入差距的影响机制是否存在异质性？为此，本章将研究样本划分为国有、外资和私营三类子样本以考察其中的差异，结果如表 7.4 所示。

表 7.4 市场竞争不完全、制度环境与企业内工资差距：区分企业所有制

解释变量	(1) 国有	(2) 外资	(3) 私营	(4) 国有	(5) 外资	(6) 私营
ln*mu*	0.1993 *** (0.0168)	0.2220 *** (0.0156)	0.0871 *** (0.0087)			
ln*md*	−0.1922 *** (0.0008)	−0.2282 *** (0.0007)	−0.2223 *** (0.0004)			
ln*mu*ln*md*	−2.4744 *** (0.1898)	−1.0020 *** (0.1855)	−0.0404 (0.1024)	15.8884 *** (0.0494)	14.4037 *** (0.0662)	14.7514 *** (0.0287)
ln*mumarket*				−0.0260 *** (0.0005)	−0.0216 *** (0.0005)	−0.0257 *** (0.0002)
ln*mdmarket*				1.0399 *** (0.0209)	3.1761 *** (0.0297)	3.4181 *** (0.0165)
Constant	19.3246 *** (0.0901)	22.7896 *** (0.0809)	22.0915 *** (0.0469)	−1.1561 *** (0.0178)	0.2527 *** (0.0227)	0.2467 *** (0.0123)
控制变量	Yes	Yes	Yes	Yes	Yes	Yes
时间固定	Yes	Yes	Yes	Yes	Yes	Yes
行业固定	Yes	Yes	Yes	Yes	Yes	Yes
区域固定	Yes	Yes	Yes	Yes	Yes	Yes
观测值	103031	115531	528752	102798	115421	528205
adj-R^2	0.932	0.941	0.921	0.897	0.900	0.890

从表 7.4 第（1）至第（3）列核心变量回归系数符号来看，无论是对于国有、外资还是私营企业来说，产品与劳动力市场竞争不完全程度的加剧都会显著影响企业内部员工工资差距，说明企业所有制类型并不是影响市场竞争不完全与企业内部工资差距内在机制的决定性因素。但是从回归

系数大小来看，市场竞争不完全对不同所有制企业内部工资差距的影响程度却存在显著区别。从产品市场竞争不完全影响工资差距回归系数来看，相对于国有和私营企业，外资企业产品市场势力对企业内部工资差距影响最大，而私营企业市场势力对工资差距影响最低。造成这种差异的可能原因在于，外资企业拥有较高的生产效率和先进的管理经验，因此可以获得更多的超额利润，国有企业得益于国家政策照顾，也可以获取比较大的市场势力，但私营企业无论在生产效率还是在政策优势上，都无法与外资和国有企业相比。有意思的是，从劳动力市场竞争不完全影响工资差距回归系数来看，相对于国有企业，私营企业劳动力市场竞争不完全对工资差距的影响较大。这说明私营企业更多地通过在劳动力市场扩展市场势力的方式影响企业内部工资收入差距（Tortarolo and Zarate，2018）。值得注意的是，相对于国有和外资企业，私营企业产品市场竞争不完全与劳动力市场竞争不完全交互项回归系数不再显著，说明消除和降低产品市场竞争不完全的政策措施可以有效切断两个市场竞争不完全影响工资差距的关联效应。表 7.4 第（4）至第（6）列给出了各地区市场化进程影响企业内部收入差距的回归结果，结论表明各地区市场化进程的推进无论对于国有、外资还是私营企业来说都会有效降低市场竞争不完全对企业内部工资差距的影响，从而改善企业内部收入分配。有意思的是，各地区劳动力市场竞争程度的增加会显著降低私营企业劳动力市场势力对工资差距的影响。这说明政府在劳动力市场的市场化改革仅能有效改善私营企业工资差距问题，而国有和外资企业由于具有较大的产品市场势力，推进单一的劳动力市场改革并不能有效改善国有和外资企业工资差距问题。因此，只有产品和劳动力市场进行同步性改革才能有效改善不同所有制企业内部工资差距（Bottasso et al. ,2013）。

二、区分企业规模的差异

那么，市场竞争不完全影响企业内部工资差距机制是否对于不同规模的企业来说也具有差异性？为此，本章进一步将总体研究样本划分为小型、中型和大型企业三个子样本以考察异质性，结果如表 7.5 所示。

表 7.5　市场竞争不完全、制度环境与企业内工资差距：区分企业规模

解释变量	(1)	(2)	(3)	(4)	(5)	(6)
	小型企业	中型企业	大型企业	小型企业	中型企业	大型企业
ln*mu*	-0.0020 (0.0127)	0.2148*** (0.0083)	0.1263*** (0.0329)			
ln*md*	-0.2169*** (0.0005)	-0.2110*** (0.0004)	-0.1933*** (0.0018)			
ln*mu*ln*md*	0.4691*** (0.1531)	-2.0326*** (0.0969)	-2.0511*** (0.3727)	16.0843*** (0.0378)	14.4966*** (0.0279)	16.1952*** (0.1037)
ln*mumarket*				-0.0312*** (0.0003)	-0.0240*** (0.0002)	-0.0169*** (0.0009)
ln*mdmarket*				2.3442*** (0.0162)	2.4829*** (0.0160)	1.2917*** (0.0498)
Constant	21.5141*** (0.0615)	21.0934*** (0.0482)	19.3999*** (0.2073)	-1.0630*** (0.0158)	-0.0726*** (0.0132)	-1.9688*** (0.0530)
控制变量	Yes	Yes	Yes	Yes	Yes	Yes
时间固定	Yes	Yes	Yes	Yes	Yes	Yes
行业固定	Yes	Yes	Yes	Yes	Yes	Yes
区域固定	Yes	Yes	Yes	Yes	Yes	Yes
观测值	351418	380277	23048	350992	379801	23028
adj-R^2	0.912	0.936	0.949	0.880	0.906	0.923

从表 7.5 第（1）列和第（3）列回归结果来看，相对于大中型企业，小型企业产品市场竞争不完全对企业工资差距的影响不显著。同时，小型企业产品与劳动力市场竞争不完全交互项回归系数也较小，这进一步证明了消除产品市场竞争不完全是破除产品与劳动力市场影响工资差距联动效应的有效渠道。此外，从劳动力市场竞争不完全（ln*md*）回归系数来看，相对于大中型企业，小型企业劳动力市场竞争不完全对企业内部工资差距影响更大，这也进一步证明了向劳动力市场扩展市场势力并影响收入差距是小型企业获取超额利润的有效途径。实际上，这种向劳动力市场扩展市

场势力的战略行为也会对企业布局产生影响，与外资和大型国企更倾向于布局在大城市以获取产品市场势力的策略不同，小型企业更多地选择布局在小城市，从而实现在区域性的劳动力市场中扩展其市场势力，获取劳动力市场垄断租金。同时，当产品与劳动力市场竞争不完全存在联动效应时，劳动力市场势力也是企业获取市场势力的重要来源，忽视劳动力市场势力会造成对企业产品市场势力的误判（Tortarolo and Zarate，2018）。从表 7.5 第（4）列和第（6）列回归结果来看，各地区市场化进程的推进对于不同规模的企业来说都可以有效缓解市场竞争不完全对企业内部工资差距的影响，从而改善收入分配。

三、区分行业及就业人员构成的差异

为了进一步考察不同行业、不同就业人员构成对市场势力作用于企业内部工资差距的异质性，本章将样本按资本劳动比划分为资本密集型和劳动密集型两类，按企业就业人员学历比重划分为高学历与低学历两类，分别考察其异质性，结果如表 7.6 所示。表 7.6 第（1）和第（2）列表明，相对于劳动密集型行业，资本密集型行业产品市场竞争不完全对企业内部工资差距影响更大，而劳动力市场竞争不完全对工资差距的影响则较少。这说明产品市场竞争不完全对工资差距的影响在资本密集型行业更为显著，劳动密集型行业则更多地表现为劳动力市场竞争不完全对工资差距产生较大影响。第（5）和第（6）列回归结论表明，拥有更多高学历就业人员的行业其劳动力市场势力对企业内部工资差距的影响更小，说明提高就业人员学历构成可以有效提高劳动者的议价技能，进而弱化劳动力市场竞争不完全对工资差距的影响。从表 7.6 第（3）和第（4）列以及第（7）和第（8）列回归结果可以看出，无论是对于不同资本劳动比行业，还是不同就业人员构成的行业而言，各地区市场化进程的推进都可以有效缓解市场竞争不完全对企业内部工资差距的影响，从而改善收入分配，意味着市场化改革对不同行业缩小收入差距具有普遍适用性。

表 7.6 市场竞争不完全、制度环境与企业内工资差距：区分行业及就业人员构成

解释变量	(1)	(2)	(3)	(4)	(5)	(6)	(7)	(8)
	劳动型	资本型	劳动型	资本型	低学历	高学历	低学历	高学历
ln*mu*	0.0048 (0.0114)	0.1492*** (0.0085)			0.0388*** (0.0105)	0.1716*** (0.0071)		
ln*md*	−0.2182*** (0.0006)	−0.2047*** (0.0004)			−0.2225*** (0.0005)	−0.2034*** (0.0004)		
ln*mu*ln*md*	−0.2188 (0.1334)	−1.5230*** (0.1012)	16.7668*** (0.0334)	14.5755*** (0.0282)	−0.7593*** (0.1222)	−1.7544*** (0.0830)	16.0230*** (0.0333)	14.5931*** (0.0254)
ln*mumarket*			−0.0325*** (0.0003)	−0.0226*** (0.0002)			−0.0301*** (0.0003)	−0.0243*** (0.0002)
ln*mdmarket*			2.0343*** (0.0156)	2.3473*** (0.0148)			2.3844*** (0.0158)	2.2527*** (0.0138)
Constant	21.5293*** (0.0660)	20.4438*** (0.0471)	−1.3327*** (0.0131)	−0.2427*** (0.0116)	22.2615*** (0.0551)	19.9475*** (0.0391)	−0.3633*** (0.0134)	−0.5487*** (0.0106)
控制变量	Yes	Yes	Yes	Yes	Yes	Yes	Yes	Yes
时间固定	Yes	Yes	Yes	Yes	Yes	Yes	Yes	Yes
行业固定	Yes	Yes	Yes	Yes	Yes	Yes	Yes	Yes
区域固定	Yes	Yes	Yes	Yes	Yes	Yes	Yes	Yes
观测值	382901	371842	382655	371166	380488	374255	380277	373544
adj-R^2	0.919	0.934	0.895	0.902	0.918	0.954	0.882	0.920

第六节 更多的稳健性检验

第一，企业内部技能与非技能员工收入差距的其他衡量方法。在前面的分析中，本章对于企业内部技能与非技能员工工资差距测算方法参考了陈波和贺超群（2013）的思路，这一方法假定农村个人收入数据可以有效代理低技能员工的工资收入。同时，这一测算方法还需要企业内部的员工学历构成信息。为了稳健起见，本章参考雷钦礼和王阳（2017）的思路，用企业平均工资与所在行业内企业最低平均工资的差额对数替换原有衡量指标。这样设置的理由在于，如果同一行业内的不同企业面对的是同一个劳动市场，那么任意一个企业支付给技能与非技能员工的工资应该是相同的，造成企业间平均工资差异的原因可能是企业间技术能力差异以及产品市场竞争不完全引发的技能与非技能员工投入比例不同。替换企业内部工资差距测算方法的回归结果报告在表 7.7 第（1）和第（2）列，从中可以看到，第（1）列给出了替换变量后的产品与劳动力市场竞争不完全对企业内部工资差距的影响，其中对 ln*mu*、ln*md* 和交互项的系数估计结果与前文的基准回归类似。同时从第（2）列回归结果来看，在替换变量后，各地区市场化进程的推进依然会通过缓解产品与劳动力市场竞争不完全程度的方式，缩小收入差距。总的来看，在替换被解释变量后，本章的核心结论依然成立。

表 7.7　更多的稳健性检验

解释变量	(1)	(2)	(3)	(4)	(5)	(6)
	替换变量	替换变量	2004 年	2004 年	2sls	最低工资
ln*mu*	0.2008*** (0.0009)		0.3797*** (0.0217)		0.0777 (0.1038)	0.0038*** (0.0008)
ln*md*	−0.1652*** (0.0000)		−0.2165*** (0.0010)		−0.4788*** (0.0793)	
ln*mu*ln*md*	−1.3904*** (0.0109)	12.7995*** (0.0106)		14.4117*** (0.0675)	−28.0765*** (9.8812)	−0.4975*** (0.0676)
*binding*0. ln*md*						−0.1924*** (0.0007)
*binding*1. ln*md*						−0.1776*** (0.0006)
ln*mumarket*		−0.0119*** (0.0001)		−0.0274*** (0.0007)		
ln*mdmarket*		0.9825*** (0.0053)		1.3013*** (0.0081)		
Constant	15.9838*** (0.0051)	−1.3227*** (0.0042)	21.8045*** (0.1063)	0.1400*** (0.0118)	−431.106*** (70.8641)	19.2197*** (0.0801)
控制变量	Yes	Yes	Yes	Yes	Yes	Yes

续表

解释变量	(1)	(2)	(3)	(4)	(5)	(6)
	替换变量	替换变量	2004 年	2004 年	2sls	最低工资
时间固定	Yes	Yes	No	No	Yes	Yes
行业固定	Yes	Yes	Yes	Yes	Yes	Yes
区域固定	Yes	Yes	Yes	No	Yes	Yes
Sargan Tests p					0.5781	
Weak test					5.442	
观测值	776896	775954	152301	152086	285539	266439
adj-R^2	0.998	0.959	0.894	0.848	0.760	0.9379

第二，用 2004 年工业企业样本重新回归。在前面的分析中，为了测算中国工业企业在各年份的企业内部技能与非技能员工收入差距，本章将 2004 年中国各个企业员工学历比重扩展到样本期间的其他年份。这样处理虽然避免了企业选择不同技能职工产生的内生性问题，却也忽视了技能员工占比随时间的变动。为了进一步考察结论的稳健性，本章基于 2004 年截面样本数据对核心结论进行重新估计，结论如表 7.7 第（3）和第（4）列所示。从表 7.7 第（3）列估计结果来看，ln*mu*、ln*md* 和交互项的系数估计符号和大小没有发生根本性变动，再次证明产品与劳动力市场竞争不完全是引发中国企业内部技能与非技能员工工资差距的不可忽视因素。表 7.7 第（4）列估计结果也再次验证了市场化进程的推进可以有效改善产品与劳动力市场竞争不完全，从而缓解收入差距。

第三，市场竞争不完全的内生性问题。与 Bottasso 等（2013）选择用历史特殊事件衡量产品与劳动力市场竞争不完全的测算方法不同，本章借鉴 Tortarolo 和 Zarate（2018）的思想，在统一的框架下对中国产品与劳动力市场竞争不完全程度进行量化处理。这样做虽然可以有效衡量市场竞争不完全，但是也存在市场竞争不完全与企业内部工资差距互为因果引发的内生性问题。为了有效避免内生性问题产生的估计偏误，本章采用两阶段最小二乘法（2SLS）来处理内生性偏差。然而，寻找有效的工具变量是一个富有挑战性的过程。为此，本章用樊纲等（2003）编制的“市场化指数”指标体系中的“产品市场发育程度”（*MKP*03）、“要素市场发育程度”（*MKP*04）、二者滞后三期值和交互项作为产品市场竞争不完全（ln*mu*）、劳动力市场竞争不完全（ln*md*）和交互项（ln*mu*·ln*md*）的工具变量。这样设置的理由在于，樊纲等（2003）编制的“市场化指数”主要基于省份汇总数据计算所得，省份的汇总数据会对本章测算的企业层面工资差距产生影响，反之，企业层面工资差距数据对省份汇总数据产生的影响则较低（Javorcik，2004）。表7.7第（5）列给出了工具变量回归结果，产品与劳动力市场竞争不完全以及交互项对企业内部工资差距依然有正向影响，估计系数也与基准回归结果类似，结论稳健。Sargan检验p值为0.5781，说明工具变量不存在过度识别问题；弱工具变量检验统计量为5.442，说明也不存在识别不足问题。

第四，考虑最低工资标准控制变量。实际上，为了缩小收入差距，中国政府于2004年正式实施《最低工资法规》，要求企业必须支付给劳动者不低于最低工资标准的劳动报酬。同时，各地区最低工资标准要根据当地生活费用水平、经济发展水平进行调整。可以说最低工资标准的实施对于缩小收入差距起到了重要的作用。根据Tortarolo和Zarate（2018）的研究结论，最低工资制度会显著影响劳动者供给弹性，进而影响劳动力市场竞争不完全程度。为了避免遗漏变量偏误，本章收集了中国各省份在样本期间的最低工资标准数据，并构建最低工资标准哑变量（*binding*）：$r_{rt} = minwage_{rt}/w_{it}$，其中 w_{it} 表示企业的平均工资，$minwage_{rt}$ 表示最低工资。参考Tortarolo和Zarate（2018）的处理办法，将 $r_{rt} \geq 60\%$ 的企业视为受最低工资标准约束的企业（*binding*=1），将 $r_{rt} \leq 40\%$ 的企业视为不受最低工资标准约束的企业（*binding*=0）。将最低工资标准哑变量与ln*md*交乘项作为新的控制变量加入回归模型，结果如表7.7第（6）列所示。从回归结果来看，受最低工资标准约束的企业其劳动力市场竞争不完全对工资差距估计系数（*binding*0.ln*md*）为-0.192，明显小于不受最低工资标准约束企业的回归系数（*binding*1.ln*md*估计系数为-0.178）。这说明最低工资标准的实施确实可以有效缓解工资差距问题。同时，其他核心变量估计系数与基准回归结果类似，具有稳健性。

第七节　影响机制检验与消除市场竞争不完全的效率提高

一、市场竞争不完全引发工资差距的影响机制检验

前文研究的核心结论是，市场化改革并不必然带来收入差距的扩大，伴随改革不完善形成的产品与劳动力市场竞争不完全是引发中国企业内部技能与非技能员工工资差距的重要原因。那么，很自然的一个问题就是，产品与劳动力市场竞争不完全通过何种渠道影响企业内部工资差距？实际上，根据第三部分的理论建模，产品市场竞争不完全会通过超额垄断租金作用于工资差距，劳动力市场竞争不完全主要通过扭曲技能与非技能员工的供给弹性作用于工资差距。同时，产品与劳动力市场竞争不完全也会通过扭曲技能与非技能员工投入比例的方式作用于工资差距（Bottasso et al.，2013）。

由于本章用于衡量产品市场竞争不完全的指标（*Markup*）也可以衡量异质性企业的获利能力（Tortarolo and Zarate，2018），因此，影响市场竞争不完全进而引发工资差距的中介效应实际上可以简化为两种：一是资源错配；二是技能与非技能员工的供给弹性差异。本章对资源错配的测算借鉴Hsieh和Klenow（2009）的思路，用企业全要素生产率的标准差（*vartfp*）衡量。[①] 对技能与非技能员工供给弹性差异（*thettagap*）的测算如下，本章扩展了第四部分指标构建中的员工择业模型，即将样本划分为技能与非技能两组，分别考察不同技能员工的择业行为差异，并根据公式 $\epsilon_{it}^{L}=(d\,s_{it}/s_{it})/(d\,w_{it}/w_{it})=\beta\,w_{it}(1-s_{it})$ 分别计算两组员工的供给弹性，用二者之差衡量技能与非技能员工的供给弹性差异。据此，可以构建如下中介效应模型：

---

① 本章根据企业全要素生产率，在三位数行业代码层面上计算了企业的全要素生产率标准差。

$$\ln wagegap_{i,t} = \beta_1 \ln mu_{i,t} + \beta_2 \ln md_{i,t} + \beta_3 \ln mu \cdot \ln md_{i,t} + \beta_x X + \overline{\omega}_h + \overline{\omega}_r + \overline{\omega}_t + \varepsilon_{i,t} \quad (7.12)$$

$$vartfp_{i,t} = \beta_1 \ln mu_{i,t} + \beta_2 \ln md_{i,t} + \beta_3 \ln mu \cdot \ln md_{i,t} + \beta_x X + \overline{\omega}_h + \overline{\omega}_r + \overline{\omega}_t + \varepsilon_{i,t}$$

$$thettagap_{i,t} = \beta_1 \ln mu_{i,t} + \beta_2 \ln md_{i,t} + \beta_3 \ln mu \cdot \ln md_{i,t} + \beta_x X + \overline{\omega}_h + \overline{\omega}_r + \overline{\omega}_t + \varepsilon_{i,t} \quad (7.13)$$

$$\ln wagegap_{i,t} = \beta_1 \ln mu_{i,t} + \beta_2 \ln md_{i,t} + \beta_3 \ln mu \cdot \ln md_{i,t} + \beta_4 vartfp_{i,t} + \beta_5 thettagap_{i,t} + \beta_x X + \overline{\omega}_h + \overline{\omega}_r + \overline{\omega}_t + \varepsilon_{i,t} \quad (7.14)$$

式（7.14）中，β_4和β_5是本章关注的中介效应核心系数，回归结果如表7.8所示。表7.8第（1）列回归结果与基准回归结论相同，即产品与劳动力市场竞争不完全确实显著影响企业内部工资差距。第（2）列用资源错配（*vartfp*）作为被解释变量，其中产品与劳动力市场竞争不完全回归系数依然显著，说明市场竞争不完全显著提高了中国企业的资源错配程度。第（3）列进一步用技能与非技能员工供给弹性差（*thettagap*）作为被解释变量，产品与劳动力市场竞争不完全回归系数依然显著，说明市场竞争不完全显著提高了技能与非技能员工的供给弹性差异。第（4）列给出了中介变量回归结果，可以看到中介变量 *vartfp* 和 *thettagap* 的系数显著为正。说明资源错配和技能与非技能员工供给弹性差异确实是市场竞争不完全影响工资差距的中介效应。

表7.8　市场竞争不完全影响工资差距的中介效应

解释变量	(1)	(2)	(3)	(4)
ln*mu*	0.0964*** (0.0068)	0.0133*** (0.0013)	0.0010*** (0.0001)	0.4397*** (0.0043)
ln*md*	−0.2131*** (0.0003)	−0.5137*** (0.0680)	−0.0472*** (0.0001)	−0.0040*** (0.0003)
ln*mu*ln*md*	−0.6843*** (0.0796)	−0.2012*** (0.0154)	−0.2288*** (0.0064)	−3.0727*** (0.0499)
vartfp				0.0237*** (0.0033)

续表

解释变量	(1)	(2)	(3)	(4)
thettagap				4.7570*** (0.0044)
Constant	21.2050*** (0.0367)	0.8864*** (0.0074)	7.1371*** (0.0068)	-11.2322*** (0.0379)
控制变量	Yes	Yes	Yes	Yes
时间固定	Yes	Yes	Yes	Yes
行业固定	Yes	Yes	Yes	Yes
区域固定	Yes	Yes	Yes	Yes
观测值	754743	790197	780597	753253
adj-R^2	0.926	0.673	0.954	0.971

二、消除市场竞争不完全的效率提高

那么消除产品与劳动力市场竞争不完全对经济效率能够带来多大的提高？如果基于中国的实证分析证明消除竞争不完全确实可以提高经济运行效率，将意味着中国市场化进程的推进不仅可以在初次分配中发挥市场的作用实现收入公平，也可以兼顾效率。为此，本章在 Hsieh 和 Klenow（2009）研究资源错配与生产效率文献基础上，借鉴 Tortarolo 和 Zarate（2018）的研究思路，探讨消除产品和劳动力市场竞争不完全带来的效率提高。①

假定经济体的最终产出表现为 CES 的产品组合形式，则行业 s 的全要素生产率（TFP_s）可以表示为如下形式：

$$TFP_s = \left[\sum_{i=1}^{M_s} \left(\varphi^{*} \frac{\overline{TFPR_s}}{TFPR_{si}} \right)^{\sigma-1} \right]^{\frac{1}{\sigma-1}} \tag{7.15}$$

① Hsieh 和 Klenow（2009）主要研究了相对于没有资源错配时的 TFP，消除资源错配可以使生产效率提高多少，本章则是计算相对于实际观测的 TFP，消除市场竞争不完全可以在多大程度上提高 TFP。

其中，M_s 表示在行业 s 中的企业数量，φ^* 表示企业 i 的全要素生产率，σ 表示相同行业的不同企业间的替代弹性。$TFPR_{si} \equiv p_{si}\varphi_{si}^*$ 表示企业生产率，在资源配置最优时，其在相同行业的企业间取值相同。$\overline{TFPR_s}$ 表示行业 s 的平均生产效率。当存在产品和劳动力市场竞争不完全时，可以将企业层面的总生产效率表示为：

$$TFPR_{si} \propto \frac{MU_{si}}{MD_{si}} \tag{7.16}$$

式（7.16）表明，当在 $\overline{TFPR_s}$ 中考虑产品市场竞争不完全（MU_{si}）和劳动力市场竞争不完全（MD_{si}）时，行业层面的全要素生产率（TFP_s）可以重新表示为：

$$TFP_s = \frac{\left[\sum_{i=1}^{M_s} \varphi_{si}^{*\,\sigma-1}\left(\frac{MD_{si}}{MU_{si}}\right)^{\sigma-1}\right]^{\frac{\sigma}{\sigma-1}}}{\left[\sum_{i=1}^{M_s} \varphi_{si}^{*\,\sigma-1}\left(\frac{MD_{si}}{i}\right)^{\sigma}\right]} \tag{7.17}$$

参考 Hsieh 和 Klenow（2009），假定企业的 $TFPR_{si}$ 和 φ_{si}^* 服从联合对数正态分布，则全要素生产率可以表示为如下可计量形式：

$$\log TFP_s = \gamma - \frac{\sigma}{2}\mathrm{Var}\left(\frac{MD_{si}}{MU_{si}}\right) \tag{7.18}$$

其中，γ 是一个跨行业值，它对行业内的投入要素边际产出价值的方差并不产生影响，因此，设定 $k=1$。σ 表示产品间的替代弹性，已有文献认为 σ 在竞争性制造业的取值在 3~10，参照龚关和胡关亮（2013），本章设定 σ 为 3。在已知企业产品市场势力（*Markup*）和劳动力市场势力（*Markdown*）的情况下，可以根据式（7.18）测算出消除市场竞争不完全带来的效率提升。[①] 本章参考以上计算方法，在第四部分测算出的产品市场竞争不完全（*Markup*）和劳动力市场竞争不完全（*Markdown*）基础上，对消除市场竞争不完全带来的效率提高进行测算，结论如表 7.9 所示。

① 本章对产品市场势力（*Markup*）和劳动力市场势力（*Markdown*）标准差以及效率提升的测算都是基于三位数行业代码平均数据得到的。

表 7.9 消除市场竞争不完全带来的 TFP 增长 单位：%

	观测值	消除竞争不完全带来的 TFP 增加	标准差	最小值	最大值
全部样本	1343004	19.30	3.75	3.96	60.76
国有企业	255621	20.70	4.62	3.96	58.34
外资企业	192952	18.50	3.31	4.20	48.96
私营企业	876516	19.06	3.43	4.33	51.84
小型企业	678011	21.28	3.54	4.33	58.34
中型企业	621029	17.41	2.72	3.96	60.76
大型企业	43964	15.60	2.70	8.34	41.67

从表 7.9 可以看出，若消除产品与劳动力市场竞争不完全，可以使得中国 1998~2007 年全要素生产率（TFP）提高约 19.30%，平均每年改善 1.9%。这说明中国进行针对消除竞争不完全的市场化改革不仅可以改善企业内部收入差距，也可以促进社会生产效率的提高。根据 Bosworth 和 Collins（2008）测算的中国 1993~2004 年工业全要素增长率年均增长 6.2%的研究结论，可以粗略估计出 1/3 的 TFP 增长可归因于中国市场竞争情况的改善。从企业所有制类型来看，消除产品与劳动力市场竞争不完全可以促使国有企业全要素生产率提高 20.70%，促使外资企业生产效率提高约 18.50%，私营企业提高约 19.06%，因此进行消除竞争不完全的市场化改革可以推动我国国有企业改革、刺激外资和民营企业进一步发展，缩小国有企业与非国有企业的效率差距。从企业规模来看，市场竞争不完全的消除，对小型企业带来的效率提升效应最大，其次是中型企业和大型企业。对此可能的解释是：一方面，市场竞争不完全的消除可以有效提高小型企业自身的生产效率；另一方面，大中型企业产品与劳动力市场势力的消除也可以通过改善整体市场资源配置效率、消除挤出效应的方式，间接提高小型企业的生产效率。

第八节　本章小结

在实现经济高质量发展的同时如何缩小企业内部员工工资差距是关乎中国能否实现全面建成小康社会和保障人民群众共享改革成果战略目标的重要议题。不同于已有文献，本章从中国产品与劳动力市场竞争不完全相融合的视角分析了企业内部工资差距的形成机制，兼论消除竞争不完全的效率提高。通过在统一的框架下构建衡量产品与劳动力市场竞争不完全测算指标并结合中国工业企业数据库相关数据，本章得到如下实证研究结论：①总体上中国制造企业不仅在产品市场获取垄断租金，也会通过压低员工收入的方式，进一步获取劳动租金，平均而言，企业在竞争不完全的产品市场获取高于边际成本45.70%的价格加成，在劳动力市场支付低于劳动边际产品收益7.84%的工资，说明中国产品与劳动力市场都呈现不完全竞争的特征；②在这样的市场结构下，产品市场不完全程度提高1%，企业内部工资差距扩大0.096%，劳动力市场不完全程度提高1%，企业内部工资差距扩大0.213%，意味着中国的市场化改革并不必然带来收入差距的扩大，不完全的市场化改革形成的产品与劳动力市场竞争不完全才是引发企业内部收入差距问题的重要原因；③产品与劳动力市场竞争不完全对工资差距的影响存在显著的关联效应，即产品市场不完全程度提高1%，劳动力市场不完全程度对工资差距的影响就提高0.684%，意味着单一市场的市场化改革并不能有效缩小收入差距，只有产品与劳动力市场的同步改革才能达到最优的政策效果。经过一系列稳健性检验后，以上结论依然成立，但从不同所有制类型、不同规模企业来看却存在异质性。具体表现为，国有企业、外资企业以及大中型企业更多地通过产品市场竞争不完全影响企业内部收入差距，而小型企业和私营企业则会通过向劳动力市场扩展势力的方式影响工资收入差距。从影响机制来看，高额垄断租金引发的资源错配和劳动力供给弹性差异是市场竞争不完全影响工资差距的重要渠道。更重要的是，本章的扩展研究表明，中国的市场化改革可以在初次分配中通过市场机制兼顾效率与公平，各地区市场化进程的推进会有效缓解产品与劳动力市场竞争不完全，进而缩小企业内部工资差距，从而实现公平，产品与劳动力市场竞争不完全的消除，也会刺激中国全要素生产率提高约 19.30%，从而增进效率。由此，可以得到以下三点启示：

第一，与政府主导的再分配政策相比，在初次分配中消除市场竞争不完全也可以缓解和改善企业内部工资差距。本章的实证结论表明市场经济与市场化改革并不必然带来收入差距的扩大，不完全的市场化改革形成的产品与劳动力市场竞争不完全才是致使企业内部收入差距扩大的重要原因，而消除市场竞争不完全的改革既能实现效率也能兼顾公平。消除市场竞争不完全的关键在于营造市场参与主体自由竞争、公平交易的营商环境，这并不意味着政府一味地放手不管，也不是倡导政府直接干预资源配置。市场经济作为一种高效的资源配置方式需要有力的制度保障，而这种保障既不能过度，也不能不足。实际上，完全的市场放任也会形成市场自发的竞争不完全。因此，政府在推行简政放权的同时，要营造和维护市场经济下的机会与规则公平，从干预型政府向服务与监督型政府转变，推进国家治理体系和治理能力现代化，充分发挥社会主义市场经济制度优越性，才能真正做到消除市场竞争不完全，最终实现兼顾公平与效率。

第二，产品与劳动力市场的关联效应是分析中国工资差距问题和决定相关政策实施效果的关键。本章实证结论表明，单一消除劳动力市场竞争不完全政策改革虽然可以有效缓解小型和私营企业内部工资差距问题，但却不能有效解决大中型企业以及国营和外资企业内部工资差距，因为大中型企业更多地通过产品市场竞争不完全影响工资差距。同时，单纯实施消除产品市场竞争不完全的政策改革，不仅不会消除小型和私营企业内部员工工资差距，还有可能迫使大中型企业将产品市场势力向劳动力市场扩展，反而加重企业内部工资差距。因此，在产品与劳动力市场实施同步的改革措施才能够实现最优的政策效果。党的十九大以来，中国政府不断构建和完善统一开放、竞争有序的现代市场体系，放宽产品市场准入，加强公正监管，并在要素市场上进一步破解要素流动和资源配置瓶颈，这些政策措施无疑是进行同步改革的正确方向。

第三，本章的研究结论对理解中国经济目前出现的劳动收入占比下降、如何实现充分就业以及优化企业布局问题具有一定的启示：①本章的研究结论表明，产品与劳动力市场竞争不完全引发的企业向劳动力市场扩展势力进而压低实际工资行为，可能是导致中国劳动收入占比下降的重要原因；②产品与劳动力市场竞争不完全的关联效应也会迫使企业为了寻求超额垄断租金进而降低对劳动力的投入，致使劳动力市场无法实现充分就业，这无疑增进了对中国近年来出现的失业问题的理解；③产品与劳动力市场竞争不完全也会在一定程度上影响企业布局，具体表现在具有产品市场势力的大中型企业更倾向于布局在大城市，而小型和私营企业为了向劳动力市场扩展势力则会倾向于布局在劳动力市场相对封闭的中小城市。总体来看，本章的研究结论虽然对理解工资差距问题具有一定的启示，但也存在一些不足，如没有更深入地探讨产品与劳动力市场竞争不完全的形成原因，也没有进一步扩展分析市场竞争不完全对企业间、行业间甚至城乡间工资差距的潜在影响，以上两点可能是未来研究的方向。

第八章 结论与启示

第一节 主要结论

如何精确地匹配经济学理论与观察到的数据是近 30 年来实证经济学的一个前沿研究方向。尤其是在产业组织和宏观经济学中，明确使用经济学模型进行数据分析的结构性实证研究日益成为主流。新实证产业组织方法就是一种结构性实证研究方法。新实证产业组织研究方法以具体行业中的企业行为作为分析对象，借助刻画企业策略行为的博弈模型，即构建需求与供给层面的消费者效用最大化与企业利润最大化结构模型，估计产品层面累加数据背后的深层次结构参数，从而实现对企业策略行为引发的竞争效应的识别与量化分析。从国外学术研究来看，目前，国际上基于新实证产业组织研究方法的学术论文已经非常丰富。一些学者也出版了多部关于新实证产业组织理论的学术专著。这些学术论文和研究专著极大地推进了国外有关新实证产业组织研究方法的普及和发展。从国外相关教学来看，哈佛大学、芝加哥大学和加州大学伯克利分校等欧美高校在研究生和博士生课程培养体系中已经开设了《高级实证产业组织》课程，这门课程已经成为经济学课程体系下的重要组成部分。就国内学术研究而言，有关新实证产业组织方法的介绍散见于一些学者发表的论文。尚未有一本学术专著对新实证产业组织方法发展脉络、模型构建和估计策略进行系统全面的介绍。这无疑极大地阻碍了采用新实证产业组织方法进行中国反垄断问题研究的进展。正是出于这样的目的，本书旨在对新实证产业组织理论发展脉络进行系统详细的介绍，从而使读者可以全面地了解新实证产业组织研究方法的产生、发展以及在反垄断研究中的应用。

本书的最大特点在于，将新实证产业组织理论建模与反垄断问题分析应用相融合。从国内外有关新实证产业组织研究方法相关学术专著来看，尚未有一本将新实证产业组织研究方法说明与反垄断实际应用有机融合的入门级专著。这就使得刚刚入门学习新实证产业组织研究方法的学生或者从事反垄断实证分析的学者不熟悉该方法的分析框架，从而缺少一个快速有效的学习导引。本书在行文中介绍新实证产业组织研究方法的同时，通过结合中国反垄断实际案例，详细讲解如何运用这一研究方法进行反垄断实证研究，尽量做到建模理论与分析应用有机结合，使读者知其然，更知其所以然。首先，本书在文献综述部分系统全面地介绍了新实证产业组织研究方法的文献发展脉络，详细介绍新实证产业组织理论的产生、发展以及在国内外反垄断研究中的应用情况。其次，本书详细介绍该方法的建模过程以及参数估计策略。具体而言，介绍了基于消费者效用最大化的 Logit 需求模型构建，以及基于企业利润最大化的供给模型构建。最后，本书转向如何运用这一研究方法分析中国经济发展过程中出现的垄断问题。这一部分主要包括两方面内容：一是新实证产业组织在产品市场反垄断问题中的应用，主要介绍如何运用新实证产业组织研究方法估算中国乘用车市场合资企业内部中资方与外资方的议价能力，以及如何运用新实证产业组织研究方法识别整车企业对下游经销商实施的纵向控制策略并进行社会福利分析；二是新实证产业组织在劳动力市场反垄断问题中的应用，主要介绍如何运用新实证产业组织研究方法估算企业在产品与劳动力市场中的市场势力，以及分析双边市场势力关联对反垄断政策执行效果的影响。通过这一部分的阅读与学习，读者能够更好地掌握实证产业组织研究方法在具体反垄断问题中的应用，培养运用实证产业组织研究方法开展反垄断问题研究的经济学直觉。总体而言，本书的研究结论如下：

第一，本书在前三章着重介绍了新实证产业组织方法的文献研究脉络，以及模型构建和估计策略。新实证产业组织研究方法已经颠覆了哈佛学派结构主义分析方法在实证产业组织中的统治地位，成为研究微观企业行为及其经济效应的重要实证方法。总体而言，新实证产业组织研究方法在实证产业组织领域的突破主要体现在以下三个方面：首先，新实证产业组织方法将博弈论理论模型纳入实证分析框架，构建了基于微观经济学理论的实证模型，实现了经济学理论与微观数据所反映的客观事实的精确匹配。这就使得新实证产业组织研究方法可以分析企业实施策略行为对市场均衡的影响。哈佛主义的 SCP 分析范式先天无法对企业个体行为进行分析，导致其对于反垄断实践中的企业市场势力、企业竞争行为等微观问题几乎毫无解释力度。其次，新实证产业组织方法更加侧重于揭示企业个性和消费者特性等深层次原始参数对市场均衡的影响。在数字经济时代，企业个性和消费者特性在市场中越来越成为决定性的力量，而共性的结构特征，例如区域和所有制则日益减弱。这就使得新实证产业组织研究方法更加适合分析数字经济时代背景下的企业行为问题。由史蒂文·贝里（Steven T Berry）、詹姆斯·莱文斯（James A Levinsohn）和阿里尔·帕克斯（Areil Pakes）发展的随机系数 Logit 需求模型，通过在模型中引入随机系数，克服了无关选项独立性假定导致的系数估计问题，打破了传统需求估计方法假定商品间完全异质且毫无关联，且不需要考虑交互影响的分析局限性，可以实证分析产品间的部分相似性、交叉影响对企业策略行为的影响。最后，新实证产业组织方法注重于对微观企业供给行为的分解分析。新实证产业组织研究方法构建的企业生产函数能够模拟寡头竞争市场中的企业间策略互动，构建在博弈论基础上的供给分析，极大地扩展了新实证产业组织研究方法对企业行为的可研究范围。例如，通过与博弈论理论模型相结合，新实证产业组织理论可以分析企业价格歧视、纵向控制策略、拍卖等企业行为对市场均衡的影响。

第二，本书在第四章和第五章运用新实证产业组织研究方法，实证识别了产品市场中的企业议价能力以及纵向控制策略，分析了企业实施纵向控制策略对消费者福利以及生产者福利的影响，为中国反垄断部门提供了相应的实证分析工具，扩展了政策分析的工具箱。首先，在第四章，通过运用新实证产业组织研究方法，本书为识别企业议价能力提供了一个识别分析方法。研究发现，中国乘用车合资企业内中资议价势力平均为 0.35，议价势力并不是行业固有特性，不同合资企业内不同中资集团具有不同的议价势力并且差异很大，即不同的讨价还价对象会导致不同抗衡结果。进一步实证分析证明，议价势力作为一种合资企业内讨价还价现象与行业结构、规模变动等宏观经济因素相关性较弱，更多地受企业层面市场份额、对外资依赖性、自主品牌因素影响，表现为企业内部的讨价还价微观现象。其次，在第五章，通过运用新实证产业组织研究方法，本书为识别企业纵向控制策略提供了一个识别分析方法。研究发现，相比于线性契约、两部收费制和下游完全竞争情形，中国乘用车市场确实存在整车企业对下游 4S 店实施转售价格维持引发的横向竞争弱化。转售价格维持引发的竞争弱化致使车型平均价格由 13.81 万元提高到 14.04 万元，提高了 1.64%。从社会福利变化来看，转售价格维持引发的竞争弱化使得消费者福利降低 9.71 亿元，生产者福利提高 10.19 亿元，竞争弱化促使中国整车制造商赚取超额垄断利润并损害了消费者福利。

第三，本书在第六章和第七章运用新实证产业组织研究方法，在产品与劳动力市场势力关联的环境下，识别了企业在劳动力市场中的市场势力，并分析了产品与劳动力市场势力对员工收入差距的影响。首先，在第六章，通过运用新实证产业组织研究方法，本书为识别企业劳动力市场势力提供了一个有效的识别分析方法。研究发现，企业不仅在产品市场获取垄断租金，也会通过隐性压低员工收入的方式获取劳动租金。具体来说，企业在产品市场获取高于边际成本 66.13%的价格加成，在劳动力市场支付低于劳动边际产品收益 24.31%的工资。在现有竞争政策体系下，产品市场实施的《反垄断法》，确实使得企业向劳动力市场扩展势力来规避竞争法的影响。企业向劳动力市场扩展势力来规避产品市场规制的行为，不仅使得竞争政策的实施效果大打折扣，也会引发劳资冲突等一系列社会问题。从员工技能差异来看，企业对不同技能员工具有不同的势力，企业支付给高技能员工更高的工资，并且更倾向于向高技能劳动力扩展市场势力。其次，在第七章，通过运用新实证产业组织研究方法，本书分析了在双边市场势力关联的环境中，企业产品与劳动力市场势力对企业内部技能员工工资差异的影响。研究发现，企业产品市场势力提高 1%，企业内部员工工资差距就扩大 0.096%，企业劳动力市场势力提高 1%，企业内部员工工资差距就扩大

0.213%，不完全的市场化改革形成的产品与劳动力市场竞争不完全才是引发企业内部收入差距问题的重要原因。产品与劳动力市场势力对工资差距的影响存在显著的关联效应。具体来讲，企业产品市场势力提高1%，劳动力市场势力对工资差距的影响提高0.684%，意味着单一市场的市场化改革并不能有效缩小收入差距，只有推动产品与劳动力市场的同步改革才能达到最优的政策效果。

第二节　政策启示

本书运用新实证产业组织研究方法，分析了产品与劳动力市场中的企业垄断行为及其产生的经济效应。基于上述核心研究结论，本书的反垄断政策启示如下：

第一，亟须将新实证产业组织方法作为反垄断执法部门对企业行为进行反垄断审查的基本分析工具。在新发展阶段，政府对市场经济的指导和调控不再局限于宏观调控。特别是对于反垄断而言，政策主要针对微观经济领域，迫切需要一种评价识别方法，可以对微观企业、消费者行为所产生的经济影响进行实证建模。这样才可以通过现实企业层面和消费者层面的微观数据，对决策部门的微观经济管制政策给出重点审查目标，为政策制定和实施提供证据支持和合理性证据。目前，美国司法部反托拉斯局和联邦贸易委员会已经开始运用新实证产业组织研究方法进行如下三个方面的政策合理性评估：一是通过价格和需求波动判断企业是否存在共谋行为；二是对即将实施兼并的企业建模，对合并后的企业行为、定价和消费者福利状况进行兼并模拟；三是对企业是否滥用市场势力进行测度，并给出消费者福利损失的具体参考。就新实证产业组织研究方法在我国反垄断执法审查中的应用而言，基于该方法的反垄断案件分析仅停留在学术领域。例如，针对近年来出现的中国白酒、汽车、原料药和互联网平台行业垄断案，学者运用实证产业组织方法对案件背后的经济学原理进行揭示。中国反垄断执法总局对于企业行为垄断性质的分析工具依然依赖于哈佛学派基础上的市场集中度指数，亟须将新实证产业组织方法作为反垄断执法部门对企业行为进行反垄断审查的基本分析工具，从而丰富政策分析工具箱。为此，本书建议在以下四个方面，可以考虑应用新实证产业组织方法：一是测量企业滥用市场势力行为是否存在；二是企业间价格协同行为的监控与评估；三是对企业间横向兼并的监控审查；四是对公共事业领域价格管制计量。

第二，有关中国乘用车市场纵向控制策略竞争效应的研究，也有助于形成中国现实产业背景下的具有普遍适用性的纵向控制反垄断规制路径。反垄断法作为市场经济中的经济宪法，奉行的是适度干预和有效干预原则，其干预原则是以充分尊重和有效维护市场竞争体制为核心的。因此，各国反垄断机构针对企业的竞争损害行为也大多采取谨慎干预的执法原则。区别于企业间的横向协议，企业间的纵向协议具有复杂性和多样性，即企业间的纵向控制协议既具有效率促进效应，也具有竞争损害效应。就本书而言，整车制造企业实施的纵向控制策略一方面有利于消除“整车—经销商”的双重加价问题，从而有利于产业链协调；另一方面纵向控制的实施也形成了整车制造层面的横向竞争弱化效应，损害市场竞争效率。因此，不能简单地将企业间横向协议的反垄断规制方法照搬在纵向控制策略的规制方法中，而是应制定并实施针对纵向控制策略的专项反垄断规制指南。就纵向控制策略的反垄断规制路径而言，本书认为，反垄断介入应遵循的路径是：第一步，对纵向控制策略的竞争损害效应进行有效识别；第二步，科学评估纵向控制策略引发的竞争损害是否损害社会福利，如果未损害则不干预，如果损害则要进一步考察其可维持性问题；第三步，如果竞争损害不具有可维持性，那么市场机制将自发调节，无须介入，如果具有可维持性才需要反垄断的介入。

第三，亟须突破反竞争行为存在领域之范围的认知，将反垄断执法视域向劳动力市场扩展。近年来，劳动力市场中出现的企业将经营压力转变为工作强度、劳动者工作强度过大等企业侵蚀员工利益现象逐渐成为社会各界关注的热点话题。建立在芝加哥学派基础上的传统竞争政策理论体系及其形成的消费者福利执法标准，只关注产品市场中的企业垄断行为，其构建的理论体系天然割裂了产品与劳动力市场的关联性。这就造成在现实执法实践过程中，出现了“产品—劳动力”市场监管理论分离之间的矛盾，并引发政策执行的偏失。为此，本书认为有必要采取以下三项举措：首先，竞争政策的执法视域要延伸至劳动力市场，建立“收入分配中性”执法原则。国际经济合作与发展组织（OECD）在 2015 年发布的《劳动力市场竞争报告》中指出，在竞争不完全的市场环境中，企业市场势力会使得竞争机制产生的要素分配偏离资源配置中性原则。这意味着在新发展阶段，竞争政策不仅要建立“竞争中性”执法原则，还需要将执法视域延伸至劳动力市场，建立起“收入分配中性”执法原则。其次，亟须研究并出台针对劳动力市场的反垄断指南，引导雇主在雇用劳动力过程中恪守反垄断界限，切实维系劳动力市场良性竞争秩序。从国际经验来看，美国司法部、联邦贸易委员会已经于 2016 年联合颁布《针对人力资源专业人士的反垄断指南》，引导企业在招聘和薪酬决策过程中遵守反垄断法。最后，加快构建人力资源部门与市场监管部门、劳动法与竞争法协同保障劳动者权益的格局。当前，我国针对劳动者收入等权益保障的机构主要是人力资源和社会保障部，主要法律依据是《中华人民共和国劳动法》。从国外实践来看，2022 年 9 月，美国联邦贸易委员会和美国国家劳动关系委员会宣布，两部门将联手应对产品与劳动力市场反垄断立法与执法过程中面临的新挑战。为了改善收入分配，有必要加强政策协同，形成人力资源和社会保障部门、市场监管部门协同保障劳动者权益的工作机制。

第三节　研究不足及可能的改进之处

本书作为新实证产业组织领域入门级专著，讲述了新实证产业组织方法的建模理论和求解逻辑，并结合笔者相关研究，讲解了这一研究方法在中国产品与劳动力市场反垄断分析中的应用。正如本书在第一章所言，新实证产业组织研究方法是近 30 年来实证经济学的一个非常重要的前沿研究方向。目前，基于新实证产业组织方法的学术研究不仅停留在产业组织领域，还向国际贸易、劳动经济学等其他经济学领域进行扩展，并为其他领域的进一步发展注入了新的活力。因此，新实证产业组织理论是一个较为庞大的方法论研究体系。本书是笔者博士四年和工作两年期间，共计六年围绕新实证产业组织研究方法开展学术研究的总结和结晶。虽然笔者对新实证产业组织方法的应用进行了一些探索，但是，限于个人学术能力，远不能将新实证产业组织方法进行较为全面的介绍。在这部分，本书将结合六年来笔者围绕新实证产业组织方法形成的些许体会，指出新实证产业组织研究方法在最近几年来形成的进一步研究方向：

首先，本书并未考虑企业实施策略行为可能产生的服务激励、产品质量证明以及专用性资产投资等效率促进效应。在新实证产业组织研究框架下加入对服务激励以及产品质量证明等效率促进效应的考察并非易事。这主要是由于以下两点：一是有关产品层面的服务与质量数据较难获取，从而影响了相关实证研究工作的开展；二是即使获取相关数据，如何在实证产业组织模型中加入对产品服务与质量的量化考察，也是实证研究过程中的难点问题。幸运的是，Petrin（2001）以及 Dubois 等（2018）等学者已经在新实证产业组织方法下，发展出在需求模型中加入产品服务以及产品质量的研究方法，后续研究可以在这一思路基础上进行进一步的深入与拓展，考察企业实施策略行为的服务激励与产品质量证明效应。

其次，本书对企业实施策略行为的识别与竞争效应分析，仅关注其短期竞争效应，后续研究可以进一步考察策略行为产生的长期竞争效应。企业实施策略行为的长期竞争效应体现为对企业投资、进入退出决策、市场结构变动以及研发创新等变量的影响。近年来，越来越多的文献（Macieira，2015；Fox and Gandhi，2016；Igami and Yang，2016；Frick et al.，2019）将传统的静态随机系数 Logit 模型扩展到动态，通过构建企业利润最大化决策的贝尔曼方程以及马尔可夫链决策过程，研究企业进入退出决策（Seim，2006；Schiraldi，2011）、资本投资（Igami，2017）、研发创新（Goettler and Gordon，2011）等长期竞争效应。后续研究可以在这类文献基础上，在动态实证产业组织研究框架下，加入企业策略行为对进入退出决策、资本投资等长期变量的影响，进一步丰富有关新实证产业组织的经验研究，以期为理论研究和现实当中的政策评价与制定提供更多的经验研究依据。

最后，有关新实证产业组织研究方法在劳动力市场反垄断的应用成为近年来产业组织领域与劳动经济学共同关注的前沿研究方向。人力资源市场出现的“互不挖角”协议（No Poaching Agreements，NPA）和固定工资协议（Wage-Fixing Agreements，WFA）策略行为的出现，使得经济学家开始注意到劳动力市场可能存在的垄断问题。越来越多的学者认为，在劳动力市场上也存在着垄断势力。这与劳动经济学假设的劳动力市场完全竞争的长期传统背道而驰。正如 Card 等（2018）所指出的，一个类似于“差异化产品”的雇员工作选择模型，可以揭示许多关于劳动力市场的有趣事实。他们认为劳动经济学也许应该朝着产业组织（IO）的方向发展，研究特定劳动力市场下的具有差异化供求关系的企业雇佣行为，并主张反垄断执法视域有必要向劳动力市场扩展。本书在第六章和第七章，运用随机系数 Logit 模型，估计了中国工业企业的劳动供给弹性，并测算了企业在劳动力市场的势力。不足的是，本书没有进一步挖掘企业滥用其劳动力市场势力，实施诸如“互不挖角”协议、固定工资协议等劳动力市场特有的隐性合约所产生的竞争效应。后续研究可以运用新实证产业组织研究方法，识别上述劳动力市场隐性合约，并分析其竞争效应，这无疑是一个全新的研究方向。

参考文献

[1] Acemoglu D. Why do new technologies complement skills? Directed technical change and wage inequality [J]. Quarterly Journal of Economics, 1998, 113 (4): 1055-1089.

[2] Anwar S, Sun Z S. Trade liberalisation, market competition and wage inequality in China's manufacturing sector [J]. Economic Modelling, 2012, 29 (4): 1268-1277.

[3] Aghion P, Bolton P. Contracts as a barrier to entry [J]. The American Economic Review, 1987, 77 (3): 388-401.

[4] Aghion P, Tirole J. Formal and real authority in organizations [J]. The Journal of Political Economy, 1997, 105 (1): 1-29.

[5] Ackerberg D. Empirically distinguishing informative and prestige effects of advertising [J]. The Rand Journal of Economics, 2001, 32 (2): 316-333.

[6] Ackerberg D, Benkard L, Berry S, et al. Econometric tools for analyzing market outcomes [J]. The Handbook of Econometrics, 2007 (6): 4173-4276.

[7] Ackerberg D, Caves K, Frazer G. Identifcation properties of recent production function estimators [J]. The Econometrica, 2015, 83 (6): 2411-2451.

[8] Azar J, Berry S, Marinescu I E. Estimating labor market power [EB/OL]. https://ssrn.com/abstract=3456277, 2019.

[9] Azar J, Marinescu L, Steinbaum M. Labor market concentration [R]. NBER Working Paper, No. 24147, 2020.

[10] Autor D, Dorn D, Katz L F, et al. The fall of the labor share and the rise of superstar firms [J]. The Quarterly Journal of Economics, 2020, 135 (2): 645-709.

[11] Aguirregabiria V, Margaret S. Empirical models of firms and industries [J]. The Canadian Journal of Economics, 2017, 50 (5): 1445-1488.

[12] Aguirregabiria V. Empirical industrial organization: Models, methods, and applications [R]. University of Toronto, 2021.

[13] Arnold D. Mergers and acquisitions, local labor market concentration, and worker outcomes [R]. FEDS Working Paper, No. 32, 2021.

[14] Bain J S. Relation of profit rate to concentration: American manufacturing, 1936-1940 [J]. The Quarterly Journal of Economics, 1951 (52): 293-324.

[15] Bain J S. Industrial organization: A treatise [M]. London: John Wiley, 1959.

[16] Blair R D, Harrison J L. Monopsony [M]. Princeton: Princeton University Press, 1993.

[17] Bottasso A, Cardullo G, Conti M. Labor market deregulation and wage dispersion: Does product market competition matter? The case of the EU electricity industry [J]. International Journal of Applied Economics, 2013, 10 (2): 1-9.

[18] Brandt L J, Biesebroeck B, Zhang Y F. Creative accounting or creative destruction? Firm-level productivity growth in Chinese manufacturing [J]. Journal of Development Economics, 2012, 97 (2): 339-351.

[19] Bergès-Sennou F, Caprice S. Is competition or collusion in the product market relevant for labour markets? [J]. Recherches économiques de Louvain, 2008, 74 (3): 273-298.

[20] Bosworth B, Collins S M. Accounting for growth: Comparing China and India [J]. Journal of Economic Perspectives, 2008, 22 (1): 45-66.

[21] Bork R H. The antitrust paradox [M]. Detroit: Free Press, 1978.

[22] Besanko D, Gupta S, Jain D. Logit demand estimation under competitive pricing behavior: An equilibrium framework [J]. The Management Science, 1998, 44 (11): 1533-1547.

[23] Bresnahan T. Competition and collusion in the American automobile oligopoly: The 1955 price war [J]. The Journal of Industrial Economics, 1987, 35

(4): 457-482.

[24] Bresnahan T. Empirical studies of industries with market power [A] // Schmalensee R, et al. Handbook of Industrial Organization. Amsterdam: Elsevier Science, 1989.

[25] Bolton P, Bonanno G. Vertical restraints in a model of vertical differentiation [J]. The Quarterly Journal of Economics, 1988, 103 (3): 555-570.

[26] Buzzell R D, Gale B T. The PIMS principles—linking strategy to performance [M]. New York: The Free Press, 1987.

[27] Boulding W, Staelin R. A look on the cost side: Market share and the competitive environment [J]. The Marketing Science, 1993, 12 (2): 144-166.

[28] Berry S. Estimation of a model of entry in the airline industry [J]. The Econometrica, 1992 (60): 889-918.

[29] Berry S T. Estimating discrete-choice models of product differentiation [J]. The Rand Journal of Economic, 1994, 25 (2): 242-262.

[30] Berry S T, Levinsohn J, Pakes A. Automobile prices in market equilibrium [J]. The Econometrica, 1995, 63 (4): 841-890.

[31] Berry S T, Linsohn, Pakes A. Voluntary export restraints on automobiles: Evaluating a trade policy [R]. NBER Working Papers, No. 393, 1997.

[32] Berry S T. Comment on bayesian analysis of simultaneous demand and supply [R]. NBER Working Papers, No. 1393, 2003.

[33] Berry S T, Levinsohn J, Pakes A. Differentiated products demand systems from a combination of micro and macro data: The new car market [J]. The Journal of Political Economy, 2004, 112 (1): 68-105.

[34] Berry S T, Jia P. Tracing the woes: An empirical analysis of the airline industry [R]. NBER Working Papers, No. 14503, 2008.

[35] Berry S T, Gandhi A, Haile P. Connected substitutes and invertibility of demand [J]. The Econometrica, 2013, 81 (5): 2087-2111.

[36] Besanko D, Dubé J P, Gupta S. Competitive price discrimination strategies in a vertical channel using aggregate retail data [J]. Management Science, 2003, 49 (9): 1121-1273.

[37] Booth A L. Wage determination and imperfect competition [J]. The Labour Economics, 2014 (30): 53-58.

[38] Berry S T, Haile P A. Identification in differentiated products markets using market level data [J]. The Econometrica, 2014, 82 (5): 1749-1797.

[39] Berry S, Gaynor M, Morton F S. Do increasing markups matter? Lessons from empirical industrial organization [J]. The Journal of Economic Perspectives, 2019, 33 (3): 44-68.

[40] Brooks W J, Kaboski J P, Li Y A, et al. Explcitation of labor? Classical monopsony power and labor's share [J]. The Journal of Development Economics, 2021, 150 (5): 1-17.

[41] Berry S T, Haile P A. Nonparametric identification of differentiated products demand using micro data [R]. NBER Working Papers, No. 27704, 2020.

[42] Berry S T, Compiani G. An instrumental variable approach to dynamic models [R]. NBER Working Papers, No. 27756, 2020.

[43] Bonnet C, Dubois P. Inference on vertical contracts between manufacturers and retailers allowing for non linear pricing and resale price maintenance [J]. The Rand Journal of Economics, 2010, 41 (1): 139-164.

[44] Bonnet C, Dubois P, Villas-Boas S B, et al. Empirical evidence on the role of non linear wholesale pricing and vertical restraints on cost pass-through [J]. The Review of Economics and Statistics, 2013, 95 (2): 500-515.

[45] Bonnet C, Mechemache Z B. Complementarity and bargaining power [R]. TSE Working Paper, No. 772, 2017.

[46] Benmelech E, Bergman N, Kim H. Strong employers and weak employees: How does employer concentration affect wages? [R]. NBER Working Papers, No. 24307, 2018.

[47] Bento P. Competition, innovation, and the number of firms [J]. The Review of Economic Dynamics, 2020 (37): 275-298.

[48] Behrens K, Mion G, Murata Y, et al. Quantifying the gap between equilibrium and optimum under monopolistic competition [J]. The Quarterly Journal of Economics, 2020, 135 (4): 2299-2360.

[49] Berger D, Herkenhoff K, Mongey S. Labor market power [J]. The American Economic Review, 2022, 112 (4): 1147-1193.

[50] Card D, Cardoso A R, Heining J. Firms and labor market inequality: Evidence and some theory [J]. The Journal of Labor Economics, 2018, 36 (S1): S13-S70.

[51] Caldwell S, Harmon N. Outside options, bargaining, and wages: Evidence from coworker networks [R]. NBER Working Papers, No. 452, 2019.

[52] Carlton D W. Transaction costs and competition policy [J]. The International Journal of Industrial Organization, 2020 (73): 1-14.

[53] Cai H B, Liu Q. Competition and corporate tax avoidance: Evidence from Chinese industrial firms [J]. Economic Journal, 2009, 119 (4): 764-795.

[54] De Locker J, Warzynski F. Markups and firm-level export status [J]. American Economic Review, 2011, 102 (6): 2437-2471.

[55] Dube A, Lester T W, Reich M. Minimum wage effects across state borders: Estimates using contiguous counties [J]. The Review of Economics and Statistics, 2010, 92 (4): 945-964.

[56] Dube A, Lester T W, Reich M. Wage shocks, employment flows, and labor market frictions [J]. The Journal of Labor Economics, 2016, 34 (3): 663-704.

[57] Davis P. On the role of empirical industrial organization in competition policy [J]. The International Journal of Industrial Organization, 2011, 29 (3): 323-328.

[58] Deng H Y, Ma A. Market structure and pricing strategy of China's automobile industry [J]. The Journal of Industrial Economics, 2010, 58 (4): 818-845.

[59] Draganska M, Klapper D. Retail environment and manufacturer competitive intensity [J]. The Journal of Retailing, 2007, 83 (2): 183-198.

[60] Draganska M, Klapper D, Villas-Boas S B. A larger slice or a larger pie? An empirical investigation of bargaining power in the distribution channel [J]. The Marketing Science, 2010, 29 (1): 57-74.

[61] De Loecker J, Warzynski F. Markups and firm-level export status [J]. The American Economic Review, 2012, 102 (6): 2437-2471.

[62] Dobbelaere S, Mairesse J. Panel data estimates of the production function and product and labor market imperfections [J]. The Journal of Applied Econometrics, 2013, 28 (1): 1-46.

[63] Dubois P, Lasio L. Identifying industry margins with price constraints: Structural estimation on pharmaceuticals [J]. The American Economic Review, 2018, 108 (12): 3685-3724.

[64] Dubois P, Griffith R, Oconnell M. The effects of banning advertising in junk food markets [J]. The Review of Economic Studies, 2018, 85 (1): 396-436.

[65] D' Haultfoeuille X, Durrmeyer I, Fevrier P. Automobile prices in market equilibrium with unobserved price discrimination [J]. The Review of Economic Studies, 2019, 86 (5): 1973-1998.

[66] De Loecker J, Eeckhout J, Unger G. The rise of market power and the macroeconomic implications [J]. The Quarterly Journal of Economics, 2020, 135 (2): 561-644.

[67] Dobson P, Inderst R. Differential buyer power and the waterbed effect: Do strong buyers benefit or harm consumers? [J]. European Competition Law Review, 2007, 28 (7): 393-400.

[68] Einav L, Levin J. Empirical industrial organization: A progress report [J]. The Journal of Economic Perspectives, 2010, 24 (2): 145-162.

[69] Fee C E, Thomas S. Sources of gains in horizontal takeovers [J]. Journal of Financial Economics, 2004 74 (3): 423-460.

[70] Fabrizi S, Lippert S, Rosenkranz S. Suggested retail prices with downstream competition [R]. Discussion Working Papers, No. 1213, 2012.

[71] Frick M, Iijima R, Strzalecki T. Dynamic random utility [J]. The Econometrica, 2019, 87 (6): 1941-2002.

[72] Fershtman C, Pakes A. Dynamic games with asymmetric information: A framework for empirical work [J]. The Quarterly Journal of Economics, 2012,

127 (4): 1611-1661.

[73] Fajgelbaum P D. Labor market frictions, firm growth, and international trade [R]. NBER Working Paper, No. 19492, 2013.

[74] Fox J T, Gandhi A. Nonparametric identification and estimation of random coefficients in multinomial choice models [J]. The Rand Journal of Economics, 2016, 47 (1): 118-139.

[75] Galbraith J. American capitalism: The concept of countervailing power [M]. Cambridge: MIT Press, 1993.

[76] Granovetter M S. Getting a job. A study of contacts and careers [M]. Chicago: University of Chicago Press, 1974.

[77] Genakos C D. Differential merger effects: The case of the personal computer industry [R]. LSE Research Online Documents on Economics, No. 6726, 2004.

[78] Goettler R, Gordon B. Does AMD spur Intel to innovate more? [J]. The Journal of Political Economy, 2011, 119 (6): 1141-1200.

[79] Grennan M. Price discrimination and bargaining: Empirical evidence from medical devices [J]. The American Economic Review, 2013, 103 (1): 145-177.

[80] Goldberg P K, Hellerstein R. A structural approach to identifying the sources of local-currency price stability [J]. The Review of Economic Studies, 2013, 80 (1): 175-210.

[81] Gautier E, Kitamura Y. Nonparametric estimation in random coefficients binary choice models [J]. The Econometrica, 2013, 81 (2): 581-607.

[82] Grigolon L, Verboven F. Nested logit or random coefficients logit? A comparison of alternative discrete choice models of product differentiation [J]. The Review of Economics and Statistics, 2014, 96 (5): 916-935.

[83] Gowrisankaran G, Nevo A, Town R. Mergers when prices are negotiated: Evidence from the hospital industry [J]. The American Economic Review, 2015, 105 (1): 172-203.

[84] Gouin - Bonenfant E. Productivity dispersion, between - firm

competition and the labor share [J]. Econometrica, 2022 (6): 2755-2793.

[85] Hansen L P. Large sample properties of generalized method of moments estimators [J]. Econometrica, 1982, 50 (4): 1029-1054.

[86] Hall R E. The relation between price and marginal cost in U. S. industry [J]. The Journal of Political Economy, 1988, 96 (5): 921-947.

[87] Hendel I, Nevo A. Measuring the implications of sales and consumer inventory behavior [J]. The Econometrica, 2006, 74 (6): 1637-1673.

[88] Hendel I, Nevo A. Intertemporal price discrimination in storable goods markets [J]. The American Economic Review, 2013, 103 (7): 2722-2751.

[89] Houde J F. Spatial differentiation and vertical mergers in retail markets for gasoline [J]. The American Economic Review, 2012, 102 (5): 2147-2182.

[90] Hazlett T W, Weisman D. Market power in U. S. broadband services [J]. The George Mason Law & Economics Research, 2009, 14 (5): 9-69.

[91] Haucap J, Heimeshoff U, Klein G J, et al. Bargaining power in manufacturer retailer relationships [R]. DICE Discussion Papers, No. 458, 2013.

[92] Hu W M, Xiao J J, Zhou X L. Collusion or competition? Interfirm relationships in the Chinese auto industry [J]. The Journal of Industrial Economics, 2014, 62 (1): 1-40.

[92] Hong G H, Li N. Market structure and cost pass-through in retail [J]. The Review of Economics and Statistics, 2017, 99 (1): 151-166.

[94] Ho K, Lee R S. Equilibrium provider networks: Bargaining and exclusion in health care markets [J]. The American Economic Review, 2019, 109 (2): 473-522.

[95] Hafiz H. Labor antitrust's paradox [J]. The University of Chicago Law Review, 2020, 87 (2): 381-412.

[96] Hsieh C T, Klenow P J. Misallocation and manufacturing TFP in China and India [J]. Quarterly Journal of Economics, 2009, 124 (4): 1403-1448.

[97] Igami M. Estimating the innovator's dilemma: Structural analysis of creative destruction in the hard disk drive industry, 1981-1998 [J]. The Journal of Political Economy, 2017, 125 (3): 798-847.

[98] Igami M, Yang N. Unobserved heterogeneity in dynamic games: Cannibalization and preemptive entry of hamburger chains in Canada [J]. The Quantitative Economics, 2016, 7 (2): 483-521.

[99] Jullien B, Rey P. Resale price maintenance and collusion [J]. The Rand Journal of Economics, 2007, 38 (4): 983-1001.

[100] Jaumandreu J, Yin H. Cost and product advantages: Evidence from Chinese manufacturing firms [R]. CEPR Discussion Paper, No. DP11862, 2017.

[101] John B, Braga B, Golden J M. Recruitment of foreigners in the market for computer scientists in the United States [J]. The Journal of Labor Economics, 2015, 33 (S1): S187-S223.

[102] Javorcik B S. Does foreign direct investment increase the productivity of domestic firms? In search of spillovers through backward linkages [J]. American Economic Review, 2004, 94 (3): 605-627.

[103] Krattenmaker T G, Salop S. Anticompetitive exclusion: Raising rivals' costs to achieve power over price [J]. The Yale Law Journal, 1986, 96 (2): 209-293.

[104] Kadiyali V, Sudhir K, Rao V R. Structural analysis of competitive behavior: New empirical industrial organization methods in marketing [J]. The International Journal of Research in Marketing, 2001, 18 (1): 161-186.

[105] Kline P, Tartari M. Bounding the labor supply responses to a randomized welfare experiment: A revealed preference approach [R]. NBER Working Papers, No. 20838, 2015.

[106] Kaiser H M, Suzuki N. New empirical industrial organization and the food system [M]. New York: Peter Lang Publishing Inc., 2006.

[107] Koskela E, Stenbacka R. The relationship between product market competition and unemployment with profit sharing [J]. The Labour Economics, 2012, 19 (3): 291-297.

[108] Knittel C R, Metaxoglou K. Estimation of random-coefficient demand models: Two empiricists' perspective[J]. The Review of Economics and Statistics, 2014, 96 (1): 34-59.

[109] Krueger A B, Mueller A I. A contribution to the empirics of reservation wages [J]. The American Economic Journal: Economic Policy, American Economic Association, 2016, 8 (1): 142-179.

[110] Kitamura Y, Stoye J. Nonparametric analysis of random utility models [J]. Econometrica, 2018, 86 (6): 1883-1909.

[111] Karabarbounis L, Neiman B. Accounting for factorless income [R]. NBER Macroeconomics Annual, University of Chicago Press, 2018, 33 (1): 167-228.

[112] Katz L F, Murphy K M. Changes in relative wages, 1963-1987: Supply and demand factors [J]. Quarterly Journal of Economics, 1992, 107 (1): 35-78.

[113] Lau L J. On identifying the degree of competitiveness from industry price and output Data [J]. The Economics Letter, 1982, 10 (1): 93-99.

[114] Levinsohn J, Petrin A. Estimating production functions using inputs to control for unobservables [J]. The Review of Economic Studies, 2003, 70 (2): 317-341.

[115] Lee J, Seo K. A computationally fast estimator for random coefficients logit demand models using aggregate data [J]. The Rand Journal of Economics, 2015, 46 (1): 86-102.

[116] Li S J, Xiao J J, Liu Y M. The price evolution in China's automobile market [J]. The Journal of Economics and Management Strategy, 2015, 24 (4): 786-810.

[117] Lewbel A, Pendakur K. Unobserved preference heterogeneity in demand using generalized random coefficients [J]. The Journal of Political Economy, 2017, 125 (4): 1100-1148.

[118] Lorincz S. RCL: Stata module for estimation and simulation of random coefficient logit models [J]. The Stata Journal, 2016, 16 (5): 24-59.

[119] Lamadon T, Mogstad M, Setzler B. Imperfect competition, compensating differentials and rent sharing in the U. S. labor market [R]. NBER Working Papers, No. 25954, 2016.

[120] Herrige J, Kling C. Testing the consistency of nested logit models

with utility maximization [J]. The Economics Letters, 1996, 50 (1): 33-39.

[121] Mcfadden D. The measurement of urban travel demand [M]. New York: Academic Press, 1974: 105-142.

[122] McFadden D. Structural analysis of discrete data with econometric applications [M]. Cambridge: MIT Press, 1981.

[123] Mathewson G F, Winter R. An economic theory of vertical restraints [J]. The Rand Journal of Economics, 1984, 15 (1): 27-38.

[124] Mathewson F, Winter R. The law and economics of resale price maintenance [J]. The Review of Industrial Organization, 1998, 13 (1): 57-84.

[125] Moorthy S K. Competitive marketing strategies [J]. The Handbooks in Operations, 1993 (5): 143-190.

[126] Motta M M. Competition policy: Theory and practice [M]. Cambridge: Cambridge University Press, 2004.

[127] Manning A. Monopsony in motion: Imperfect competition in labor markets [M]. Princeton: Princeton University Press, 2003.

[128] Manning A. Imperfect competition in the labor market [J]. The Handbook of Labor Economics, 2011 (4): 973-1041.

[129] Macieira J. Introducing consumer heterogeneity in dynamic games with multi-product firms and differentiated product demand [J]. The Economics Letters, 2015, 129 (10): 62-65.

[130] Miller N H, Weinberg M C. Understanding the price effects of the millercoors joint venture [J]. The Econometrica, 2017, 85 (6): 1763-1791.

[131] Masten M. Random coefficients on endogenous variables in simultaneous equations models [J]. The Review of Economic Studies, 2017, 85 (2): 1193-1250.

[132] Marinescu L E, Hovenkamp H. Anticompetitive mergers in labor markets [J]. The Indiana Law Journal, 2018 (94): 1031-1050.

[133] Marinescu L, Ouss L, Pape L D. Wages, hires, and labor market concentration [J]. The Journal of Economic Behavior & Organization, 2021 (184): 506-605.

[134] Melitz M J. The impact of trade on Intra-industry reallocations and aggregate industry productivity [J]. Econometrica, 2003, 71 (6): 1695-1725.

[135] Nash J F. The Bargaining Problem [J]. Econometrica, 1950, 18 (2): 155-162.

[136] Nevo A. A practioner's guide to estimation of random coefficients logit models of demand [J]. The Journal of Economics & Management Strategy, 2000, 9 (4): 513-548.

[137] Nevo A. Measuring market power in the ready-to-eat cereal industry [J]. The Econometrica, 2001, 69 (2): 307-342.

[138] Noton C. Structural estimation of price adjustment costs in the European car market [J]. The International Journal of Industrial Organization, 2016, 49 (C): 105-147.

[139] Nurski L, Verboven F. Exclusive dealing as a barrier to entry? Evidence from automobiles [J]. The Review of Economic Studies, 2016, 83 (3): 1156-1188.

[140] Naidu S, Posner E, Weyl E. Antitrust remedies for labor market power [R]. PLLT Working Papers, No. 857, 2018.

[141] Naidu S, Posner E. Labor monopsony and the limits of the law [J]. The Journal of Human Resources, 2021, 35 (3): 1-84.

[142] O' Brien D P, Shaffer G. Vertical control with bilateral contracts [J]. The Rand Journal of Economics, 1992, 23 (3): 299-308.

[143] Olley G S, Pakes A. The dynamics of productivity in the telecommunications equipment industry [J]. The Econometrica, 1996, 64 (6): 1263-1297.

[144] Prescott J E, Kohli A K, Venkatraman N. The marketshare profitability relationship: An empirical assessment of major assertions and contradictions [J]. The Strategic Management Journal, 1986 (7): 377-394.

[145] Pal R, Rathore U. Estimating workers' bargaining power and firms' markup in India: Implications of reforms and labour regulations [J]. The Journal of Policy Modeling, 2016, 38 (6): 1118-1135.

[146] Petrin A. Quantifying the benefits of new products: The case of the

minivan [J]. The Journal of Political Economy, 2001, 110 (4): 705-729.

[147] Rey P, Tirole J. The logic of vertical restraints [J]. The American Economic Review, 1986, 76 (5): 921-939.

[148] Rey P, Verge T. The economics of vertical restraints [M]. Cambridge: The MIT Press, 2005.

[149] Rey P, Verge T. Resale price maintenance and interlocking relationships [J]. The Journal of Industrial Economics, 2010, 58 (4): 928-961.

[150] Rey P, Whinston M D. Does retailer power lead to exclusion? [J]. Rand Journal of Economics, 2013, 44 (1): 75-81.

[151] Rey P, Stiglitz J E. Vertical restraints and producers' competition [J]. European Economic Review, 1988, 32 (1): 561-568.

[152] Rivers D, Vuong Q H. Model selection tests for nonlinear dynamic models [J]. The Econometrics Journal, 2002, 5 (1): 1-39.

[153] Ransom M R, Sims D. Estimating the firm's labor supply curve in a "new monopsony" framework: School teachers in missouri [R]. IZA Discussion Paper, No. 4271, 2009.

[154] Raval D. Testing the production approach to markup estimation [J]. Review of Economic Studies, 2022 (2): 1-68.

[155] Schumacher U. Buyer structure and seller performance in US manufacturing industries [J]. Review of Economics and Statistics, 1991, 73 (2): 277-284.

[156] Spiller P T, Sheffman D T. Buyers' strategies, enter barriers and competition [J]. Economics Inquiry, 1992, 30 (3): 418-436.

[157] Song J D, Price P, Bloom N. Firming up inequality [J]. Quarterly Journal of Economics, 2019, 134 (1): 1-50.

[158] Steinbaum M. Common ownership and the corporate governance channel for employer power in labor markets [J]. The Antitrust Bulletin, 2021 (66): 123-139.

[159] Spengler J. Vertical integration and antitrust policy [J]. The Journal of Political Economy, 1950, 58 (4): 347-347.

[160] Steen F, Salvanes K G. Testing for market power using a dynamic oligopoly model [J]. The International Journal of Industrial Organization, 1999, 17 (2): 147-177.

[161] Staiger D O, Spetz J, Phibbs C S. Is there monopsony in the labor market? evidence from a natural experiment [J]. The Journal of Labor Economics, 2010, 28 (2): 211-236.

[162] Seim K. An empirical model of firm entry with endogenous product-type choice [J]. The Rand Journal of Economics, 2006, 37 (3): 619-640.

[163] Schiraldi P. Automobile replacement: A dynamic structural approach [J]. The Rand Journal of Economics, 2011, 42 (2): 266-291.

[164] Sovinsky-Goeree M. Limited information and advertising in the us personal computer industry [J]. The Econometrica, 2008, 76 (5): 1017-1074.

[165] Shum M. Econometric models for industrial organization [M]. Singapore: World Scientific Publishing Company, 2016.

[166] Shapio C. Protecting competition in the American economy: Merger control, tech titans, labor markets [J]. The Journal of Economic Perspectives, 2019, 33 (3): 69-93.

[167] Seifert J. Optimal legal standards for competition policy revisited [J]. The Economics Letters, 2020 (194): 1-3.

[166] Tirole J. The theory of industrial organization [M]. Cambridge: MIT Press, 1988.

[168] Tortarolo D, Zarate R D. Measuring imperfect competition in product and labor markets. An empirical analysis using firm-level production data [R]. CAF-Working Paper, No. 03, 2018.

[169] Verboven F, Björnerstedt J. Does merger simulation work? A natural experiment in the Swedish analgesics market [J]. The American Economic Review, 2016, 8 (3): 125-164.

[170] Villas-Boas S B. Vertical relationships between manufacturers and retailers: Inference with limited data [J]. The Review of Economic Studies, 2007, 74 (2): 625-652.

[171] Vincent D W. The Berry-Levinsohn-Pakes estimator of the random-coefficients logit demand model [J]. The Stata Journal, 2015, 15 (3): 38-67.

[172] Wind J, Lilien G L. Marketing strategy models [J]. Handbooks in Operations Research and Management Science, 1993, 5 (C): 773-826.

[173] Webber D A. Firm market power and the earnings distribution [R]. IZA Working Papers, No. 7342, 2013.

[174] Xiao J J, Ju H. The determinants of dealership structure: Empirical analysis of the Chinese automarket [J]. The Journal of Comparative Economics, 2016, 44 (4): 961-981.

[175] 陈波，贺超群．出口与工资差距：基于我国工业企业的理论与实证分析 [J]. 管理世界，2013 (8): 6-15+40+187.

[176] 陈勇，柏喆．技能偏向型技术进步、劳动者集聚效应与地区工资差距扩大 [J]. 中国工业经济，2018 (9): 79-97.

[177] 蔡昉．城市化与农民工的贡献——后危机时期中国经济增长潜力的思考 [J]. 中国人口科学，2010 (1): 2-10+111.

[178] 陈甬军，周末．市场势力与规模效应的直接测度——运用新产业组织实证方法对中国钢铁产业的研究 [J]. 中国工业经济，2009 (11): 45-55.

[179] 陈立中，李郁芳．汽油价格、税收政策与乘用车市场的微观选择行为——基于需求侧、供给侧和节能减排效应估计 [J]. 中国工业经济，2011 (8): 15-24.

[180] 陈立中．中国汽车产业需求估计、供给分析和兼并重组福利效应模拟——基于 BLP 等模型和来自乘用车市场的例证 [J]. 中国软科学，2013 (12): 148-157.

[181] 陈虹，杨俊青．工资与利润：此消彼长还是同向增长——兼论其对宏观就业的影响 [J]. 经济问题，2020 (2): 93-100.

[182] 常香云，钟永光，王艺璇，陈智高．促进我国汽车零部件再制造的政府低碳引导政策研究——以汽车发动机再制造为例 [J]. 系统工程理论与实践，2013, 33 (11): 2811-2821.

[183] 陈芳，穆荣平．我国汽车行业创新能力测度研究 [J]. 科研管

理，2011，32（10）：71-78.

［184］程贵孙．买方势力理论研究评述［J］．经济学动态，2010（3）：115-119.

［185］邓忠奇，庞瑞芝，陈甬军．从市场势力到有效市场势力——以中国化学药品制剂制造业为例［J］．管理世界，2022，38（1）：90-108.

［186］樊纲，王小鲁，张立文，朱恒鹏．中国各地区市场化相对进程报告［J］．经济研究，2003（3）：9-18+89.

［187］盖庆恩，朱喜，程名望，史清华．要素市场扭曲、垄断势力与全要素生产率［J］．经济研究，2015，50（5）：61-75.

［188］龚关，胡关亮．中国制造业资源配置效率与全要素生产率［J］．经济研究，2013，48（4）：4-15+29.

［189］胡洪力．基于DEA模型的中国轿车企业规模经济效益评估［J］．财经研究，2004（10）：25-30.

［190］何元贵，张捷，陈健．影响中国汽车企业规模经济因素的实证分析［J］．工业技术经济，2009，28（4）：66-72.

［191］简泽，黎德福，沈筠彬，吕大国．不完全竞争的收入分配效应研究——一个融合产品—劳动力市场的视角［J］．中国工业经济，2016（1）：21-36.

［192］江诗松，龚丽敏，魏江．转型经济背景下后发企业的能力追赶：一个共演模型——以吉利集团为例［J］．管理世界，2011（4）：122-137.

［193］贾俊雪，孙传辉．公平与效率权衡：垄断、居民收入分配与最优财政货币政策［J］．管理世界，2019（3）：48-63.

［194］刘忠，田莎，陈青，等．随机系数LOGIT模型的最新发展及其应用［J］．经济学动态，2012（12）：125-130.

［195］刘玉海，梁丹．新实证产业组织视角下市场势力测度方法的研究进展［J］．产业经济评论，2016（6）：29-49.

［196］刘伟．买方市场势力与卖方绩效——基于我国制造业数据的实证检验［J］．财经问题研究，2014（7）：30-35.

［197］雷钦礼，王阳．中国技能溢价、要素替代与效率水平变化的估计与分析［J］．统计研究，2017，34（10）：29-41.

［198］陆铭，陈钊．分割市场的经济增长——为什么经济开放可能加剧地方保护？［J］．经济研究，2009，44（3）：42-52.

［199］鲁晓东，连玉君．中国工业企业全要素生产率估计：1999—2007［J］．经济学（季刊），2012，11（2）：541-558.

［200］李实，朱梦冰．推进收入分配制度改革 促进共同富裕实现［J］．管理世界，2022，38（1）：52-61+76+62.

［201］李波，杨先明．劳动保护与企业出口产品质量——基于《劳动合同法》实施的准自然实验［J］．经济学动态，2021（7）：99-115.

［202］李晓卿．基于离散选择模型的家庭乘用车消费者选择行为研究［D］．上海：上海社会科学院，2013.

［203］李国栋，罗瑞琦，谷永芬．政府推广政策与新能源汽车需求：来自上海的证据［J］．中国工业经济，2019（4）：42-61.

［204］李晓钟，张小蒂．中国汽车产业市场结构与市场绩效研究［J］．中国工业经济，2011（3）：129-138.

［205］李显君，高歌，孟东晖，等．工艺创新机制研究：来自中国汽车企业的实证［J］．科研管理，2016，37（12）：37-45.

［206］李世杰，蔡祖国．考虑零售商服务的上游制造商转售价格控制机理及规制探讨——兼论中国市场中的进口汽车高价格之谜［J］．中国工业经济，2015（3）：83-95.

［207］李振，向鹏飞，黄亚琪．FDI 技术溢出效应对企业市场势力的影响研究——基于中国汽车制造企业的实证分析［J］．宏观经济研究，2014（8）：81-90.

［208］李凯，赵伟光．转售价格维持与竞争损害：以中国乘用车市场为例［J］．经济学动态，2018a（12）：64-82.

［209］李凯，赵伟光．中国乘用车合资模式下中方议价势力估算及影响因素分析［J］．产业经济评论（山东大学），2018，17（2）：38-65.

［210］李凯，赵伟光．中国乘用车合资模式下中方议价势力估算及影响因素分析［J］．人大复印资料（产业经济），2018c（12）：85-102.

［211］逯苗苗，孙涛．贝里、莱文森和帕克斯对实证产业组织理论的贡献——科睿唯安“引文桂冠”经济学奖得主学术贡献评介［J］．经济学

动态，2021（9）：150-160.

［212］蒲艳萍，顾冉．劳动力工资扭曲如何影响企业创新［J］．中国工业经济，2019（7）：137-154.

［213］聂辉华，江艇，杨汝岱．中国工业企业数据库的使用现状和潜在问题［J］．世界经济，2012，35（5）：142-158.

［214］齐兰，赵立昌．基于消费者异质性的产业组织理论研究新进展［J］．经济学动态，2015（12）：111-120.

［215］盛丹，陆毅．国有企业改制降低了劳动者的工资议价能力吗？［J］．金融研究，2017（1）：69-82.

［216］沈曦．基于新实证产业组织理论的市场势力测度——以全球光伏产业（2010-2013 年）为例［J］．产经评论，2018，9（2）：21-36.

［217］孙晓华，郑辉．买方势力、资产专用性与技术创新——基于中国汽车工业的实证检验［J］．管理评论，2011，23（10）：162-170.

［218］孙婧芳．城市劳动力市场中户籍歧视的变化：农民工的就业与工资［J］．经济研究，2017，52（8）：171-186.

［219］泰勒尔．产业组织理论［M］．北京：人民大学出版社，1998.

［220］唐要家．反垄断经济学：理论与政策［M］．北京：中国社会科学出版社，2008.

［221］唐要家，唐春晖，管霞霞．排他性单一品牌经销的汽车售后市场垄断化效应［J］．中国工业经济，2016（9）：41-58.

［222］田鑫．中国自主品牌乘用车发展现状及对策研究［J］．中国物价，2015（1）：89-91.

［223］汤灿晴，董志强．工会能促进员工—企业“双赢”吗——理论与来自“雇主—员工”匹配数据的经验证据［J］．学术研究，2020（1）：94-102.

［224］王君斌，王文甫．非完全竞争市场、技术冲击和中国劳动就业——动态新凯恩斯主义视角［J］．管理世界，2010（1）：23-35+43.

［225］王湘红，汪根松．最低工资对中国工人收入及分配的影响——基于 CHNS 数据的经验研究［J］．经济理论与经济管理，2016（5）：46-56.

［226］王彦超，蒋亚含．竞争政策与企业投资——基于《反垄断法》实施的准自然实验［J］．经济研究，2020，55（8）：137-152.

［227］王皓，周黎安．中国轿车行业的合谋与价格战［J］．金融研究，2007（2）：156-165.

［228］王继平，吴瑨．差异产品市场横向兼并单边效应的 Logit 模拟——以中国服务器产业为例［J］．财经问题研究，2010（7）：55-61.

［229］王稳，张运智．基于新实证产业组织范式的我国保险市场竞争度检验［J］．保险研究，2014（11）：56-69.

［230］王晓彦，胡德宝．中国汽车产业市场势力与福利损失测度［J］．财经问题研究，2018（11）：42-49.

［231］王若兰，刘灿雷．市场竞争、利润分享与企业间工资不平等——来自外资管制政策调整的证据［J］．中国工业经济，2019（11）：42-59.

［232］王璐，吴群锋，罗頔．市场壁垒、行政审批与企业价格加成［J］．中国工业经济，2020（6）：100-117.

［233］王宛秋，刘璐琳，孙大伟．关于我国汽车行业规模经济效应的实证研究［J］．经济问题探索，2012（10）：23-29.

［234］王保林．我国自主品牌乘用车的差距与困境［J］．管理世界，2013（3）：180-181.

［235］吴要武．70 年来中国的劳动力市场［J］．中国经济史研究，2020（4）：30-48.

［236］肖俊极，孙洁．消费税和燃油税的有效性比较分析［J］．经济学（季刊），2012，11（4）：1345-1364.

［237］肖俊极，谭诗羽．中国乘用车行业的纵向一体化与横向共谋实证分析［J］．经济学（季刊），2016，15（4）：1387-1408.

［238］许明，李逸飞．最低工资政策、成本不完全传递与多产品加成率调整［J］．经济研究，2020，55（4）：167-183.

［239］谢申祥，陆毅，蔡熙乾．开放经济体系中劳动者的工资议价能力［J］．中国社会科学，2019（5）：40-59+205-206.

［240］余淑秀，卢山冰，沈锐．中国乘用车市场需求及兼并重组福利

效应模拟［J］. 系统工程，2018，36（12）：32-39.

［241］余东华，王蒙蒙．横向并购反垄断审查中的竞争损害模拟分析——以一汽并购华晨为例［J］. 财贸研究，2015，26（6）：47-54+115.

［242］尹恒，李世刚．资源配置效率改善的空间有多大？——基于中国制造业的结构估计［J］. 管理世界，2019，35（12）：28-44+214-215.

［243］尹恒，张子尧．需求异质与企业加成率估计［J］. 中国工业经济，2019（12）：60-77.

［244］杨河清，王欣．过劳问题研究的路径与动向［J］. 经济学动态，2015（8）：152-160.

［245］臧旭恒．从哈佛学派、芝加哥学派到后芝加哥学派——反托拉斯与竞争政策的产业经济学理论基础的发展与展望［J］. 东岳论丛，2007（1）：1+15-20.

［246］周末，王璐．产品异质条件下市场势力估计与垄断损失测度——运用新实证产业组织方法对白酒制造业的研究［J］. 中国工业经济，2012（6）：120-132.

［247］甄艺凯．双重转售价格维持的反竞争效应——基于中国汽车行业的分析［J］. 中国工业经济，2016（5）：75-91.

［248］朱方伟，于淼，孙秀霞．中国汽车合资企业自主创新模式研究［J］. 科研管理，2013，34（6）：152-160.

［249］张大力．基于 SCP 范式的中国汽车产业组织结构实证研究［J］. 经济问题探索，2011（7）：63-68.

［250］张杰，李勇，刘志彪．制度对中国地区间出口差异的影响：来自中国省际层面 4 分位行业的经验证据［J］. 世界经济，2010，33（2）：83-103.

［251］张小蒂，贾钰哲．全球化中基于企业家创新的市场势力构建研究——以中国汽车产业为例［J］. 中国工业经济，2011（12）：143-152.

［252］赵伟光，李凯．外资纵向所有权安排与本土企业产业链利润分配［J］. 产业经济研究，2019a（4）：37-48.

［253］赵伟光，李凯．考虑消费者异质偏好的产品线定价策略识别及其效应分析［J］. 管理学报，2019b，16（12）：1854-1863.

［254］赵伟光，李凯．市场竞争不完全与企业内部工资差距——基于产品与劳动力市场融合视角的分析［J］．经济理论与经济管理，2020（4）：39–54.

［255］赵伟光，李伟，李凯．企业势力向劳动力市场扩展——关联机理识别及竞争政策优化［J］．经济学动态，2022（1）：100–116.